Für meinen Schwiegervater
Hans Walter Ziesche
(1927 – 2005)

Manuela Pinggèra

Segel, Sturm und Ozeane...

*Einblicke
in das Zeitalter der großen Segelschiff-Fahrt
zwischen 16. und 19. Jahrhundert*

*Bibliographische Information Der Deutschen Bibliothek:
Die Deutsche Bibliothek verzeichnet diese Publikation in
der Deutschen Nationalbiographie;
detaillierte bibliographische Daten sind im Internet über
<http://dnb.ddb.de> abrufbar.*

Originalausgabe August 2005
© 2005 – Manuela Pinggèra
Umschlaggestaltung, Layout und Satz: vis|art büro für grafikdesign, Mittenwald
Umschlagbild: *Wilson | Kap Hoorn* © media Verlagsgesellschaft mbH. Alle Rechte vorbehalten.
Herstellung und Verlag: Books on Demand GmbH, Norderstedt
Printed in Germany

ISBN 3-8334-3437-6

Inhalt

Vorwort und Danksagung — 7

I. Teil: Matrosen — 11
   1. Aspekte aus dem Schiffsalltag — 37
   2. Seemannslieder und -bräuche — 60
   3. Glaube, Aberglaube und Seemannsgarn — 72
   4. Navigation und Wetterregeln — 80

II. Teil: Meuterei — 95
   1. Die *Batavia* — 106
   2. Die *Bounty* — 124

III. Teil: Piraten — 147
   1. Anne Bonny und Mary Read — 165
   2. Jolly Roger und Piraten-Codex — 171
   3. Piraten in europäischen Gewässern — 177

IV. Teil: Gestrandet — 185
   1. Der Mann hinter *Robinson Crusoe* — 203
   2. Überlebenslotterie — 219
   3. Die *Mary Celeste* — 228

Anhang
   1. Anmerkungen — 241
   2. Dokumente — 267
   3. Bibliographie | Abbildungsnachweis — 271
   4. Glossar — 275

Vorwort

Große Segelschiffe – das umfasst einen Begriff, der in unserer Zeit für leuchtende Augen sorgt. Ein Thema, das angenehme Vorstellungen hervorruft, die mit spannenden Reisen in ferne, exotische Kontinente; mit Sonne, Sand und weiten Ozeanen zu tun haben. Mit großer Freiheit und salziger Meeresluft, mit tropisch warmen Temperaturen und aufregenden Abenteuern.
Was es allerdings tatsächlich bedeutete, als Matrose oder Passagier auf Segelschiffen in den Jahrhunderten der großen Segler unterwegs zu sein, davon soll in diesem Buch einblicksweise berichtet werden.
Der möglichen Wahrscheinlichkeit auf spannende Abenteuer und ferne Kontinente standen mit gewisser Sicherheit Hunger, Krankheit, Tod und Knochenarbeit unter schlimmsten hygienischen und menschlichen Bedingungen an Bord der Schiffe gegenüber.

Segelschiff-Fahrt war kein Freizeitvergnügen, das der Erholung dienen sollte. Handelszwecke, Kriege oder Fischerei machten die Schiff-Fahrt notwendig.
So trugen diese Konstellationen dazu bei, wie die Verhältnisse an Bord der Schiffe jeweils aussahen; hinzu kamen außerdem die allgemein rauen Zustände dieser Zeiten, wo ein Menschenleben nicht von umfassenden Rechten und sozialen Absicherungen geschützt war, wie das heute etwa selbstverständlich ist. Blanke Not ließ abertausenden von verzweifelten Menschen meist keine andere Wahl, als egal zu welchen Konditionen zur See zu gehen.

Die folgenden Kapitel berühren Themen wie Meutereien, Piraten und Inselleben nach einem Schiffbruch – alles Aspekte der Segelschiff-Fahrt, die zum täglichen Brot der Schiffsbesatzungen gehörten. Diese Themen haben im

Lauf der Jahrhunderte einen solchen Grad an Faszination gewonnen, dass sie in Abenteuerromanen, Kinder- und Jugendliteratur sowie in der Filmwelt vielfach zitiert schon längst zu einem Garanten für spannende und abenteuerliche Unterhaltung geworden sind.
Jedoch auch hier sieht es ähnlich aus: im Kontext überlieferter historischer Berichte kommen die weniger angenehmen Seiten schnell zutage. Weder Piratenleben noch Überleben nach Schiffbruch auf einsamen Inseln war tatsächlich so aufregend und abenteuerlich, wie einem gemeinhin in der Phantasie vorschweben mag.

Das Bild der Segelschiff-Fahrt, das in den folgenden Kapiteln gezeichnet wird, stützt sich oftmals auf Quellen aus dem anglo-amerikanischen Raum. Dabei darf allerdings nicht außer Acht gelassen werden, dass Seefahrt international war – sowohl auf englischen, holländischen, dänischen oder französischen Schiffen befanden sich Matrosen deutscher Herkunft und umgekehrt.
Nordfriesische Seeleute waren bis zum deutsch-dänischen Krieg 1864 Dänen. Wann immer von dänischen Matrosen die Rede ist, besteht die Wahrscheinlichkeit, dass Nordfriesen darunter waren.

Die technischen Gegebenheiten der Schiffe, die sozialen und berufsbedingten Aspekte für Matrosen in diesen Jahrhunderten waren mehr oder weniger ähnlich. Ob auf einem französischen, spanischen oder englischen Segelschiff – es mussten überall die gleichen Arbeiten verrichtet werden; es bestand überall die gleiche Gefahr, an Skorbut zu erkranken oder Unfälle bei der Arbeit an Bord zu haben, Schiffbruch zu erleiden, von Piraten überfallen zu werden bzw. eine Meuterei zu erleben. Hygienische Bedingungen oder Ernährung waren überall ähnlich schlecht, was, wie auch die oben genannten Aspekte, in der Seefahrt dieser Zeiten begründet liegt.

Einblicke geben kein vollständiges Bild mit allen Details, doch sie können dazu anregen, sich weiter mit dem einen oder anderen Thema auseinanderzusetzen. Das war der Hauptgedanke hinter diesem Projekt.
Abschließend möchte ich noch einige Dinge zur Vorgehensweise im Haupttext erläutern. Zitate aus historischen Quellen erscheinen kursiv gesetzt in einfachen Anführungszeichen, Zitate von zeitgenössischen Autoren sind nur in einfache Anführungszeichen gesetzt. Weil dies den Umfang des Buches sprengen würde, habe ich den Originallaut der fremdsprachigen Zitate weggelassen. Sie erscheinen nur in deutscher Übersetzung.

Ausgenommen davon sind fremdsprachige Verszeilen, deren Reiz im Reim liegt und Zitate in niederdeutschem Dialekt, bei denen die sprachliche Anmutung des Plattdeutschen gleichzeitig ein Stück Seefahrercouleur wiedergibt – diese Ausnahmen werden im Original und in deutscher Übersetzung zitiert.
Gewisse Abweichungen von aktuell geltenden Orthographie-Regeln sind beabsichtigt.

Danksagung

Ein Buch entsteht nicht ohne die Mithilfe von Anderen, die wertvolle Tipps, eine Menge Zeit und viel Wohlwollen mithineinstecken.
    An dieser Stelle möchte ich folgenden Personen noch einmal ganz besonders für ihre Unterstützung danken:

Petra Meyer, meiner selbstlosen Lektorin, für ihr scharfes Auge und ihre sinnvollen Verbesserungsvorschläge; außerdem meinem Ehemann *Detlef* für seine stets wohlwollende und umfassende Unterstützung, die das gesamte Projekt betraf, wofür er ohne großes Aufheben bereit war, sogar sein buchstäblich letztes Hemd zu geben, damit das Buch realisiert werden kann.
– Vielen lieben Dank Euch beiden für alles!

Mittenwald, im Juli 2005   Manuela Pinggèra

Teil I

Matrosen

'Kein Mensch wird Matrose, der geschickt genug ist, sich nicht ins Gefängnis zu bringen, denn auf einem Schiff zu sein gleicht einem Gefängnis, mit der Aussicht darauf, ertränkt zu werden. Wobei ein Mann im Gefängnis noch mehr Platz, bessere Verpflegung und gemeinhin bessere Gesellschaft hat.' Samuel Johnson [1]

'Von allen Gesellschaftsschichten sind Seefahrende und landwirtschaftliche Arbeiter am wenigsten geachtet und daher am schlechtesten behandelt worden.' Christopher Lloyd [2]

Als portugiesische und spanische Seefahrer im fünfzehnten Jahrhundert erstmals die großen Seerouten auf den Weltmeeren eröffnet hatten, folgten bald andere europäische Nationen in ihrem Schlepptau, ganze Ozeane zu überqueren. Das Wissen um Schiffsbau – insbesondere solcher Typen, die hochseetauglich waren – Navigation und Kartographie wurden rasch angeeignet und weiterentwickelt. Kolonien und Handelsstützpunkte in fernen Erdteilen entstanden im Wettlauf mit anderen konkurrierenden Nationen.
Die Segelschiff-Fahrt entwickelte sich in kurzer Zeit zum schnellsten Transportmittel in alle Erdteile und zum Arbeitgeber für Generationen von Menschen, die ihr Leben nach den Erfordernissen der Seefahrt richteten. Zwar war gemeinhin bekannt, dass es in vielerlei Hinsicht ein besonders hartverdientes Brot war, erarbeitete man sich dies auf Schiffen.
Ebenso trug es nicht dem gesellschaftlichen Ansehen bei, Matrose zu sein. Dennoch waren mitunter zwingende Gründe im Spiel, die Leuten keine andere Wahl ließen, als zur See zu gehen.

Eine große Rolle spielte die geographische Lage, dass insbesondere Bewohner von Küstenregionen oder von Inseln häufig Matrosen oder Fischer wurden. Hier kamen Familientraditionen hinzu, die nicht selten den späteren Lebensweg eines Jungen bestimmten, wenn Vater und Großvater bereits zur See gegangen waren.

Wie der deutsche Heimatforscher Richard Wossidlo in den zwanziger Jahren des letzten Jahrhunderts alte mecklenburgische Seeleute befragte, die noch als Matrosen auf Segelschiffen gearbeitet hatten, erinnerten sich die meisten der alten Männer daran, dass der Seemannsberuf für sie schon von Kindesbeinen an ganz selbstverständlich vorgegeben gewesen war. Sie wuchsen bereits in dieser Gewissheit auf, spielten mit kleinen Modellschiffen, die ihnen seefahrende Bekannte gebastelt hatten und lernten daran ihre ersten berufspezifischen Fachtermini. Wenn dann im Winter die großen Schiffe im Hafen lagen, wurden diese zum Lehrmaterial der Jungen, das sie spielend zu meistern lernten: *'Wi Jungens sünd hier in Wismar rinklattert in de Masten un in de Wanten tohöchten, wi stegen hoch as so'n Apen.'*

[Wir Jungen sind hier in Wismar in den Masten herumgeklettert und die Wanten hinauf; wir stiegen hoch wie ein Affe.]

Ein anderer Matrose berichtete: *'Ik heff baben up n'Knoop, wo de Flagglien dörchkümmt, up'n Buuk lägen un heff dahn, as wenn ik swemmen ded. Wi Jungens hier in Warnemünd wieren ümmer glik in de Masten – so lihrten wi dat Nababenstigen ganz von sülwst. Wi künnen alles: Wi sünd von de Grootmast an't Stagg na de Fockmast roewerklattert un sünd an de Pardunen daalrutscht, wenn wi fix na unnen wullen, un hebben uns de Bücks intweiräten; de Been würden oewerslagen, denn würd daalrutscht an't Stagg.'* [3]

[Ich habe oben auf dem Knauf, wo die Flaggleine durchkommt, auf dem Bauch gelegen und habe getan, als ob ich schwimme. Wir Jungen hier in Warnemünde waren immer gleich in den Masten – so lernten wir das Hinaufsteigen ganz von selbst. Wir konnten alles: Wir sind vom Großmasten über die Stag zum Fockmast rübergeklettert und sind an den Pardunen hinuntergerutscht, wenn wir schnell nach unten wollten, und haben uns die Hosen entzweigerissen; die Beine wurden übereinandergeschlagen, dann wurde an der Stag hintergerutscht.]

Allerdings gab es auch Eltern, die gar nicht damit einverstanden waren, wenn ihre Söhne zur See wollten. Sie hatten gute Gründe dafür, in denen deutlich wird, was das Leben auf See letztlich bedeutete: *'Ik heff to minen Soehn seggt:*

Leewer kannst bi'n Buern deenen as Kädenhund. Wenn de Buer von sinen Hund wat höllt, hett dee 'ne Hütt, wo he unnerkrupen kann bi slecht Wäder. Dat hett de Seemann nich.'

> [Ich habe zu meinem Sohn gesagt: Lieber gehst du zu einem Bauern als Kettenhund. Wenn der Bauer etwas von seinem Hund hält, dann hat der eine Hütte, wo er bei schlechtem Wetter unterkriechen kann. Das hat ein Seemann nicht.]

Nicht viel anders erging es dem Bruder eines mecklenburger Zeitgenossen: *'Vadder wier sülben to See föhren as Kock. He wull nich, dat mien Broder Seemann würd. "Denn will ik mi 'n Strick köpen un mi uphängen", säd he. "Naher kannst doon, wat du wisst."* [4]

> [Vater ist selber zur See gefahren als Schiffskoch. Er wollte nicht, dass mein Bruder Seemann wird. "Eher kauf' ich mir einen Strick und häng' mich auf", sagte er. "Dann kannst du tun, was du willst."]

Armut war ein Faktor, der sehr viele Menschen aus reinem Selbsterhaltungstrieb dazu zwang, Arbeit auf See zu suchen, wenn an Land nichts zu finden war – und das zu egal welchen Konditionen. Zahlreiche Jungen, Männer, aber auch als Männer verkleidete Frauen (besonders in England und Holland), trieb es über die Jahrhunderte als letzten Ausweg in die Küstenregionen, um auf Schiffen anzuheuern.

Jack Cremer ging Anfang des achtzehnten Jahrhunderts unter der Prämisse zur See: *'Wenn ich am Leben blieb, wäre es gut; und wenn ich ordentlich eins auf die Mütze bekommen hätte, wäre halt einer weniger in der Familie gewesen.'* [5]

In der Hafengegend von Sevilla lebten im sechzehnten Jahrhundert bereits Hunderte von Straßenkindern, die von ihren verarmten Eltern einfach ausgesetzt worden waren und nicht selten schon im Alter von sechs Jahren für sich selbst sorgen mussten. Die Jungen unter ihnen hatten zwei Möglichkeiten – entweder auf einem Schiff der spanischen Flotte eine Heuer zu ergattern, oder sich einer der Diebesbanden der Unterwelt anzuschließen und dort zum professionellen Trickdieb ausgebildet zu werden, wenn sie überleben wollten.

Viele dieser Kinder landeten auf den Carrera de Indias Flotten.

Unter ihnen war Francisco Manuel, der noch nicht einmal einen Familiennamen besaß, als er mit sieben Jahren als Schiffsjunge auf der königlichen Silberflotte angeheuert wurde. Francisco Manuel hatte Glück, an Kapitän

Andrés de Paz geraten zu sein. Dieser war einer der einflussreichsten Schiffsbauer in Sevilla; in ihm fand der Junge einen Gönner, der ihn über Jahre wohlwollend förderte. Als junger Mann stieg Francisco Manuel schließlich zum Piloten der königlichen Silberflotte auf.[6]

Die Armut unter Spaniens Land- und Stadtbevölkerung trieb etliche Männer zu dem Entschluss, als Matrose auf den Silberflotten anzuheuern, um dann am Zielhafen angekommen vom Schiff zu desertieren und sich im sagenhaften 'El Dorado' Mittel- und Südamerikas als illegaler Auswanderer ein neues Leben aufzubauen. Viele dieser Matrosen ließen daheim mehrköpfige Familien zurück, die erst bei der Rückkehr der Flotten erfuhren, dass sich ihre Männer in den Kolonien zwischenzeitlich unauffindbar abgesetzt hatten.
Ohne Ernährer auf sich gestellt, kamen zahllose Frauen mit Kindern zum großen Kreis der Menschen hinzu, die in bitterster Armut lebend die Straßen der Hafenstädte bevölkerten.

Sehr zahlreich strömten Menschen von Landregionen in die Hafenstädte, um in der Hoffnung auf ein besseres Leben auf Schiffen anzuheuern.
Edward Barlow, der Sohn eines Landarbeiters aus der Gegend um Manchester, heuerte 1659 als Dreizehnjähriger bei der britischen Marine an, denn: *'Mir stand der Sinn nie besonders nach Landarbeit, wie pflügen, mähen, Heu machen und die Ernte einbringen [...] und solcherart Mühsal.'*[7]
Barlow wollte etwas von der Welt sehen und dachte, als Matrose ein spannenderes Leben führen zu können als das eines einfachen Landarbeiters.
In den Jahrzehnten, die er bis zu seinem 61. Lebensjahr auf hoher See verbrachte, hatte er jedoch Anlässe genug, diesen Entschluss bitter zu bereuen, worüber sein Journal deutlich Auskunft gibt: *'Es gibt keine Menschen unter der Sonne, die härter leben [...] und die von allen Seiten derartig ausgenutzt werden als wir Seeleute [...] Und so könnte ich keinem jungen Mann wünschen, diesem Ruf zu folgen, solange er gute Freunde hat, die ihm seinen Kopf zurechtrücken oder seinen Bedürfnissen begegnen können, denn er wird noch viel Übleres vorfinden, als ich beschrieben habe.'*[8]

Als erste Reiseberichte in Umlauf gerieten, in denen von fremden Kontinenten berichtet wurde und die dem Leser Einblicke in exotische, aufregende Welten gestatteten, kam der Aspekt der Abenteuerlust hinzu, der insbesondere viele Jungen ansteckte, Abenteuer auf See zu suchen.

Maßgeblich hierfür waren William Dampier's *New Voyage Round the World* von 1697 und die Romane von Jonathan Swift und Daniel Defoe. Ab dem achtzehnten Jahrhundert konnte man typischerweise in vielen Seemannsbiographien den Satz lesen: '*Nachdem ich Robinson Crusoe gelesen hatte, beschloss ich wegzurennen und zur See zu gehen.*' [9]

Auch hier folgte bald bittere Ernüchterung, wenn sich den hoffnungsvollen Ausreißern das Seemannsleben in voller Härte zeigte. Ned Ward, ein Zeitgenosse von Barlow und Dampier, verglich das Leben auf See mit einer Lotterie [10] – einer Lotterie allerdings, die auf Matrosenseite so gut wie kaum 'Gewinner' hervorbrachte, dafür aber umso mehr Verstümmelte und Tote.

Unter den Matrosen, die mehr oder weniger aus freien Stücken an Bord der Segelschiffe arbeiteten, befanden sich über die Jahrhunderte hinweg zahlreiche Männer, die gegen ihren Willen rekrutiert worden waren.

Es kam immer wieder zu Fällen von Kidnapping in Hafengegenden, insbesondere für unterbemannte Schiffe der Marine oder für Handelsschiffe, die von erfahrenen Matrosen aus guten Gründen gemieden wurden.

So mancher Junge oder Matrose ist mit schmerzendem Kopf auf hoher See an Bord eines Schiffes aufgewacht, wo er nicht angeheuert hatte. Und alles, woran sich der Unglückliche noch erinnern konnte, war, am Abend vorher arglos auf der Straße gegangen zu sein oder in der Hafenkneipe ein Bier getrunken zu haben.

Wenn auf Handelsschiffen Matrosen fehlten, wendeten sich davon betroffene Kapitäne am Hafen an so genannte *Crimps* oder *Spirits* – unter deutschen Matrosen auch Heuer- oder Schlafbaas genannt. Das waren Männer, die in den Hafenkneipen gezielt Matrosen suchten, die sich beim Wirt verschuldet hatten. Sie lösten die Männer aus und vermittelten sie an die Kapitäne der Handelsschiffe weiter.

Sie nutzten auch die Unwissenheit derjenigen, die vom Land in die Hafengegenden gekommen waren, für ihre Zwecke aus, indem sie die Jungen oder Männer mit falschen Versprechungen auf unterbesetzte Schiffe brachten.

Für ihre Dienste ließen sie sich bei der Übergabe vom Kapitän einen Teil der Heuer ausbezahlen, den die vermittelten Matrosen nun einarbeiten mussten. Nicht selten sorgten Crimps dafür, dass die Männer erst noch richtig betrunken gemacht wurden, damit sie leichter auf die entsprechenden Schiffe verschleppt werden konnten.

Es gab schließlich gute Gründe, warum bestimmte Schiffe nur schwer Besatzung bekamen: entweder der Kapitän war besonders brutal, die Verpflegung extrem schlecht, oder aber das Schiff zog viel Wasser, was erschöpfende Extraschichten an den Schiffspumpen bedeutete.

Insbesondere die Geschichte der britischen Marine fußt auf einer Praxis, die über Jahrhunderte hinweg das ständige Bemannungsproblem an Seeleuten für die Flotte lösen sollte: Matrosen und sogar Männer, die einen anderen Beruf hatten, wurden von Press-Gangs aufgegriffen und gegen ihren Willen auf Schiffe der britischen Marine verschleppt, wo die Berufsfremden das Matrosenhandwerk zwangsweise erlernen mussten.
Dass die Schiffe der englischen Flotte von Matrosen eher gemieden wurden, hatte triftige Gründe. War das Seemannsleben schon so ohnehin hart genug, bei der Marine wurde es zur Hölle:
Minderwertige und knappe Verpflegung, eine hohe Sterblichkeitsrate auf den Schiffen, niedriger Lohn mit häufigen Zahlungsausfällen und härteste Disziplinarmaßnahmen machten den Dienst für die englische Krone nicht attraktiv. Die schlechten Zustände auf den Schiffen begünstigten Typhus-Epidemien, absolute Erschöpfung unter den verbliebenen Matrosen, die für schwererkrankte oder verstorbene Kameraden zusätzliche Arbeit übernehmen mussten, und Skorbut.
John Atkins, Schiffsarzt auf der *Weymouth*, einem Schiff der britischen Marine, bestätigte 1722 bei Rückkunft im Hafen einen Todeszoll von 280 Seeleuten.
Fast die Hälfte der im 17. und 18. Jahrhundert gepressten Matrosen verstarb auf See wegen der verheerenden Zustände auf den britischen Marineschiffen. [11]

Wann immer die englische Flotte verstärkt Bedarf an Matrosen hatte, und zwar bei Kriegsausbruch, beauftragte die Admiralität Press-Gangs, die Matrosen auf die Schiffe der Marine bringen sollten. Diese Press-Gangs waren gewöhnlich Gruppen von mehreren Männern – manchmal höhere Offiziere der Marine, aber sehr häufig auch ziemlich zwielichtige Gestalten, denen alle Mittel recht waren, egal wen von der Straße an Bord der Schiffe zu verschleppen.
Für diesen Dienst erhielten die Press-Gangs eine Pro-Kopf-Vergütung; außerdem sah die Methode des Pressens üblicherweise vor, einem Matrosen bei günstiger Gelegenheit einen Shilling Pressgeld in die Jacke zu schmuggeln, um ihn somit zum Dienst bei der Marine zu verpflichten.
Dabei war Gewalt ein aprobates Mittel, Unwillige am Ende doch noch zu rekrutieren.

Für die Schiffe *Golden Lion*, *Elizabeth Bonaventure*, *Advice*, *Sun* und *Repentance* fehlte Besatzung. So gab Elizabeth I am 30. August 1589 einen Erlass, der den Kommandeur Sir Martin Frobisher und seine eigens dafür eingesetzten Männer dazu beauftragte, '*von allen Küstenorten Englands oder Irlands zur Bemannung der Schiffe unter seinem Kommando jegliche Matrosen, Soldaten, Waffenmeister oder andere geeignete Handwerker und Arbeitskräfte in den Dienst zu pressen [...] und diejenigen mit Kerker zu bestrafen, die sich dagegen auflehnen [...]*' [12]

Roderick Random wurde auf der Straße zunächst von einem Mitglied einer Press-Gang verfolgt und angesprochen. Wie er davonlaufen wollte, war er schon von den anderen Männern umringt, wovon ihn einer hart am Kragen packte und mit sich zu zerren versuchte. Es kam zu einem Handgemenge, bei dem Random sich mit einem Mal rasch gezückten Entersäbeln gegenüber sah, gegen die er selbst mit dem Mut der Verzweiflung nichts ausrichten konnte.
Der Matrose erlitt eine tiefe Schnittwunde am Kopf und auf der linken Wange. Heftig blutend wurde er auf ein Sammelschiff verschleppt und gefesselt zu anderen Matrosen gesperrt. Die Wunden hörten nicht auf zu bluten, so bat Random darum, dass man ihn verarzte. Der Offizier jedoch, den er angesprochen hatte, '*bespuckte mich durch die Gitterstäbe mit weichgekautem Tabak*' und '*sagte mir, ich sei ein Hund von einem Meuterer, und dass ich doch sterben und zum Teufel gehen solle.*' [13]

Sobald Matrosen Wind davon bekamen, dass Press-Gangs unterwegs waren, versuchten sie, sich zu entziehen.
Viele versteckten sich bei Bekannten auf dem Land oder griffen gar zu Verkleidungen, um unerkannt auf die Straße gehen zu können. Einige schreckten auch nicht davor zurück, sich selbst Wunden zuzufügen, die sie mit Petroleum verunreinigten, oder sich gar einzelne Finger abzuschneiden, um als arbeitsunfähig eingestuft zu werden.
Manche versuchten, auf auslaufenden Schiffen der englischen East-India-Company noch eine Heuer zu ergattern, damit sie die nächsten drei Jahre außer Reichweite der Press-Gangs waren. Britische Matrosen heuerten außerdem zuhauf auf ausländischen Schiffen an oder flohen direkt nach Holland oder Frankreich, um vor Ort Heuer zu suchen und der Zwangsrekrutierung daheim zu entkommen.
Im Winter 1770, als die Admiralität Press-Gangs losschickte, entwichen Tausende von Matrosen nach Holland, wo sie in die Hände von Crimps gerieten,

die sie an Schiffe der VOC verkauften. Bei einer anderen Press-Welle um 1800 gab es eine Massenflucht britischer Matrosen auf amerikanische Schiffe.[14]

Damit löste sich das Bemannungsproblem der Marine freilich nicht, so dass bereits seit Mitte des siebzehnten Jahrhunderts britische Matrosen von Schiffen anderer Nationen kurzerhand wieder hinuntergeholt werden konnten oder aber heimkehrende Handelsschiffe vor dem Hafen abgepasst wurden, um die Männer noch auf See direkt auf die Marineschiffe zu befördern.
Für die Betroffenen war dies extrem hart, verloren sie in den meisten Fällen ihre Heuer von der Reise mit dem Handelsschiff, da sie ja nicht an Land durften, um sie einzufordern. Sie konnten noch nicht einmal ihre Angehörigen besuchen, die sie meist monatelang bis hin zu einigen Jahren nicht mehr gesehen hatten.
Hier dauerte es nicht lange, bis Matrosen erbitterten Widerstand leisteten, wenn sie Boote mit Press-Gangs auf die einlaufenden Handelsschiffe zusteuern sahen. Sie ließen ihre Entersäbel klirren, empfingen die ungebetenen Gäste mit mehreren Pistolensalven oder zogen ihnen kräftige Schläge über den Schädel, wenn sie versuchten, an Bord der Schiffe zu steigen, um von dort Matrosen zu verpflichten. Die Seemänner brachten die Boote der Press-Gangs zum Kentern und zettelten in den Hafengegenden Aufstände an.[15]

Unter diesen Umständen ist die Erfahrung nicht verwunderlich, die Lieutenant Dillon 1803 in der Ortschaft Hull machte. Er war beauftragt worden, in der Gegend Seeleute zu pressen. Als Dillon im Ort ankam, traf er einen Segelmacher, den er von früher schon kannte. Dieser begrüßte ihn zunächst ganz fröhlich; sobald der Seemann aber erfahren hatte, warum der Lieutenant angereist war, *nahm er seine Beine unter die Arme und war in Nullkommanichts außer Sichtweite.*[16]

In den Dienst der britischen Marine gepresst zu werden, konnte auch ausländischen Matrosen passieren, die auf englischen Schiffen arbeiteten.
Seefahrt war schon sehr früh zu einem internationalen Berufszweig geworden, wo Schiffsbesatzungen ein multikultureller Mix aus aller Herren Länder waren. Ein englisches Gesetz sah vor, dass ausländische Matrosen, die mindestens zwei Jahre auf einem britischen Marineschiff angeheuert waren, zu Engländern erklärt werden konnten und damit pressfähig wurden.
Im achtzehnten Jahrhundert stapelten sich die Beschwerden von ausländischen Botschaften auf den Schreibtischen der Admiralität, in denen gefordert wurde,

gepresste Landsleute unverzüglich freizulassen.
Darunter waren sehr viele Schriftstücke vom schwedischen Konsulat. Der dänische Gesandte Rosencrantz erreichte erst mit zähem Nachdruck, dass schließlich elf seiner Landsleute wieder freikamen. [17]
Bei einer Demobilisierung im Jahre 1815 wurden im August 238 Schweden, 21 Russen und 10 Dänen aus dem Dienst der britischen Marine entlassen.
Die ausländischen Botschafter waren schon überrascht, dass ihren Forderungen so schnell stattgegeben wurde – tatsächlich aber war der Hintergrund, dass die Löhne der ausländischen Seeleute in Friedenszeiten eingespart werden sollten. [18]

Der ständige Kampf, genügend Männer auf die britischen Kriegsschiffe zu bekommen, führte außerdem dazu, so genannte 'Landratten' einzuziehen.
Entweder hatten Männer das Pech, einer Press-Gang den Weg zu kreuzen, so dass sie aufgegriffen und an Bord des nächsten Schiffs verschleppt wurden, oder aber es erschienen gesetzliche Verordnungen, gezielt Kleinkriminelle und Leute von der Straße zum Dienst bei der Marine einzuziehen.
In beiden Fällen kamen so zu den echten Matrosen Männer ohne jegliche Schiffserfahrung. Die Seeleute waren darüber wenig erfreut, einesteils mit verwahrlostem Mob von der Straße auf engstem Raum leben und arbeiten zu müssen. Zum anderen bedeutete dies Mehrarbeit für sie, solange die schiffsfremden Männer ihre Aufgaben noch nicht verrichten konnten. Das Hygiene-Risiko, das die zerlumpten Rekruten von den Straßen mit auf die Schiffe brachten, machte sich verstärkt in Typhus-Epidemien bemerkbar, bei denen die Männer einfach wegstarben wie die Fliegen.

Befanden sich Rekruten erst einmal in Gewahrsam britischer Offiziere, so gab es kaum Möglichkeiten, wieder vom Schiff herunterzukommen.
Nachdem gepresste Seeleute bei Landgang massenhaft desertiert waren, ging man bereits mit dem *Naval Discipline Act* von 1661 dazu über, die Matrosen ständig an Bord zu behalten – sie durften auch im Hafen nicht vom Schiff gehen. Die Neuerungen der Artikel im Jahre 1749 brachten in diesem Punkt keine Abweichung – bis 1866 blieben die einzelnen Gesetze gültig. [19]
Außerdem hielten manche Kapitäne die Auszahlung der Heuer für eine Dauer von bis zu sechseinhalb Jahren zurück, um Desertion vorzubeugen. [20]
Manche Matrosen versuchten dennoch, bei günstiger Gelegenheit die Schiffe zu verlassen. Misslang der Fluchtversuch oder wurden sie erkannt und aufge-

griffen, so hatten sie in der Regel mit 100 bis 150 Peitschenhieben Strafe zu rechnen.[21]

Ein Brief von Richard Hall, Matrose auf der *Zealand*, datiert vom 19. Juni 1800, als das Schiff an der Nore vor Anker lag, gibt einen Einblick, wie die Männer das ständige Eingesperrtsein auf den Schiffen empfanden:
'... *Ich gäbe alles was ich habe, und wenn es hundert Guineen wären, dass ich nur an Land könnte. Ich lege mich stattdessen jede Nacht an Deck. [...] Es gibt keine Hoffnung, dass ich zu Dir kommen kann. Auf uns wird herabgesehen wie auf Hunde – und noch nicht einmal so gut. [...] Da sind Leute auf dem Schiff, die würden die ganze Welt dafür geben, wenn sie an Land könnten. [...] Es ist schlimmer als ein Gefängnis. Sie [die Offiziere] peitschen die Männer schon aus, wenn sie betrunken werden. Ein Shilling an Land ist allemal besser als ein Dutzend an Bord des Schiffs. Meine Fußknöchel sind so angeschwollen, dass sie bereits aus den Schuhen herausquellen. ...*'[22]
Dieser Brief war für Halls Ehefrau bestimmt, ist aber im Postamt zurückgehalten worden und von dort in die Akten der Admiralität gelangt.

Wer berufsmäßig zur See ging, war an Land deutlich von anderen Personengruppen zu unterscheiden. Das machte es Crimps und Press-Gangs leicht, Seeleute in den Hafen- und Küstengegenden aufzugreifen.
Matrosen hatten gewöhnlich wettergegerbte Haut, die von der Sonne verbrannt und vorzeitig gealtert war, so dass sich im Gesicht, an Hals und Oberkörper und an den Armen früh Falten bildeten. Die pendelnde Gangart, die dem Seemann auf den schwankenden Schiffen ermöglichte, das Gleichgewicht zu halten, ließ sich nach Monaten oder Jahren Reise bei Landgang nicht so einfach ablegen. Dazu kamen oft sichtbare Verstümmelungen am Körper, die von Arbeitsunfällen, harschen Disziplinarmaßnahmen oder Auseinandersetzungen mit anderen Matrosen stammten: fehlende Gliedmaßen, Narben, krumm zusammengewachsene Knochenbrüche an Armen, Beinen oder an Gelenken.
Sehr auffällig war auch die Sprache mit berufspezifischen Termini, einer eigenen Syntax und Betonung der einzelnen Wörter. Berufsfremde oder Neulinge an Bord hatten größte Schwierigkeiten, zu verstehen, was überhaupt gesagt wurde, wenn Matrosen sich etwas zuriefen.

Von der Begegnung mit Naturvölkern rührten Körper-Tattoos her, die besonders mit Motiven wie Anker, Herz, Steuerrad, Kreuz, Schiffen oder Frauenbildnissen unter den Seefahrenden populär wurden.

Als Richard Wossidlo einen alten Seemann nach seinem Tattoo fragte, wies der Mann entrüstet zurück: '*Nee, brandmarken laat ik mi nich. Wenn eens wat passieren deit, finnen se eenen jo gliek rut. Ik bün nich brandmaarkt. Ik kennte eenen, dee hadd'n Anker uppe Bost, de Käd güng bet in' Oorslock.*' [23]

[Nein, brandmarken lass' ich mich nicht. Wenn man Mist baut, finden die einen ja gleich. Ich bin nicht gebrandmarkt. Ich kannte einen, der hatte einen Anker auf dem Oberkörper, die Kette ging bis ins A....loch.]

Nicht nur Tattoos konnten dazu herangezogen werden, Matrosen zu identifizieren, wie Wossidlos Gesprächspartner richtig erklärte.

In Zeiten, in denen Leute noch nicht anhand von modernen Pässen mit Photographien eindeutig erkennbar waren, suchte man auffällige Kennzeichen am Körper. Matrosen hatten oft deutlich sichtbare Narben, die zur Identifizierung herangezogen wurden.

Bereits im sechzehnten Jahrhundert listeten spanische Seefahrtsbehörden auffällige Narben von Matrosen neben deren Namen sorgfältig auf, damit die Seeleute leichter zu unterscheiden waren. Ein Register mit zweitausend Matrosen von spanischen Flotten aus dieser Zeit zeigt, dass die Hälfte der Männer mindestens eine gut erkennbare Narbe aus einer früheren Verletzung am Körper hatte. [24]

Nach der Meuterei auf der *Bounty* gab Lieutenant William Bligh den Behörden detaillierte Beschreibungen der einzelnen Meuterer, die mit dem Schiff davongesegelt waren. Die Matrosen hatten folgende Merkmale:'[...] *Charles Churchill, [...] hellhäutiger Typ, kurzes hellbraunes Haar, Fliegenglatze, kräftig gebaut; der Zeigefinger von seiner linken Hand ist krumm, und auf seiner Hand sind die Narben einer schweren Verbrennung sichtbar; er ist an verschiedenen Stellen seines Körpers [...] tätowiert. James Morrison [...] hat das oberste Glied seines Zeigefingers an der rechten Hand verloren; [...] und ist an einem seiner Arme mit einer Musketenkugel verwundet worden. John Mills, [...] hat eine Narbe unter seiner rechten Achsel, die von einem Abszess stammt. [...] Matthew Thompson, [...] sehr dunkelhäutig, kurzes schwarzes Haar, schlank, hat den Gelenkknochen vom großen Zeh seines rechten Fußes verloren; und ist an verschiedenen Stellen seines Körpers tätowiert. William Mickoy [...] hellhäutig, hellbraunes Haar, kräftig gebaut; eine Narbe am Bauch, die von einer Stichwunde stammt, und eine kleine Narbe unter seinem Kinn; ist an verschiedenen Stellen seines Körpers tätowiert. [...] John Sumner, [...] hellhäutig, braunes*

Haar; eine Narbe auf der linken Wange und an verschiedenen Stellen tätowiert. [...] Henry Hilbrandt [25], *[...] hellhäutig, semmelblond, kräftig gebaut; mit einem verkürzten linken Arm [...], nachdem er gebrochen war; ist gebürtig aus Hannover, und spricht schlecht Englisch; an verschiedenen Stellen tätowiert. Alexander Smith, [...] braunes Haar, kräftig gebaut; mit schwer pockennarbigem Gesicht, und am ganzen Körper sehr stark tätowiert. Er hat eine Narbe auf seinem rechten Fuß, die von einem Axthieb herrührt. John Williams, [...] dunkler Typ, schwarze Haare, schlank; hat eine Narbe am Hinterkopf; ist tätowiert, und stammt aus Guernsey; spricht Französisch. Richard Skinner; [...] hellhäutig, wohlgeraten, und hat Narben an beiden Fußgelenken und auf seinem rechten Schienbein; ist sehr stark tätowiert. [...] William Brown, [...] hellhäutig, dunkles braunes Haar, schlank; eine auffällige Narbe auf einer seiner Wangen, die das Augenlid zusammenzieht und bis zum Hals hinunterreicht [...]* [26]

Das beschriebene Aussehen der Männer entspricht dem Bild, das man sich landläufig von Piraten macht, kommen noch Holzbein und Augenklappe hinzu. Dennoch sind sämtliche Verletzungen allenfalls typische Merkmale von Seeleuten; lebenslange Erinnerungen an die ständigen Gefahren ihres Berufs.

Als Seemann zu arbeiten, war in vielerlei Hinsicht extrem gefährlich. Neben tödlichen Seuchen, Tropenkrankheiten oder Skorbut brachte die Arbeit auf den Schiffen viele Risiken mit sich: Matrosen stürzten aus der Takelage auf das Deck oder wurden von herabfallenden Takelageteilen tödlich getroffen, heftiger Seegang spülte sie über Bord; Arbeitsunfälle hinterließen Knochenbrüche, verstümmelte Gliedmaßen und Narben.
Hunger, Durst und Erschöpfung waren ständige Begleiter, die stoisch ertragen werden mussten. Hinzu kamen schwere körperliche Bestrafungen, die Disziplin und Leistung der Matrosen sicherstellen sollten, sie jedoch oft genug zu Krüppeln machte oder ihr Leben kostete.

Wie erträglich sich das Leben an Bord eines Schiffes für die gesamte Crew gestaltete, hing nicht unwesentlich vom Kapitän und seinen Offizieren ab. Der Kapitän als Schiffsoberhaupt hatte höchste Befehlsgewalt über alle Matrosen und er konnte den Leuten die Hölle auf Erden bereiten. Geltende Gesetze, Marine-Gerichte und die Verträge zwischen ihm und den Matrosen garantierten ihm absolute Autorität.
Damit die Arbeitsprozesse auf dem Schiff funktionierten, war ein gewisses Maß an Disziplin und Gehorsam notwendig. Wie hoch ein Kapitän jedoch die Maßstäbe setzte, war je nach Person unterschiedlich.

Hauptinstrument zur Ahndung von Ungehorsam oder Auflehnung war die 'neunschwänzige Katze' – eine Lederpeitsche mit neun einzelnen Strängen. Sie war das Machtsymbol schlechthin, mit dem Gehorsam erzwungen wurde.
Auf den Schiffen befanden sich allerdings noch genügend andere Gegenstände, die den Seeleuten schreckliche Verletzungen beibrachten: darunter waren Seile, Harpunen, Messer, Gürtel, Stöcke und Waffen.

Historische Quellen über Misshandlungen von Matrosen geben ein erschütterndes Zeugnis davon ab, zu welchen Übergriffen Kapitäne oder ihre Offiziere über die Jahrhunderte hinweg fähig gewesen waren. Diese Quellen zeigen damit auch, wie wenig das Leben eines einfachen Matrosen offenbar wert gewesen war.
Vor allem für das achtzehnte Jahrhundert gilt, dass 'die uneingeschränkte Macht des Kapitäns, seine Männer mit äußerster Grausamkeit ohne jegliche Wiedergutmachung zu behandeln' [27], zu einem allgemeinen Merkmal des Matrosendaseins wurde.
Auf den Schiffen der East-India-Company war dies extrem schlimm. Die Decks, auf denen Matrosen ausgepeitscht wurden, sahen zeitweise aus wie ein Schlachthof von innen. [28]
Stellt man die Anlässe in Relation zu den brutalen Bestrafungen, die Matrosen erhielten, bietet sich ein schockierendes Bild an roher Willkür:

John Pattison war 1708 auf der *Unity* in Richtung Karibik unterwegs. Er vergaß eine Aufgabe zu erledigen, worauf Kapitän Matthew Beesley den Matrosen an den Haaren packte, zu einer Kanone auf der Backbordseite des Schiffs schleifte, wo er den Kopf des Mannes unter eine Kanone einklemmte. Dann verdrosch Beesley den Matrosen mit einem dicken Seil so lange und derartig brutal, dass Pattison für geraume Zeit danach kaum fähig war, seine Arme oder Hände zu seinem Kopf zu bewegen.
Bei anderen Gelegenheiten schlug Beesley den Matrosen, bis das Blut in Strömen aus seiner Nase floss; er teilte ihn bei heftigem Regen ohne Kopfbedeckung zur Nachtwache ein; drohte dem Matrosen, ihn mit dem Messer niederzustechen oder ihn solange auszupeitschen, bis ihm die gesamte Haut vom Körper fiele. [29]
Es kam nicht selten vor, dass Kapitäne nur aus persönlicher Abneigung Matrosen über einen längeren Zeitraum hinweg schikanierten oder quälten, um die Männer einzuschüchtern und ihren Willen zu brechen.

Die brutalen Übergriffe auf Seeleute reichten bis hin zu absichtlichen Verstümmelungen und Mord oder endeten mit Totschlag.
1733 drosch Captain William Newcomin auf den Matrosen John Jones mit einem Steinkrug ein und schlug ihm dabei vier Zähne aus. James Conroy sagte 1707 aus, dass der Kapitän ' *ihn mit seiner linken Hand fest an der Nase packte & seinen Daumen* [dabei] *in das linke Auge*' des Matrosen ' *bohrte & und mit seiner rechten Hand drei Mal auf den Daumen schlug & in dieser Weise mutwillig, absichtlich & böswillig sein Auge verstümmelte & auslöschte.*' [30]

Kapitän Richard Haskins von der *Laventon* griff 1721 den Matrosen John Philipps an, als dieser schlief. Er verpasste ihm mehrere Fausthiebe und stach dann zehn bis zwölf Mal mit einem Marlspieker auf den wehrlosen Mann ein. Philipps bekam heftige Krämpfe. Doch Haskins war noch nicht fertig mit ihm. Er zwang den Verletzten unter roher Gewalt, bei strömendem, kaltem Regen zum obersten Segel am Fockmast hinaufzusteigen und dieses zu setzen – in der Absicht, dass der Mann von dort oben über Bord fallen würde. Der Seemann blutete über und über aus seinen Wunden und trug nichts außer Hemd und Kniebundhosen am Leib.
Als Philipps am Segel war, hatte er einen weiteren Krampfanfall, doch Haskins verbot ausdrücklich, dass irgendjemand ihm zur Hilfe käme. Er drohte, jeden zu erschießen, der hochkletterte, um zu helfen. Philipps bewältigte zwar letztlich seine Aufgabe, doch die Folgen der Verletzungen machten ihm noch den Rest seines Lebens schwer zu schaffen. [31]

Bei einem anderen Fall, wo ein Kapitän einen Matrosen so brutal verprügelt hatte, dass dieser halbtot am Boden lag, zwang der Kapitän den Schwerverletzten, ihm nachzusprechen: '*Der Teufel möge mir mein Fleisch von den Knochen fressen, wenn ich jemals meinem Vater oder meiner Mutter oder sonst irgendjemandem hiervon erzähle.*' [32]

Richard Baker heuerte 1734 auf der *Europa* an, die von St. Kitts nach London in See stach. Bald erkrankte er und wurde so schwach, dass er seinen Aufgaben nicht mehr nachkommen konnte. James Blythe, sein Kommandeur, befahl Baker dennoch, seinen Dienst anzutreten, wozu der Matrose nicht imstande war. Daraufhin zwang Blythe den Mann, eine Doppelschicht am Steuerrad abzuleisten. Danach peitschte er ihn aus und fand: '*Verdammter Hund, das Seil macht wohl keinen rechten Eindruck auf ihn.*' [33]

Blythe befahl daher seinem Bootsmann, Baker am Besanmasten aufzuhängen, was der Bootsmann aber verweigerte, so dass der Kommandeur dies schließlich selbst erledigte. Er ließ den Matrosen eineinhalb Stunden am Masten baumeln. Baker verstarb vier Tage später, seine Leiche war übersät von den Striemen, die die Schläge mit dem Seil hinterlassen hatten.

Sehr viele Seeleute führten Journale, wenn sie schreiben konnten, oder erzählten ihre Lebensgeschichten interessierten Autoren, um sich ein wenig Geld für die nächsten Runden Alkohol im Hafenpub zu verdienen.
Wären diese Berichte nicht erhalten geblieben, und vereinzelt auch Fälle von Übergriffen vor Marine-Gerichten verhandelt worden, so dass davon Akten existieren, wäre man versucht, solche Dinge der Phantasie populärer Seefahrerliteraten zuzuschreiben.
Der Seehistoriker Marcus Rediker weist hierbei auf das Problem hin, an Zahlenwerten festzumachen, wie oft diese Misshandlungen vorkamen und wie viele Todesopfer daraus resultierten. Denn nicht jeder Vorfall wurde gemeldet; viele Tötungsdelikte konnten auf hoher See leicht vertuscht werden, nachdem die Leichen der Seeleute ohnehin für gewöhnlich über die Reling ins Meer gekippt wurden.
Unter dieser Prämisse kann man sich nur fragen, wieviele eingetragene Todesfälle in den Logbüchern sich wohl tatsächlich ohne Fremdverschulden anderer Personen ereignet hatten.
Vor den Marine-Gerichten der britischen Admiralität zeigte sich, dass einfache Seefahrer keine Lobby hatten. Kaum jemals erhielt ein brutaler Kapitän entsprechende Strafen für seine Vergehen an den Männern.
Streitigkeiten zwischen Matrosen und Marine-Offizieren bzw. Handelsschiff-Kapitänen wurden meist zugunsten der mächtigeren Seite entschieden.

Für Matrosen der spanischen Flotte dagegen sah es insofern besser aus, als dass willkürliche Übergriffe eher die Ausnahme waren. Vergaßen sich Kapitäne oder Offiziere dennoch, dann mussten sie mit einer Anzeige bei der Handelskammer von Sevilla rechnen, was empfindliche Strafen zur Folge hatte. Seeleute auf spanischen Schiffen genossen in dieser Hinsicht größeren Schutz als ihre Kameraden auf britischen Schiffen. Der spanische Historiker Pablo Pérez-Mallaína mutmaßt, dass dies ein Grund für den Niedergang der spanischen Schiff-Fahrt ist, denn die Matrosen konnten nicht so ausgebeutet werden, als wie sich das bei anderen europäischen Seenationen zwangsläufig entwickelte.[34]

Matrosen beim Segeleinholen

Gewalt erzeugt meist wieder Gewalt. Nicht jeder Seemann ließ sich die ständige Misshandlung oder brutale Unterdrückung gefallen. Gelegentlich wehrten Matrosen sich, oder sie suchten nach Mitteln, es ihren Peinigern heimzuzahlen. Dabei gab es Methoden, die wie ein Unfall aussahen, dabei aber den Zweck erfüllten, den Mann im Visier loszuwerden: gezielt herunterfallende Takelageteile ließen manchen Grobian tödlich getroffen zu Boden gehen; bei Sturm und hohem Wellengang reichte nur ein plötzlicher Stoß, einen Mann schnell über Bord zu befördern.

Als Samuel Greenaway von seinem Kapitän wegen Pflichtvernachlässigung einen Hieb übergezogen bekam, warnte dieser den Kapitän, dass er ihn über Bord werfe, sollte er ihn noch einmal anfassen.[35]
Captain Ralph Selby von der *St. Quintin* übergoss den Matrosen John Potter zunächst mit einem heftigen Schwall Wasser, dass der Mann triefend nass war, dann verpasste er ihm noch einen ordentlichen Faustschlag. Daraufhin fiel Potter *'über den Master her und drosch auf ihn ein und schwor, er sei keiner seiner Sklaven, noch lasse er sich schlagen wie einen räudigen Straßenköter.'*
Nach dieser Prügelei wollte Selby dem Matrosen hinterhersetzen, doch dieser

warnte ihn höflich aber bestimmt, '*Mr. Selby, wenn Sie auch nur ein bisschen näher kommen, bei Gott, dann haue ich Ihren Kopf zu Brei, so wahr ich hier stehe, oder ich werfe Sie gleich über Bord.*'
In Neapel angekommen, wurde Potter zwar sofort ins Gefängnis gesteckt, kam aber zur Heimfahrt wieder an Bord des Schiffes zurück. [36]

Nachdem Captain William Kennett seinen Zweiten Maat Robert Hawkes mit einem Ledergürtel wegen 'Insolenz' verprügelt hatte, ergriff Hawkes eine Harpune '*und schwor, er würde den Kapitän kaltmachen.*'
Kennett rief die Crew um Hilfe, doch keiner wollte ihm beistehen. Im Gegenteil – alle Männer waren bald schon auf der Seite des Zweiten Maats.
Sie legten ihr Arbeitswerkzeug nieder und desertierten geschlossen vom Schiff, das in einem baltischen Hafen vor Anker lag. Als sie das Schiff verließen, verhöhnten sie den Kapitän: '*Wir wünschen Ihnen eine angenehme Heimreise nach London.*' [37]

1705 versuchte Captain Stephen Yoakley, einen seiner Matrosen, William Garrett, ständig anzupöbeln. Da ergriff Garrett sein Beil '*und schwor bei Gott, dass wenn er versuchte, ihn anzufassen oder ihm zu nahe zu kommen, würde ihn das ein Körperteil kosten.*' [38]
Yoakley entfernte den Matrosen rasch von seinem Schiff, indem er ihn einem Kriegsschiff der britischen Marine aushändigte, wo pressfähige Rekruten bekanntermaßen gesucht wurden...

Matrosen bildeten unter sich ein enges Zusammengehörigkeitsgefühl aus; nicht zuletzt deshalb, um alle Bitternisse ihres Lebens gemeinsam zu ertragen.
War das Gemeinschaftsgefühl unter ihnen stark entwickelt, kam es vor, dass die Besatzungen eingriffen, um zu verhindern, dass ein Kamerad geschlagen oder ausgepeitscht wurde. Sie vereitelten, dass Männer in Eisen gelegt, gehängt, auf Inseln oder an irgendwelchen Küsten einfach ausgesetzt, oder aber, dass sie mitten auf hoher See über Bord geworfen wurden.
Eine andere Methode, brutalen Kapitänen oder Offizieren zu entkommen, war Desertion.
Nachdem ein Matrose wegen der Übergriffe von Kapitän William Bedford aus schierer Verzweiflung über Bord gesprungen und ertrunken war, desertierten die Seeleute John Lake und John Tumbridge 1706 in einem Boot vom Schiff.
1726 verließen William Hamilton, John Slater, Joseph Pattison, Thomas

Trummel und Charles Hicks die *Judith* in Maryland. Der Grund hierfür waren ständige Misshandlungen durch Kapitän Joseph Wilkinson. [39]

Waren Matrosen gar ins Lager der Piraten übergewechselt, so hatten Kapitäne und Offiziere der Schiffe, die sie kaperten, nichts Gutes zu erwarten, wenn die Crew bestätigte, dass sie schlecht behandelt würde.
Ein Schreiben von Gouverneur Alexander Spotswood aus Virginia von 1724 verdeutlicht dies: '[...] *wenn diese barbarischen Missetäter sich schon herbeilassen, Nase und Ohren eines Kapitäns abzuschneiden, dafür, dass dieser nur seine eigenen Matrosen gezüchtigt hatte.*' [40]
Für die Piraten um Bartholomew Roberts war der Aspekt, wie Matrosen behandelt wurden, so wichtig, dass sie sogar eigens einen ihrer Männer, George Willson, dazu ernannten, bei entsprechenden Verstößen als Gerechtigkeitsvollstrecker zu walten.
Bei seiner Festnahme 1726 gestand der Pirat Philip Lyne, dass er während seiner aktiven Piratenzeit 37 Kapitäne getötet hatte. [41]

Das zeigt, welche Gewaltbereitschaft sich in misshandelten Matrosen aufstauen konnte, so dass sie zu extremen Rachetaten fähig wurden. In Teil III wird noch ausführlich auf das Thema Piraten eingegangen – dennoch sei hier bereits vorweggenommen, dass der Boom der Piratenaktivitäten im siebzehnten und achtzehnten Jahrhundert auf Crews zurückzuführen ist, die größtenteils britischer Herkunft und Matrosen auf britischen Schiffen gewesen waren.
Misshandlungen und Unterdrückung waren wesentliche Faktoren neben anderen Ursachen, dass aus Matrosen Piraten wurden.

Auch wenn Kapitäne relativ human waren und mit brutaler Gewalt nicht über die Stränge schlugen, so räumten ihnen geltende Gesetze dennoch einen großen Spielraum für die Bestrafung ihrer Männer ein.
– Spielräume, die in unserer Zeit mehr als barbarisch angesehen würden.
Bis ins neunzehnte Jahrhundert hinein gab es eine Art der Bestrafung, mit denen Offiziere Matrosen ohne jede Vorwarnung traktieren konnten: Ruten- bzw. Stockhiebe mit einer Rattangerte.
Das Ganze war deshalb besonders schlimm, weil es bei dieser Züchtigung nicht einmal darauf ankam, ob sie objektiv betrachtet überhaupt gerechtfertigt war – aus einer impulsiven Laune heraus oder frei nach Gutdünken konnte ein

Bootsmann einfach dem nächstbesten Seemann einige Hiebe damit überziehen. Samuel Leech, der als Schiffsarztgehilfe bei der britischen Marine begann, erinnerte sich später, *'diese kleinen Speichellecker der Macht jagten mich herum wie einen Köter.'* [42]

Es waren solche willkürlich verhängten Züchtigungen, die 1808 die Crew der *Nereide* zu einer verzweifelten Meuterei trieben, bei der sie dem Kommandeur der East-Indies-Kolonien eine Petition zukommen ließen, worin sie sich beklagten, dass *'Captain Robert Corbet, dessen kapriziöses Temperament dazu führt, uns beim geringsten Anlass mit langen Stöcken zu schlagen'* [43], die Männer auch sonst auf übelste Weise unterdrückte und misshandelte. 23 Matrosen waren bereits vom Schiff desertiert, als beim Rest der Crew vor Madagaskar schließlich eine offene Meuterei losbrach.
Diese konnte zwar niedergeschlagen werden, wonach die beteiligten Seeleute im Januar 1808 vor das Marine-Gericht gestellt wurden. Doch in Anbetracht der Umstände und der erdrückenden Beweislage an Zeugenaussagen wurden nur zwei Matrosen für schuldig befunden und einer davon gehängt.

Der *Naval Discipline Act* von 1661 regelte in mehreren Artikeln das Strafmaß für bestimmte Verstöße. Ein Kapitän war demnach ermächtigt, zahlreiche Vergehen vor das Marine-Gericht zu bringen, Prügel- und Todesstrafen zu verhängen, wobei letztere in Küstennähe vom Lord High Admiral bestätigt werden mussten.
Für Mord, Veruntreuung, Desertion, Meuterei, Angreifen eines Offiziers, Brandsetzen des Schiffs, Raub, dem Feind Informationen oder Material zukommen lassen und für ständiges Einschlafen bei der Wache konnte die Todesstrafe ausgesprochen werden. Auf Fluchen oder Trunkenheit stand Auspeitschen oder eine Geldstrafe. [44]
Die Überarbeitung dieser Artikel, die im *Naval Discipline Act* von 1749 mündeten und 36 Marine-Artikel umfassten, sah weiterhin die Todesstrafe vor bei: Desertion, Meuterei, Schlafen im Wachdienst, Korrespondenz mit dem Feind, Feigheit, Raub und Pflichtvernachlässigung.
Allerdings wurde die Todesstrafe tatsächlich nur in extremen Fällen wie Meuterei verhängt. Diebstahl wurde mit Auspeitschen geahndet, wobei die Peitsche hierfür einige Knoten mehr enthielt als die übliche neunschwänzige Katze. Weiterhin galt nach wie vor, dass Matrosen der britischen Marineschiffe

keinen Anspruch auf Landgang hatten. Diese Artikel waren bis 1866 gültig.[45] Bei solchen Regelungen, die vor allem den Offizieren Schutz gewährten und ihnen Strafexertion zugestanden, war es kein Wunder, dass sich manche Kapitäne vollkommen im Recht sahen, wenn sie das Strafmaß überschritten. War zwar ab 1806 das Höchstmaß beim Auspeitschen zwölf Hiebe, so kann zahlreichen Quellen dieser Zeit entnommen werden, dass dennoch Kapitäne ohne mit der Wimper zu zucken auf ihren Schiffen fünf bis sechs Dutzend Peitschenhiebe[46] verabreichen ließen.

Neben Auspeitschen oder brutalen Schlägen mit allerlei Gegenständen wurden Matrosen zur Bestrafung an den Masten gebunden, in Eisen gelegt oder einfach auf Inseln ausgesetzt. Manche Kapitäne jagten die Männer am nächstbesten Hafen ohne Bezahlung vom Schiff oder ließen sie gleich ins Gefängnis werfen. Kapitäne von Handelsschiffen hatten mitunter eine besonders hinterhältige Methode, Matrosen loszuwerden und sie gleichzeitig um ihre Heuer zu betrügen: sie lieferten die pressfähigen Seeleute in Kriegszeiten gerne an Schiffe der britischen Marine aus.

Auf deutschen Schiffen war es im neunzehnten Jahrhundert noch üblich, Matrosen mit der 'Schippsmettwurst' – einem Tauende – zu züchtigen. Unter diesem Aspekt ist der folgende Bericht eines Seemanns zu verstehen: '*Früher, as se noch keen Ankerkäden hatt hebben un bloß Tau, sünd'n poor Seelüüd an Buurd kamen, wo all Ankerkäden wäst sünd. As se dee to sehn krägen hebben, hebben se seggt: Nee, wo Käden un Banden an Buurd wieren, dor güngen se nich rup.*'[47]
[Früher, als es noch keine Ankerketten gegeben hat, sondern nur Taue, sind ein paar Seeleute an Bord gekommen, wo schon Ankerketten gewesen sind. Als sie die zu sehen bekamen, haben sie gesagt: Nein, wo Ketten und Metall-Leisten an Bord seien, da gingen sie nicht rauf.]

Das Autoritätsgefälle von Kapitän zu Matrosen machte gerade die unterprivilegierten Matrosen wachsam darauf, dass Crewmitglieder unter ihnen sich nicht zu viele Rechte herausnahmen. Die unterste Stufe der Schiffshierarchie nahmen Schiffsjungen ein. Sie mussten sich Übergriffe sowohl von Kapitän und Offizieren als auch von den Matrosen gefallen lassen.
Wer als Schiffsjunge neu an Bord kam, hatte schnell zu lernen, welche Regeln

einzuhalten waren. Meist ging dies mit heftigen Backpfeifen vonstatten, wie ein älterer Seemann erzählte: *'Früher hadden de Jungens nicks to lachen. Ik heff mal Släg krägen von'n Stüermann, bloot wiel ik den Plummenbüdel up'n verkihrten Nagel hängt hedd.'* [48]

> [Früher hatten die Schiffsjungen nichts zu lachen. Ich habe einmal vom Steuermann Schläge bekommen, bloß weil ich den Seesack auf den verkehrten Nagel gehängt habe.]

Ein sehr eifrig gehütetes Vorrecht der Matrosen gegenüber Schiffsjungen war rauchen an Bord und in der Öffentlichkeit. Erst einem Matrosen stand dies zu: *'Wenn 'n Jung in'n Haben roken ded uppe Straat, kreeg he eenen an de Brill, dat he verdwaß in'n Rönnsteen flöög.'* [49]

> [Wenn ein Schiffsjunge im Hafen auf der Straße rauchte, bekam er eine solche Ohrfeige, dass er rücklings in den Rinnstein flog.]

Ein anderer Seemann erinnerte sich an seine Zeit als Schiffsjunge: *'Wenn wi in'n Haben an Land güngen, müsst ik de Mütz afnehmen vor jedem Madrosen, un 'ne Kalkpiep dörft ik nich in'n Mund hebben, süss slög de Madros mi de Mütz von'n Kopp un de Piep ut't Muul. Ok de Jungmaat dörfte früher nich roken an Buurd, un de Leichtmadroos müsst ok noch bi de ollen Madrosen anfragen, ob se't erlauben wullen.'* [50]

> [Wenn wir im Hafen an Land gingen, musste ich vor jedem Matrosen die Mütze abnehmen, und eine Kalkpfeife durfte ich nicht im Mund haben, sonst schlug mir der Matrose die Mütze vom Kopf und die Pfeife aus dem Mund. Auch der Jungmann durfte früher nicht an Bord rauchen, und der Leichtmatrose musste auch noch bei den alten Matrosen anfragen, ob sie's erlaubten.]

Schiffsjungen durften tagsüber nicht unter Deck, wenn die Matrosen beisammensaßen oder aßen – sie mussten bis acht Uhr abends dem Zwischendeck vom Vorschiff fernbleiben, auch bei schlechtem Wetter oder Sturm. Wenn sie Glück hatten, konnten sie in der Kombüse beim Schiffskoch unterkriechen und dort sogar heimlich eine Pfeife rauchen.
Erst zur Schlafenszeit durften sie wieder zu ihren Kojen, die bei denen der Matrosen waren. Die Zeit bis zum Wachwechsel um acht Uhr, die die Jungen gezwungenermaßen an Deck verbringen mussten, hieß 'Babbeljahn gahn'.
Der Hintergrund dafür war: *'De Jung müsst Babbeljahn gahn, wenn de ollen Madrosen sik wat vertellten. [...] Wenn frömd Madrosen an Buurd kamen, die liden dat*

nich, dat de Jungens dat hüren, wat se spräken.' [51]

[Der Schiffsjunge musste Babbeljahn gahn, wenn die alten Matrosen miteinander redeten. [...] Wenn fremde Matrosen an Bord kamen, mochten die nicht, dass die Jungens dabei lauschten, worüber sie sprachen.]

Die Sorge der Männer war nicht ganz unbegründet, denn Gesprächsinhalte konnten tatsächlich Kapitän oder Offizieren zu Ohren kommen, wenn diese die noch unerfahrenen Schiffsjungen aushorchten.

Die aggressiv-rohen Zustände, unter denen Seeleute allgemein lebten, gaben auch untereinander häufig Anlass zu heftigen Handgemengen.
Kleinste Dispute etwa darüber, wo man sein Nachtlager aufschlug oder seine wenigen Habseligkeiten verstaute, konnten rasch zu hitzigen Messerstechereien ausarten.
Aber auch Verluste beim Karten- oder Würfelspielen, womöglich noch unter beträchtlichem Alkoholeinfluss, ließen die Toleranzschwellen mancher Männer sehr niedrig werden. Ein heikler Punkt waren immer wieder Sticheleien untereinander, die auf die verschiedenen Nationalitäten der Seeleute abzielten oder gar offengeäußerte feindselige Beschimpfungen.

Viele Streitigkeiten entzündeten sich beim Essen und betrafen die knappen Rationen. Nachdem Seeleute sich kaum jemals richtig sattessen konnten, achteten sie peinlich genau darauf, zumindest das bisschen Proviant, das ihnen zustand, auch wirklich zu bekommen – ungeachtet dessen, von welch' schlechter Qualität dies auch sein mochte.
Auf einem der Schiffe unter Don Cristobál de Eraso kam es beim gemeinsamen Essen unter den Matrosen zu einem blutigen Zwischenfall: *'Vor etwa vier Tagen [...] aßen Juan Pérez und Amador de Ante zusammen, und der besagte Juan Pérez hatte ein Stück Zwieback zum Einweichen in die gemeinschaftliche Eintopfschüssel getan. Der besagte Amador de Ante nahm sich ein Stück davon zu essen und [...] Juan Pérez warnte ihn: 'Lass' das liegen, nimm' nichts davon', worauf [...] Amador de Ante entgegnete: 'Das mache ich, wenn ich es will; [...] nachdem du es in die Schüssel gegeben hast, hast du es für alle hineingetan'; [...] damit nahm er ein weiteres Stück von dem Zwieback und daraufhin [...] ergriff Juan Pérez sein Messer und stach ihm ins linke Schulterblatt, das zu bluten begann.'* [52]

Auch solche Handgemenge untereinander hinterließen in den meisten Fällen auffällige Narben bei den Beteiligten. Antonio López verlor 1566 bei einer Messerstecherei seine Nase; Pedro Enríquez holte sich 1583 eine Schnittwunde im Gesicht, die vom Hals bis fast zum Auge reichte. [53]

Wenn die Streitigkeiten der Seeleute nicht vor den Offizieren des Schiffs verborgen blieben, hatte dies unterschiedliche Folgen: auf spanischen Schiffen wurde ein Teil der Heuer desjenigen Matrosen einbehalten, der die Verletzungen verursacht hatte, um davon die Kosten für ärztliche Behandlung und Wundversorgung beim Opfer zu begleichen.

Der Matrose John Brown dagegen, der zur Besatzung der *Mercury* gehörte, wurde 1790 kurzerhand auf Tahiti zurückgelassen, weil er einem anderen Matrosen im Streit das Gesicht mit einem Messer zerschnitten hatte. [54]

Mit dem Zeitalter der Entdeckungen, das bald Kolonien und Überseemärkte brachte, hatte sich Seefahrt sehr schnell zu einer internationalen Angelegenheit entwickelt. Deutlich wurde dies insbesondere an den bunt zusammengemixten Schiffsbesatzungen, in denen allerlei verschiedene Nationalitäten vertreten waren.

Bei der Weltumsegelung des Magellan, die 1519 von Sevilla aus startete, waren von insgesamt 265 Seeleuten der Crews mindestens 90 keine Spanier. Diese Männer kamen vor allem aus Portugal und Italien; einige stammten aus Griechenland und den östlichen Mittelmeerregionen, außerdem waren Flamen, Deutsche, Franzosen, Iren und sogar ein Engländer darunter. [55]

Von 4.839 Seeleuten unterschiedlichster Ränge auf Schiffen der spanischen Flotte waren im letzten Viertel des 16. Jahrhunderts 981 Männer aus fremden Nationen. Davon stellten die Portugiesen 50% und die Italiener 25%. Der Rest bestand zu gleichen Teilen aus Flamen, Griechen und Deutschen.

Engländer und Franzosen dagegen waren nun seltener vertreten, da Spanien in dieser Zeit mit beiden Nationen oftmals in kriegerischen Auseinandersetzungen stand. [56]

Vom Anfang des siebzehnten bis Ende des neunzehnten Jahrhunderts war ein Großteil friesischer Seeleute auf holländischen, dänischen und hanseatischen Schiffen unterwegs. Sie fuhren entweder zum Walfang und zum Robbenschlag ins Eismeer, segelten mit Handelsschiffen auf allen großen Ozeanrouten oder waren im Frachtverkehr zwischen den friesischen Inseln und dem Festland unterwegs.

Die Besatzungen britischer Schiffe um 1700 kamen gewöhnlich aus Amerika, England, Holland, Spanien und Frankreich; aus dem restlichen Europa, aus der Karibik, aus Afrika und sogar aus Asien. Daneben heuerten auch skandinavische und portugiesische Matrosen bei den Briten an.
Englische Matrosen fanden sich ein auf Schiffen der russischen Flotte; auf holländischen, französischen und auf Schiffen anderer europäischer Nationen. Sogar auf spanischen Kaperschiffen segelten englische Seeleute.

Edward Coxere war als Matrose auf unzähligen Handelsschiffen im späten siebzehnten Jahrhundert unterwegs gewesen. Rückblickend umriss er sein maritimes Einsatzgebiet: *'Ich diente den Spaniern gegen die Franzosen, dann den Holländern gegen die Engländer; dann wurde ich von den Engländern von Bord eines Dünkirchener heruntergeholt; und dann half ich den Engländern gegen die Holländer, und zuletzt erwischten mich die Türken, von denen ich gezwungen wurde, ihnen gegen Engländer, Franzosen, Holländer, Spanier und die gesamte Christenheit zu Diensten zu stehen.'* [57]
Coxere sprach neben Englisch fließend Französisch, Spanisch und Holländisch, außerdem war er mit diversen Dialekten des Mittelmeerraums sehr vertraut.
Seeleute kamen meist gar nicht umhin, sich die Sprachen anderer Nationen anzueignen. Wann immer ein Matrose auf ausländischen Schiffen anheuerte, musste er zusehen, sich schnellstens mit Grundbegriffen der jeweiligen Landessprache vertraut zu machen. Ein mecklenburger Matrose berichtete hierzu: *'Ik heff mol up'n englsch Schipp fohren, dat hadd swedschen Besatz. An Deck dörften se nich swedsch spräken, bloß englsch.'* [58]
  [Ich bin einmal auf einem englischen Schiff gesegelt, das hatte Schweden als
  Besatzung. An Deck durften die nicht schwedisch sprechen, nur englisch.]

Waren die Besatzungsmitglieder ganz bunt zusammengewürfelt, so musste selbst auf deutschen Schiffen eine Notlösung gefunden werden.
Davon erzählte ein anderer Matrose: *'Wenn väl aflopen wieren un anner Lüd in de Habens anmunstert wieren, denn wier ja alles een mank'n anner – denn würd engelsch spraken.'* [59]
  [Wenn viele desertiert waren und im Hafen neue Leute angemustert wurden, dann war ja alles durcheinander – dann wurde englisch gesprochen.]

Ein Kollege konnte ähnliches beisteuern: *'Ik bün mal bi Käppen Eichmann mit*

Englänner un Nuurdlüd an Buurd wäst: Engelsch würd spraken, dat wi uns verstahn künnen.' [60]

> [Ich bin einmal unter Kapitän Eichmann mit Engländern und Skandinaviern an Bord gesegelt: damit wir uns verständigen konnten, wurde englisch gesprochen.]

Dass Matrosen nicht nur auf Schiffen mit der eigenen Nationalflagge segelten, wurde durch zwei Aspekte verstärkt: Desertion und die Suche nach der höchsten Heuer.

Britische Matrosen heuerten auf ausländischen Schiffen an, um den Press-Gangs und damit dem Militärdienst zuhause zu entkommen. Doch auch in Fällen, wo Matrosen im Heimathafen als Deserteure gesucht wurden, war die Heuer im Ausland eine gute Methode, sich dem behördlichen Zugriff zu entziehen.

Informationsnetzwerke im Hafen wie Kneipen, Tavernen oder Bordelle dienten den Seeleuten als gute Quelle, sich auf dem Laufenden zu halten, was Press-Gangs, Kapitäne und diverse Schiffe betraf. Und insbesondere dazu, sich über Löhne, Essen und Arbeitsbedingungen auf den verschiedenen Schiffen auszutauschen.

Aspekte aus dem Schiffsalltag

Die Lebensbedingungen an Bord waren in keiner Hinsicht günstig. Da insbesondere auf Handelsschiffen freier Platz kostbar war, weil mehr Fracht größeren Gewinn einbrachte, mussten Matrosen und Passagiere zur Überfahrt auf engstem Raum leben. Bei der Marine sah es allerdings kaum besser aus.
Kapitäne und Offiziere hatten meist eigene oder zumindest abgetrennte Kabinen im Heck des Schiffs, die ihnen ein wenig Privatsphäre verschafften. Dieses Privileg stand den einfachen Matrosen nicht zu. Sie mussten sich im völlig überfüllten Vorschiff einen Platz zum Schlafen suchen.

Auf spanischen Schiffen der Carrera de Indias im 16. Jahrhundert teilten sich 100 bis 120 Personen über Monate hinweg einen Raum von 150 bis 180 m^2; während der Überfahrt wurde Wasser nur zum Trinken verwendet.
Pro Person entsprach dies etwa 1,5 m^2 an Platz, auf dem man seine Habseligkeiten unterbringen, schlafen und essen musste. [1]
Auf der *Batavia*, einem holländischen Handelsschiff der VOC, hausten 180 ungewaschene Seeleute zusammengepfercht auf weniger als 22 m^2 Fläche, mit ihren Seekisten und Kojen, von denen die meisten sich noch auf dem Boden befanden. Außerdem waren dort zwölf schwere Kanonen, diverse Taurollen und anderes Ersatz-Segelzeug untergebracht. [2]
Selbst, wenn immer ein Teil der Matrosen Dienst hatte, konnten sich diejenigen, die schlafen wollten, kaum großzügig ausstrecken.

Gewöhnlich entsprach der freie Platz, der einem Matrosen an Bord des Schiffs zustand, dem der Hängematte, die Ende des sechzehnten Jahrhunderts von den Arawak-Indianern der Karibik übernommen worden war: durchschnittlich ein Meter auf einsachtzig. Diese Matten hingen dicht nebeneinander unter Deck. Bevor Hängematten zur Universalschlafstatt für Seeleute avancierten, lagen die Männer sehr beengt Matte an Matte nebeneinander auf dem Boden. [3]

Auf britischen Marineschiffen im 18. Jahrhundert stand einem Matrosen sogar nur ein knapp 36 cm breiter Platz zum Schlafen in einem unbelüfteten, fensterlosen Zwischendeck zur Verfügung. [4]
Ein Zwischendeck im Vorschiff, wo die Matrosen untergebracht waren, hatte eine Raumhöhe von einem Meter achtunddreißig bis einem Meter achtund-

neunzig. Der Durchschnitt lag allerdings maximal zwischen einem Meter zweiundfünfzig und einem Meter achtundsechzig. [5]

Solche beengten und unhygienischen Zustände begünstigten Ungezieferplagen auf den Schiffen, denen nicht beizukommen war. Kakerlaken, Maden, Wanzen, Läuse und Ratten waren Standardbewohner auf den Decks. Läuse nisteten nicht nur auf den Körpern der Leute sondern auch in den Kleidungsstücken und Kojen, wo sie sich unaufhaltsam vermehrten. Sie waren häufig die Ursache für fatale Typhus-Epidemien. [6]

Eugenio de Salazar beschrieb im 16. Jahrhundert mit Galgenhumor die alltägliche Situation auf den spanischen Schiffen: *'Es gibt auch [...] Läuse, so groß, dass manche von ihnen seekrank werden und dabei Fleischbrocken von angehenden Matrosen erbrechen.'* [7]
Eine bekannte Redensart dieser Zeit besagte, dass jedes Besatzungsmitglied sicherlich mehr Läuse im Wams stecken hatte als Münzen im Geldbeutel.
Der Kapitän eines dänischen Ost-Indien-Handelsschiffs war wegen der Ungeziefermassen an Bord mit den Nerven so sehr am Ende, dass er jedem Mann eine Extraration Brandy zur Belohnung versprach, der Tausend getötete Kakerlaken vorweisen konnte. Innerhalb weniger Tage brachten ihm seine Männer 38.250 tote Schaben. [8]

Die Verpflegungssituation an Bord sah kaum besser aus:
'Hitze, stinkendes Fleisch und von Maden durchsetztes Brot mit dem üblen und vergifteten Gestank der Schiffsabwässer machten aus manch' tüchtigem [...] Matrosen Fressen für Krabben und Haie' [9], fasst der Seehistoriker Marcus Rediker die Misere zusammen.

Ob nun bei der Marine oder auf Handelsschiffen – die Lebensmittelversorgung war schlecht. Dies lag teils an den Umständen der Seefahrt, wo Lebensmittel schnell verdarben und nicht immer frischer Vorrat an Bord geholt werden konnte; teils aber lag das Ganze auch in der Profitgier bestimmter Crewmitglieder oder Schiffsteilhaber begründet, die Geld einsparen wollten.
Kapitäne, Maate, Stewards oder schiffseigene Händler kauften billig qualitativ minderwertigen Proviant für das Schiff, worunter in der Folge besonders die einfachen Matrosen zu leiden hatten, die damit verköstigt wurden.
Kapitänen und Offizieren stand in der Regel je nach Rang besseres Essen zu,

das sie sich auch genehmigten, solange ihnen kein ernster Notfall, etwa Seenot oder Schiffbruch dies vereitelte.

Hinzu kamen noch absichtliche Rationskürzungen ohne zwingenden Grund, damit der Vorrat länger vorhielt. Es kam auch vor, dass von vornherein zuwenig Lebensmittel geladen wurden, so dass die Seeleute gleich von Beginn an knappere Rationen erhielten.

Pirat John Philips bezeichnete John Wingfield 1722 als *'einen Hurensohn von Superkargo'*, der *'die Männer verhungern ließ, und wegen solcher Dreckshunde wie ihm gingen Männer zur Piraterie über.'* [10]

Auch Edward Barlow berichtete in seinem Journal von der Ausbeutung der Seeleute durch unzureichenden Proviant:
'Kaufleute und Schiffseigentümer in England [...] laden nicht mehr Lebensmittel und Getränke auf ein Schiff als ausreichend für eine bestimmte Anzahl von Tagen; und wenn die Reise sich verzögert und man auf Gegenwind stößt, müssen die armen Männer mit dem Zwicken ihrer leeren Bäuche dafür bezahlen und von schmäleren Rationen leben, so dass auf langen Fahrten die Männer oftmals gezwungen sind, die Hälfte ihres Lohns dafür auszugeben, sich selber Lebensmittel zu kaufen, doch sie erhalten nie eine Entschädigung dafür.' [11]

1729 kürzte Captain Thomas Barry von der *William* die Essensrationen, *'obwohl an Bord ausreichend Proviant vorhanden war, um die gesamte Crew ordnungsgemäß zu ernähren'*, sagten die Matrosen später aus.

1718 beschwerten sich die Matrosen der *Norfolk* darüber, dass ihr Essen *'voll von Maden und ungenießbar sei.'* [12]
Doch der Kapitän weigerte sich, den Männern andere Lebensmittel zu geben. Sie sollten entweder essen, was sie bekommen hatten oder verhungern, denn es gäbe nichts anderes.

Der Föhrer Seemann Jens Jacob Eschels war 1775 auf einem Frachtschiff in der Küstenschiff-Fahrt beschäftigt, wo er mitsamt seiner Kameraden hungern musste, weil der Schiffer nicht daran dachte, seine Leute zu verköstigen.
Eschels schilderte diese entbehrungsreiche Zeit in seiner Lebensbeschreibung:
'Der Schiffer hatte kein Geld, um Proviant einzukaufen, denn die 2 Mark Fracht waren für das Hammelfleisch und Kohl größtenteils ausgegeben; auch verzehrte er, wenn er am Lande war, manchen Schilling im Kruge, die besser für Brot hätten ange-

wandt werden können, und bei uns war Schmalhans Küchenmeister. Kurz, in den 14 Tagen, die ich etwa bei ihm war, habe ich sehr gehungert; ich könnte ja gerne, da wir unterdessen öfter an der Wyk waren, nach Hause zu meiner Mutter gegangen sein, allein mein Ehrgefühl ließ dies nicht zu.' [13]

Wenn Matrosen sich im Hafen über ihre Erfahrungen auf diversen Schiffen austauschten, dann fielen nicht selten eindringliche Warnungen: '*Dor gah nich rup, dor gifft't nicks to manschen*', oder: '*De Kaptain bradt sien Fisch in uns Fett.*' [14]
[Dort geh' bloß nicht rauf, da gibt's nichts zu essen. Der Kapitän brät seinen Fisch in unserem Fett.]

Die übliche Ration pro Mann war vier Mal in der Woche ein Pfund Fleisch (gesalzenes Rindfleisch, Schweinefleisch oder auch Fisch) mit zusätzlichen Portionen an Käse, Erbsen, Butter und Zwieback, neben Rationen an Wein, Brandy, Bier oder Rum; wobei alles eine angemessene Qualität haben sollte. Frischer Proviant war nach Möglichkeit so oft es ging an die Männer auszugeben. An den nicht abreißenden Klagen über die notorisch schlechte Verpflegung auf den Schiffen werden Theorie und Praxis offensichtlich.
In ihrer Not mussten Matrosen daher noch andere Wege finden, sich bei Kräften zu erhalten. Sie fischten im Meer oder fingen Seevögel; bei Landgang testeten sie sogar, welche Pflanzen oder Gräser genießbar seien.
Mitunter kam es an der geladenen Fracht im Schiff zu absichtlichen Beschädigungen und zu Diebstählen, wenn essbare Güter darunter waren.

Waren Schiffe in südliche Breitengrade unterwegs, verdarb der Proviant mangels Kühlung sehr schnell. Trinkwasser wurde bald grün vor Algen, dann schleimig und stinkend, schließlich bildeten sich kleine Würmer in den Fässern. Im Zwieback, in Hülsenfrüchten oder im Brot nistete Ungeziefer.
Besonders schlimm war es um Zwieback bestellt, den Käfer regelrecht aushöhlten und darin ihre Eier ablegten, woraus wieder unzählige Larven schlüpften.
Ein Matrose lernte rasch, seine Brotration zuerst gegen die Schiffswand zu klopfen, damit er zumindest einen Teil des Ungeziefers darin loswurde. Was im Brot steckenblieb, wurde mitgegessen. Seeleute konnten bald an Geschmack der einzelnen Insekten unterscheiden, worauf sie eben gebissen hatten: Käfer schmeckten bitter, Kakerlaken nach Wurst; Maden fühlten sich unangenehm schwammig und kühl beim Draufbeißen an. [15]

Auch bei den Seeleuten, die Richard Wossidlo nach ihren Erfahrungen auf Segelschiffen im 19. Jahrhundert befragt hatte, war es gang und gäbe, dass sie verdorbene Lebensmittel essen mussten. Bei schimmeligem oder von Maden befallenem Brot kannten die Männer ein Patentrezept:
'*Wenn in dat Brot Maden kamen wieren, würd dat in Water leggt, dat de Maden rutkemen. Denn würd't in de Kombüs up'n Braataben wedder anröst't. – Wenn Wörm in dat Brot kemen - ik heff dat mal hett, dat läwt richtig -, würd dat nabackt, denn würd dat wedder ganz goot.*' [16]

> [Wenn Maden ins Brot gekommen waren, wurde das ins Wasser gelegt, dass die Maden herauskrochen. Dann wurde es in der Kombüse auf dem Ofen wieder angeröstet. – Wenn Würmer im Brot waren - ich hab' das mal gehabt, das lebt richtig - wurde es aufgebacken, dann wurde das wieder ganz gut.]

Gepökelte Vorräte in den Fässern hielten den stickig-warmen Temperaturen nicht lange stand und schlugen um. Sie begannen zu gären, was die Holzfässer sprengte, so dass der verdorbene Inhalt im gesamten Lagerraum verspritzte. Das zog Schwärme von Ratten und Ungeziefer an, die sich von den verrottenden und stinkenden Lebensmitteln ernährten. Gefährlich wurde dies obendrein, weil Ratten schnell lernten, sich durch die Holzwände der Vorratsfässer zu nagen, so dass sie auf der Suche nach Nahrung auch vor den Schiffswänden nicht haltmachten. Damit bescherten sie den Matrosen erschöpfende Extraschichten an der Schiffspumpe, weil die Lecks Wasser zogen.
Buttervorräte wurden sehr rasch ranzig; in tropischen Regionen sogar flüssig. Das führte dazu, dass von vornherein nur noch minderwertige Qualität auf die Schiffe kam, nachdem die Butter sowieso schlecht wurde.

Typische Nahrungsmittel auf Schiffen waren Räucherfleisch, gesalzener Fisch, hartes Roggenbrot, harter bis ranziger Käse, schlechte Butter, Nüsse und Bier. Außerdem Hülsenfrüchte wie Erbsen, Linsen und Bohnen.
Matrosen auf Schiffen südlicher Herkunft hatten gewöhnlich Sardinen, Anchovis, Zwiebeln, Makkaroni und Bohnen als Verpflegung.
Auf britischen und amerikanischen Schiffen wurde Pökelfleisch, getrockneter Fisch, harter Käse und Zwieback gegessen. Oft bereitete der Schiffskoch eine Art Eintopf aus gesalzenem Fleisch mit Zwieback.
Als Getränke gab es Wasser und alle Arten von Alkohol; gegen Mitte des 19. Jahrhunderts kamen Tee und Kaffee hinzu.

Alkohol war für Matrosen schnell zum Universalmittel geworden, ihr Leben auf See überhaupt ertragen zu können.

Wenn anstrengende Arbeiten erledigt wurden, erhielten die Seeleute oft eine Extraration zur Belohnung. Beim Ruf 'Besanschot an!' wussten die Männer, dass sie nun unter den Besanmast kommen mussten, um ihre Ration Alkohol zu erhalten. Auf deutschen Schiffen war dies üblicherweise Kümmel oder Schnaps, auf französischen Schiffen schwerer Landwein und auf britischen Schiffen Rum.

Als Kaffee und Tee auf den Segelschiffen eingeführt wurden, kam es zu immer größeren Einschnitten in der Alkoholration der Matrosen, bis schließlich nur noch ein kleines Gläschen Rum pro Mann ausgegeben wurde.

Eines der beliebtesten deutschen Seemannslieder aus der Mitte des 19. Jahrhunderts, *De Hamborger Veermaster*, zeichnet ein zugespitztes Bild der miserablen Zustände auf einem Segelschiff.

In der dritten und vierten Strophe heißt es über Unterkunft und Essen:

'*Dat Logis weer vull Wanzen, de Kombüüs weer vull Dreck, / de Beschüten de löpen von sülben all weg.*

Dat Soldfleesch weer gröön, und de Speck weer vull Maden, / Kööm geev dat bloß an'n Winachtsabend.' [17]

> [Die Logis war voll Wanzen, die Kombüse war voll Dreck, / das von Mehlwürmern durchsetzte Hartbrot lief von ganz alleine weg.
> Das Pökelfleisch war grün, und der Speck war voll Maden, / Kümmelschnaps gab es nur am Weihnachtsabend.]

Die üble Ernährungssituation auf den Schiffen führte nicht nur zu körperlicher Erschöpfung durch Unterernährung; eine große Geißel der Seeleute über Jahrhunderte hinweg war Skorbut, eine Erkrankung, die durch fortgesetzten Mangel an Vitamin C ausgelöst wurde.

Frisches Obst und Gemüse, insbesondere Zitrusfrüchte, die dieses Vitamin enthalten, waren Mangelware an Bord der Schiffe. Je länger eine Seereise dauerte, desto größer war die Wahrscheinlichkeit gegeben, an Skorbut zu erkranken. Vor allem aber wusste man lange Zeit gar nicht, wie es überhaupt zu dieser Krankheit kam. Den Betroffenen schwollen die Füße an, sie bekamen fauligen Atem und aufgeweichtes, blutendes Zahnfleisch. Bald wurde die Mundhöhle so wund und angeschwollen, dass die Zähne ausfielen.

Nach einem weiteren Monat ohne wirksame Gegenmaßnahmen verstarben die Erkrankten schließlich qualvoll.

Als Lieutenant Bligh am 24. Mai 1788 mit der *Bounty* das Kap der Guten Hoffnung erreichte, legte zur gleichen Zeit ein holländisches Schiff an, auf dem während der Überfahrt von Holland zum Kap bereits 30 Männer an Skorbut verstorben und viele andere schwerkrank waren. [18]

Allein eine Seereise vom Ärmelkanal zur afrikanischen Westküste dauerte damals im Schnitt sechs Monate. Erste Anzeichen einer Skorbuterkrankung traten bereits drei bis vier Monate, nachdem ein Schiff in See gestochen war, in Erscheinung.

William Hutchinson, ein Marineschriftsteller, erkrankte an Skorbut, als er im Jahre 1738/1739 in Richtung Indonesien unterwegs war. Hinterher schrieb er nieder, was die betroffenen Matrosen und er durchmachten, als nach vier Monaten auf See die ersten Krankheitssymptome auftraten:

Die Kameraden 'lagen unter Deck in ihren Kojen und wurden schwarz unter den Achseln und in den Kniekehlen. Ihre Arme und Beine waren steif und schwollen an; sie bekamen rote Flecken und starben ab.

Deshalb hielt ich mich an meine Aufgaben und stieg in die Takelage, solange dies noch möglich war, bis es die Offiziere verbaten, weil sie ernste Schwierigkeiten sahen, mich wieder sicher herunterzubekommen, nachdem ich häufig das Gefühl in Händen und Füßen verlor. [...] Dann bemühte ich mich darum, unter Deck nützlich zu sein und steuerte so lange das Schiff, bis ich die Stiege der Vorderluke zum Deck nicht mehr hochklettern konnte, welches ich dem Kapitän sagte, der dann dem Schiffszimmerer auftrug, für die Erkrankten eine Leiter anzufertigen, so dass diese zum Füßevertreten und Frischluftschnappen an Deck gelangen könnten, nachdem die Luft unten von so vielen Kranken schlecht geworden war.

So kämpfte ich gegen die Krankheit an, dass zwar meine Achseln und Kniekehlen schwarz wurden, jedoch nicht anschwollen. Ich kam allmählich in eine schwache und hilflose Verfassung, wo all' meine Zähne locker waren, mein Zahnfleisch oben und unten angeschwollen und verklumpt wie Geleemasse.

Das blutete so stark, dass ich nur mit offenem Mund an der Seite meiner Hängematte heraushängend schlafen konnte, damit das Blut ablief und nicht gerinnen konnte, so dass ich mich etwa daran verschluckte [...].' [19]

Es gab viele Theorien darüber, wie es zu Skorbut kommen konnte und ebenso viele Versuche, dem Übel abzuhelfen.

Obwohl Dr. James Lind Mitte des 18. Jahrhunderts anhand von Versuchsergebnissen beweisen konnte, dass Orangen und Zitronen bei Skorbut halfen bzw. einer Erkrankung vorbeugten, blieben weiterhin beliebte aber wirkungslose Ersatzkuren mit Rotwein oder frischer Luft gebräuchlich.

Erst im 20. Jahrhundert, mit Entdeckung der Vitamine und ihrer Wirkung im menschlichen Organismus, verstand man schließlich die Ursache von Skorbuterkrankungen. [20]

So ist es nicht verwunderlich, dass Seeleute selbst allerlei Mittel ausprobierten, um von diesem Übel verschont zu bleiben. Lieutenant Bligh war bei den Seereisen unter Captain Cook zur Überzeugung gekommen, dass körperliche Hygiene, Sauberkeit auf dem Schiff und ordentliche Ernährung ein Schutz vor Skorbut seien.

Jens Jacob Eschels segelte 1775 in den Gewässern um Grönland. Sein Mittel gegen Skorbut war Salat: *'Es war dieses Jahr ein schlechtes Fischjahr, und wir fingen keine Walfische. Wie wir uns anfangs Julimonat aus dem Eise wegmachten, segelten wir hinauf nach Spitzbergen in die Kreusbai und pflückten daselbst grönländischen Salat. Dieses ist das beste Mittel in der Welt gegen die Skorbutkrankheit.'* [21]

Stach das Schiff in See, so kam bald der Zeitpunkt, wo die Leute an Bord seekrank wurden.

Selbst alten Hasen unter den Seeleuten passierte dies regelmäßig, dass auch sie sich erst wieder an das unablässige Schaukeln und Stampfen des Schiffs gewöhnen mussten. Es traf die Männer unterschiedlich stark; manchen dagegen machte das Schlingern nichts aus.

Bereits von den Spaniern gibt es Berichte über das *almadiamiento*, den Ohnmachtsfluch, der die Seeleute und Passagiere auf dem Wasser befiel.

Unter ihnen waren oft auch Geistliche, die zu den neuen Übersee-Kolonien fuhren. Von ihnen gibt es einen Bericht, wie Vikar Bartolomé de las Casas, der als einziger unter ihnen noch standfest blieb, sich ihrer annahm: *'Bald gab uns die See zu verstehen, dass sie kein geeigneter Ort für Menschen war; jeder wurde zum Sterben seekrank, und nichts auf der Welt konnte uns dazu bringen, uns von einem Ort zum nächsten zu bewegen; die einzigen, die standhaft blieben, waren der Vater Vikar und drei andere; doch diese drei waren in einem solch' schlechten Zustand, dass sie nichts tun konnten, und der Vikar versorgte uns alle und brachte uns Nachttöpfe und Gefäße, in die wir uns übergeben konnten, worum wir uns sonst nicht aus eigenen Kräften hätten kümmern können.'* [22]

Nicht nur die Leute an Bord, auch Haus- und Nutztiere, als lebender Proviant an Bord, wurden seekrank. Matrosen, die davon verschont blieben, hatten ihren

Spaß daran, zu beobachten, wie vollkommen verstörte Schweine oder Ziegen sich auf den Decks erbrachen.

Besonders die Schiffsjungen mussten Spötteleien und zahlreiche Scherze über sich ergehen lassen, wenn sie seekrank wurden. In ihrer Verzweiflung testeten die Unerfahrenen allerlei fragwürdige Heil- oder Gegenmaßnahmen, damit es ihnen besserginge: '*Ik führte mit enen Jung tosamen, dee würd dull seekrank. Dor rädten de Madrosen em vör, he müsst achter up't Heck sitten gahn, de Briggschoot in de Hand nähmen un dat Schipp vör'n Noors haugen, dat dat'n bäten sachter gahn würd un nich so wraken ded. Dat ded de Jung ok, bet de Schipper em ropen ded: Wat maakst du dor? Ja, ik sall... Wider keem he nich, dor hadd he weck rankregen.*' [23]

> [Ich fuhr einmal zusammen mit einem Schiffsjungen, der sehr seekrank wurde. Da rieten ihm die Matrosen, er solle sich hinten auf das Schiffsheck setzen, die Briggschot in die Hand nehmen und dem Schiff damit ein paar hinten draufhauen, dass es etwas sachter ginge und nicht so schaukele. Das tat der Junge dann auch, bis ihm der Kapitän zurief: Was machst du denn da? Ja, ich soll... Weiter kam er nicht, da hatte er sich schon einige Ohrfeigen eingefangen.]

Als Jens Jacob Eschels 1769 im Alter von elf Jahren zum ersten Mal zur See fuhr, wurde auch ihm im beengten Zwischendeck übel: '[...] *da immer viele Jungen unter den Passagieren sich befinden, die noch nicht seefest sind, sondern noch seekrank werden und sich übergeben müssen, so haben diese einen Stiefel bei ihrem Kopfkissen, worin sie brechen und speien. Da gibt es dann etwas zu lachen für die, welche nicht seekrank sind, denn man hört an verschiedenen Stellen: quack, quar usw. Die Alten saugen aus ihren Stummelpfeifen dicke Rauchwolken, man könnte schon dadurch übel werden. Auch ich musste der See ihren Tribut entrichten und mich meines Stiefels bedienen.*' [24]

Der Spaß hörte allerdings auch für die seefesten Matrosen dann auf, wenn sie mit seekranken Kollegen auf dem schwankenden Schiff in der Takelage zugange waren. Daran konnte sich ein alter Seemann noch gut erinnern: '*Wenn se eenen oder twee Mond in'n Haben fastlägen hebben, un dor föllt denn fuurts, wenn se rutkamen, spöttsches Wäder in, dat se baben in de Takelage arbeiten möten, denn sünd se farig. Oll Madrosen kotzen oft, wenn se baben arbeiten. Wenn'n so enen an de Luwkant hett un enen dat in't Gesicht spritzt – dat is nich schön.*' [25]

> [Wenn sie einen oder zwei Monate fest im Hafen gelegen haben, und es fiel dann plötzlich, wo sie hinaussegeln, spöttisches Wetter ein, so dass sie oben in der Takelage arbeiten mussten, dann sind sie fertig.

> Alte Matrosen kotzen oft, wenn sie oben arbeiten. Wenn man so einen in
> der Luvseite hat und einem das ins Gesicht spritzt – das ist nicht schön.]

Für moderne Gemüter dürfte der Umstand, wo auf den Schiffen dringende Bedürfnisse erledigt wurden, ziemlich befremdlich erscheinen: doch auf alten Segelschiffen gab es keine Toiletten.
Die Matrosen gingen nach vorn zur Gallion, *'so ging dat gliek to Water an.'*
> [so ging das gleich ins Wasser]

Dabei machten die Kumpel am Steuer oft ihre Scherze mit den Männern:
'Ik heff mi oft noog de Bücks dorbi vull Water füllt. Weck, de an't Roder stünnen, hadden ehr Lust doran, dat de anner 'ne natt Bücks kreeg (man kann dat Schipp so stüern).' [26]
> [Ich habe mir oft genug dabei die Hosen voll Wasser gefüllt. Einige, die
> am Ruder standen, hatten ihren Spaß daran, dass der andere eine nasse
> Hose bekam (man kann das Schiff entsprechend steuern)]

Auf älteren Schiffstypen, die außenbords noch Rösten hatten, benutzten die Matrosen diese als Abtritt, während sie sich an den Wanten festhielten und direkt unter ihnen die See rauschte. Dabei erwischte manch' einen Seemann bei hohem Seegang unerwartet eine Flutwelle, die ihn vom Schiff spülte. Edward E. Leslie bemerkt dazu in *Desperate Journeys, Abandoned Souls*, dass man lange keine Erklärung dafür hatte, wenn Leichen von ertrunkenen Matrosen gefunden wurden, bei denen das Hosentürchen noch offen war oder sogar die ganze Hose fehlte.
Diese Männer waren jedoch von Sturmwellen in den Tod gerissen worden, als sie sich gerade auf den Rösten stehend oder vorn bei der Gallion erleichtern wollten. Erst gegen Ende des Segelschiff-Zeitalters, in den achtziger Jahren des 19. Jahrhunderts, kamen Mannschaftsklosetts als Standardeinrichtung auf. Diese bestanden aus einem hölzernen Verbau, in dem ein Eimer unter eine Holzbank geschoben wurde.

Neben sehr arbeitsintensiven Zeiten auf See gab es Gelegenheiten, in denen Seeleute Freizeitaktivitäten nachgehen konnten. Insbesondere dann, wenn ein Schiff wochenlang in einer Flaute festsaß, hatten die Männer viel Zeit, sich mit anderen Dingen zu beschäftigen.
Manche von ihnen waren bereits damit zufrieden, sich einmal ordentlich aufs Ohr hauen und ausschlafen zu können.
Andere setzten sich zusammen und erzählten ihre Erlebnisse vom Meer, von anderen Schiffen und fernen Ländern. Sie genossen es, dabei den erlebten Kern der Geschichten spannend mit Seemannsgarn auszuschmücken, so dass gerade jüngere Crewmitglieder gebannt mit großen Augen und Ohren lauschten. Mit Geschichtenerzählen vergingen unzählige Stunden wie im Flug.

Tanzen, Musizieren und Singen waren ebenfalls sehr beliebt, wenn die Männer in Stimmung waren. John Baltharpe hielt dies in Versen fest: *'Manchmal, um drückende Sorgen zu verscheuchen / tanzen wir auf dem Vordeck*
[...] Manchmal tanzen wir nichts Bestimmtes, sondern hüpfen nur herum / [...]'
John Covel berichtete, Matrosen tanzten manchmal *'um den Großmasten anstelle eines Maibaums, und sie haben eine Menge Vorschiff-Lieder [...]'* [27]
Ein Matrose, der im 19. Jahrhundert zur See gefahren war, ließ noch einmal die Tänze an Bord Revue passieren: *'De Madrosen unner'nanner danzten 'Engelsch Jeck'. – Wi hebben 'Stepp' danzt. Bi't Steppdanzen flegen de Been as 'ne Maschien. Dat Liew röögt sik nich, bloß de Been.'* [28]

    [Die Matrosen untereinander tanzten 'Englischer Narr'. – Wir haben
    'Stepp' getanzt. Beim Stepptanzen fliegen die Beine wie eine Maschine.
    Der Körper rührt sich nicht, nur die Beine.]

Wenn Seeleute lesen und schreiben konnten, so lasen sie Bücher oder führten persönliche Journale, in die sie oft auch Seemannslieder notierten. Ein besonders außergewöhnliches Beispiel ist das Journal von Edward Barlow aus dem 17./18. Jahrhundert, das jeden Aspekt auf See aus den Augen eines gewöhnlichen Seemannes schildert. Zwischen den einzelnen Textpassagen befinden sich unter anderem liebevoll ins Detail ausgearbeitete Illustrationen der verschiedenen Schiffe, auf denen der Engländer gesegelt war.
Heute wird das Büchlein im National Maritime Museum in England aufbewahrt. Dokumente aus dieser Zeit sind allein schon aus dem Grund besonders wertvoll, weil die wenigsten Matrosen lesen und schreiben konnten, so dass es gera-

de von einfachem Schiffsvolk kaum eigenhändig verfasste Lebenszeugnisse gibt. Zum Vergleich seien einige Zahlen genannt: Im 16. Jahrhundert waren auf spanischen Schiffen durchschnittlich zwei Drittel der Seeleute Analphabeten. [29] Auf britischen Schiffen der ersten Hälfte des 18. Jahrhunderts waren von zehn einfachen Matrosen weniger als sieben schreib- und lesekundig. Bei den Kapitänen und Offizieren dagegen konnten gewöhnlich neun von zehn lesen und schreiben. [30]

Zur Bestürzung vieler Geistlicher, die dies als Teufelswerk verdammten, waren Würfel- und Kartenspiele ein sehr beliebter Zeitvertreib unter Matrosen – sowohl an Bord der Schiffe als auch in den Hafenkneipen. Daneben wurden auch gerne Backgammon- oder Dame-Partien gespielt.

Singen, Tanzen, Musizieren, Geschichtenerzählen oder Spielen gingen nicht selten mit gehörigem Alkoholgenuss einher. Ob Wein, Bier, Rum oder Brandy – Alkohol in rauen Mengen gehörte zum Matrosenleben unweigerlich dazu.
Trinken war neben einer gemeinschaftlichen Aktivität im Kreise der Seeleute insbesondere ein Betäubungsmittel gegen Hunger, Kälte, Schmerzen und Sorgen. Alkohol half den Männern, ihr entbehrungsreiches und hartes Leben auf See zu ertragen. Das führte zu exzessiven Gelagen, die gerade in der unkontrollierten Welt der Piraten an der Tagesordnung waren.
Auch im Hafen waren fröhlich bechernde Matrosen ein typischer Anblick. Da passierte so manchem, dass ein Schiff ohne ihn ablegte: *'Dat is oft vörkamen in Hamborg, dat Madrosen sik so duun sapen hebben, dat se bi de Utfohrt nich to Stell wäst sünd. Denn sünd se ierst in Cuxhaven an Buurd kamen'* [31], wusste ein Seemann zu berichten.

[Das ist oft vorgekommen in Hamburg, dass Matrosen sich so betrunken haben, dass sie beim Auslaufen nicht zur Stelle waren. Dann sind sie erst in Cuxhaven an Bord gekommen]

Ausgelassene Feiern auf hoher See, wo nach ausgiebigem Korkenknallen die Mannschaft anderntags betäubt unter Deck lag, sorgten neben Erzählstoff für später allerdings auch für brenzlige Situationen:
Der Silvesterabend 1861 wurde auf der Bremer *Äquator* mit solchen Mengen an Punsch begossen, dass am Neujahrsmorgen, wo ein schwerer Sturm aufkam, nur mit letzter Not die Bramsegel festgemacht werden konnten, weil die halbe Besatzung sturzbetrunken und entsprechend verhindert war. [32]

Mit einem Schiffsmotiv bemalte Glaskugel im Amrumer Mühlenmuseum

Viele kunsthandwerkliche Dinge aus den Händen der Seeleute entstanden unter Deck. Tabakdosen, Pfeifenköpfe, Kämme und kleine Schiffe aus Holz oder Walknochen wurden geschnitzt und Seekisten verschönert: '*Up Langreisen hebben wi uns ok uns Seekist utmaalt. In mien is inwendig 'n Schipp inmaalt mit'n Füerturm. Weck hadden 'Glauben, Liebe, Hoffnung' upmaalt: 'n Krüüz un'n Herz un'n Anker.*' [33]

[Auf langen Reisen haben wir uns auch unsere Seekisten bemalt. In meiner ist innen ein Schiff hineingemalt mit einem Leuchtturm. Einige hatten 'Glaube, Liebe, Hoffnung' draufgemalt: ein Kreuz und ein Herz und einen Anker.]

Aus Hanf flochten manche Seeleute buntgemusterte Fußmatten für daheim. Wer geschickt war und viel Geduld hatte, bastelte Buddelschiffe. Dazu erklärten alte Matrosen:

'Buddelschäpen würden väl maakt up Sägelschäpen, dat arwt een von'n annern. [...] Ierst würd dat Schipp buten ganz farig maakt, denn würd de Takelage daalleggt un nahst, wenn dat Schipp rin wier in de Buddel, hochtreckt.' [34]

[Buddelschiffe wurden auf Segelschiffen oft gemacht, das lernte der eine vom anderen. [...] Zuerst wurde das Schiff unten ganz fertig gemacht, dann wurde die Takelage flach draufgelegt und als nächstes, wenn das Schiff in der Flasche drin war, hochgezogen.]

Neben Spiel und Spaß musste viel Zeit aufgewendet werden für Arbeiten wie Wäsche waschen, Flicken und Kleidungsstücke ausbessern, Stopfen oder Schuhe besohlen. Alles, was kaputtgegangen war, wurde nun in Ordnung gebracht. Viele Matrosen nähten sich aus altem Segeltuch eine neue Hose oder ein Hemd.

Seeleute trugen schlichte und von funktionellen Aspekten bestimmte Kleidung. Dazu gehörten Bewegungsfreiheit, Schutz vor Wind, Nässe und Kälte. Allerdings mussten gerade bei den letzten drei Punkten gehörige Abstriche gemacht werden, weil es schlechterdings noch kein Material gab, das hier optimalen Schutz geboten hätte.

So erklärte ein alter Seemann: *Ik bün 1848 to See gahn. Dor kregen wi Linnenbücksen mit un 'ne groot Jack von Linnen, dee wier mit Biber futtert, un een Flanelljack.* [35]

[Ich bin 1848 zur See gegangen. Da bekamen wir Leinenhosen mit und eine große Jacke aus Leinen, die war mit Biber gefüttert, und eine Flanelljacke.]

Gewöhnlich kamen Matrosen mit den Kleidungsstücken an Bord, die ihre Mittel zuhause hergaben. Aus dem 16. und 17. Jahrhundert gibt es diesbezüglich schockierende Quellen, in denen von englischen Seeleuten berichtet wird, die nur mehr mit Lumpen bekleidet auf den Schiffen der königlichen Flotte Dienst tun mussten und weder von der Marine angemessen eingekleidet wurden, noch selber imstande waren, sich Kleidung zu kaufen. Diese Männer holten sich bald schwere Lungenentzündungen oder steckten sich in den überfüllten, unhygienischen Zwischendecks gegenseitig mit Typhus an, so dass sie in Massen verstarben.

Auch Schiffsjungen aus ärmeren Familien begannen ihre Schiffslaufbahn mit nichts außer Leinenzeug, weil kein Geld für wärmende Wollsachen da war. Auf den Routen in der Ost- und Nordsee, wo frische Klimaverhältnisse herrschen, wurde dies für die betreffenden Jungen ziemlich bitter, ständig frierend und klamm auf den Schiffen arbeiten zu müssen.

Viele Matrosen griffen in ihrer Not zu Pech, mit dem sie ihre Jacken und Hosen imprägnierten, damit diese winddicht und Wasser abweisend wurden.
Zur Grundausstattung in kälteren Breiten gehörten Ölzeug gegen Regen und Lederstiefel. Im Normalfall hatte ein Matrose auf der Nordsee *'vier wullen Hemde, vier Unnerhosen un vier Busseruuns mit – un Rägentüüg: 'n Öljackett un 'ne Ölbüx.'* [36]

[vier Wollhemden, vier Unterhosen und vier baumwollene Arbeitsblusen (meist weiß-blau gestreift) mit – und Regenzeug: ein Öljackett und eine Ölhose.]

Hosen waren weitgeschnitten und konnten bei Bedarf hochgekrempelt werden.
Im sechzehnten und siebzehnten Jahrhundert trugen Matrosen oft auch weite Kniebundhosen.
In wärmeren Gegenden reichte Leinenbekleidung meist aus: *'Wenn man ut'n engelschen Kanal twee Dag rut is, kann'n jo barfi gahn un inne linnen Bücks. In de Oost- un Nuurdsee mööt'n jo ümmer in Stäwel un Öltüüg gahn.'* [37]

[Wenn man aus dem Ärmelkanal erst zwei Tage heraus ist, kann man ja barfuß gehen und in Leinenhosen. In der Ost- und Nordsee muss man ja immer in Stiefel und Ölzeug herumlaufen.]

Außerdem waren Halstücher sehr verbreitet. Sie konnten zum Schutz vor der prallen Sonne um den Kopf gebunden werden und saugten gleichzeitig den Schweiß auf.

Ein anderes Kapitel, das die Seefahrt betrifft, ist der Handel auf den Schiffen. Darin inbegriffen sind Warenschmuggel, Handelstätigkeiten unter der Hand und Veruntreuung von Frachtstücken.
Es gab Beispiele, in denen unabhängig voneinander vom Kapitän bis zum einfachen Matrosen jeder Rang daran beteiligt war – je nach Gelegenheit und Risiko.
Schon auf den spanischen Flotten des 16. Jahrhunderts kam es zu entsprechenden Vorfällen. Der spanische Historiker Pablo Pérez-Mallaína fasst zusammen, der Handel auf den Ozeanen 'hat [...] einige der größten und erfolgreichsten

Beispiele großer Diebstähle in der Geschichte der Menschheit produziert: ganze Schiffsladungen, die spurlos verschwanden; vorgetäuschter Schiffbruch und Schiffe, die angeblich verlorengingen, nur, um mit anderem Namen und unter anderer Flagge wieder aufzutauchen.' [38]

Manche Kapitäne wickelten unter der Hand einträgliche Nebengeschäfte mit Händlern ab – selbstverständlich zu beider Vorteil. Als Kapitän Pedro de Mata 1562 in Cartagena verstarb, kam aus seinem Testament zutage, dass er neben den offiziellen Handelslisten noch ein privates Register geführt hatte. Darin waren 29 Einträge, aus denen hervorging, wie er recht einträglich Handelsgüter an den Zollbehörden vorbei an Land geschmuggelt hatte. [39]
Zwar kann nicht an genauen Zahlen festgemacht werden, wie viele Generale und Admirale der Carrera de Indias Flotten Bestechungsgelder für allerlei Nebendienstleistungen empfangen haben – darunter Warenschmuggel oder Einschleusen von illegalen Auswanderern, die als Matrosen verkleidet auf die Schiffe kamen – doch so gut wie alle von ihnen nahmen in Eigenregie Handelswaren zum profitablen Verkauf mit nach Übersee. [40]

Rum, Tabak, Wolle oder Stoffe waren im 19. Jahrhundert bei deutschen Seeleuten beliebte Schmuggelwaren, die sowohl Matrosen als auch Kapitäne und Offiziere am heimischen Zoll vorbeizuschleusen versuchten.
Mit Kniffen, wie in die Segel einrollen oder in Stroh wickeln, sollten die Zollbeamten daran gehindert werden, die Waren bei der Schiffsinspektion im Hafen zu finden.
Gerade Tabakwaren, die man günstig in Holland erwerben konnte, wollten die Seeleute möglichst 'frei' nach Hause bringen. Hierbei kam es am Pier zu einem sehr lustigen Vorfall, der einem alten Matrosen lebhaft im Gedächtnis haftenblieb:
'*De Kapteins hadden jo meist 'n Zylinder up'n Kopp, den hadden se denn vullpackt vull Zigarren. Käppen S. hett mal Goden Morgen seggt – dorbi sünd em all de Zigarren rutfollen!*' [41]

> [Die Kapitäne hatten ja meist einen Zylinder auf dem Kopf, den hatten sie dann mit Zigarren vollgepackt. Kapitän S. hat einmal Guten Morgen gesagt – dabei sind ihm all' die Zigarren herausgefallen!]

Auf britischen Schiffen waren Nebengeschäfte mit Frachtstücken oder schiffseigenem Ersatzmaterial weitverbreitet.

Frachtgegenstände verschwanden teilweise oder ganz, und je nach Funktion verhökerten einzelne Crewmitglieder unter der Hand Schiffsmaterial, an das sie leicht herankamen: Bootsmänner handelten mit Hanf oder Tauen, die sie vom Schiff entwendet hatten; Schiffszimmermeister verkauften heimlich Holz; Waffenmeister ließen Metall und Waffen verschwinden; Kapitäne und Maate machten nebenbei so ziemlich alles zu Geld, was ihnen unter die Finger kam. Sobald sich eine günstige Gelegenheit dazu bot, wurde sie von einigen Kapitänen bis hin zum einfachen Matrosen ergriffen.

Nun hatte dies für Kapitäne und Offiziere kaum spürbare Folgen, solange sie sich nicht dabei erwischen ließen. Für die einfachen Matrosen dagegen sah die Sache anders aus.

Waren Frachtgüter beschädigt oder gar entwendet worden, zog der Kapitän den Schaden von der Heuer der Männer ab. Es kam sogar oft vor, dass überhaupt gar kein Schaden vorlag, ein Kapitän aus Profitgier aber am Ende der Reise nicht die ganze Heuer ausbezahlen wollte und angebliche Schäden vorschob zum Verdruss der Matrosen, die nun nur einen Teil ihres harterarbeiteten Geldes erhielten.

Edward Barlow konnte ein Lied davon singen, wie dieser Missbrauch auf dem Rücken der ohnehin schon nicht üppig bezahlten Seemänner ausgetragen wurde: '*Nur allzuoft, wenn Zahltag kam, behielten die Kapitäne und Schiffseigentümer 3 Pfund von der Heuer jedes einzelnen Matrosen ein für Waren, die im Schiff beschädigt wurden oder unbrauchbar geworden waren, welches sie den Männern vom Schiff anlasteten, denn sie hätten die Waren nicht ordentlich verstaut und es an genügend Sorgfalt fehlen lassen.*' [42]

Tatsächlich aber war der Schaden verursacht worden durch Stürme, extreme Wetterverhältnisse, ein altes leckes Schiff, Überladung oder Waren, die bereits schadhaft an Bord gebracht wurden.

Um hier deutlich zu machen, welch' ein Einschnitt der einbehaltene Betrag für die Matrosen war, sei zum Vergleich angegeben, dass Barlow, als er vorher bei der britischen Marine gesegelt war, ein Jahresgehalt von 10 Pfund und 16 Shilling bezogen hatte. [43]

Eine legale Handelstätigkeit an Bord der Schiffe dagegen wurde von einem *Purser* ausgeübt. Dies waren schiffseigene Händler, die den Matrosen Kleidungsstücke, Zwirn, Schuhe, Lebensmittel, Alkohol, Tabak und allerlei

notwendige Gerätschaften verkauften, die die Seeleute auf hoher See benötigten. Dieser Posten wurde meist von Schiffsoffizieren zusätzlich zu ihren eigentlichen Aufgaben erledigt; oftmals übernahm auch der Kapitän die Tätigkeit.
Bei den Matrosen allerdings waren Purser nicht sehr beliebt, denn sie verkauften häufig zu Wucherpreisen, auch ließ die Qualität der Waren nicht selten zu wünschen übrig.
Kamen Matrosen nicht umhin, sich Gegenstände an Bord zu kaufen, wurden die Beträge von der Heuer abgezogen. Mancher Seemann stand am Ende der Reise durch Bordeinkäufe in den roten Zahlen, so dass dies dem Kapitän die Arbeitskraft des Matrosen automatisch für eine weitere Überfahrt sicherte.

Wie schon mehrmals angesprochen, war das Leben auf hoher See nicht ungefährlich. Arbeitsunfälle, Erkrankungen und Verletzungen aller Art waren ein allgegenwärtiges Berufsrisiko.
Neben den Offizieren und Matrosen, konnte auch ein Schiffsarzt an Bord sein. Seine Aufgabe war im Wesentlichen, dafür zu sorgen, dass die Leute auf dem Schiff gesund blieben. Er kümmerte sich um alle Verletzungen und führte Operationen an Verwundeten aus.
Wenngleich ihre renommierten Kollegen an Land die Nase rümpften und sie abwertend als 'Barbiere' bezeichneten, waren Schiffsärzte meist die besseren Mediziner. Durch tägliche Berufspraxis unter extremsten Bedingungen hatten sie praktischere Fähigkeiten entwickelt und waren zu neuartigen Heilmethoden gelangt, etwa auch mit verzweifeltem Ausprobieren als letztes Mittel, wenn alles andere versagte.
Gewöhnlich absolvierten Schiffsärzte spezielle See-Examen, die sie darauf vorbereiteten, mit der gesamten Palette an seetypischen Krankheitsbildern umzugehen: darunter waren Knochenbrüche, ausgerenkte Gliedmaßen, Schusswunden, Prellungen, Verbrennungen und Wundbrand.
Die Tätigkeit erforderte einen entschlossenen, zupackenden Menschen, der auch dann noch besonnen blieb, wenn es galt, einen schreienden, sich windenden Matrosen auf der Bahre festzuhalten, während ihm bei vollem Bewusstsein ein zerschmettertes Glied ohne Betäubung amputiert werden musste – eine Situation, die häufig genug vorkam.[44]

Allerdings konnten auch Schiffsärzte sich letztlich nur am medizinischen Fortschritt ihrer Zeit messen lassen, so dass Erfolge mitunter reine Glückssache waren.

Die Universalmethode bei Erkrankungen war Aderlass, wobei die Folgen häufig fatal waren. Operationen ohne Anästhesie und antiseptische Instrumente in verschmutzten, schlechtbelüfteten Kabinen resultierten hinterher oft in Wundbrand und Tetanusinfektionen.

Bis ins 19. Jh. hinein verstarben weitaus mehr Matrosen an Krankheiten oder an den Folgen von Operationen als durch Schiffbruch oder Kampfeshandlungen. Seeleute holten sich durch ihre Reiseziele auf dem gesamten Globus unterschiedlichste Erkrankungen, wovon mit Malaria, Gelbfieber, Ruhr, Syphilis und Pocken nur einige genannt seien.

In den Jahren zwischen 1774 und 1780 wurden 175.990 Matrosen für die britische Marine rekrutiert, von denen 1.243 in Kampfhandlungen umkamen, 18.541 an Krankheiten verstarben und 42.069 desertierten. [45]

Die Sterblichkeitsrate spanischer Seeleute im 16. Jahrhundert verdeutlicht ein Beispiel von sieben Armada-Expeditionen mit insgesamt 2.357 Personen zwischen 1573 und 1593. Auf hoher See verstarben 290 Crewmitglieder.

Das entspricht 123 Personen aus Tausend. Die Sterblichkeitsrate der europäischen Mittelmeerregionen dieser Zeit lag bei 40 Personen aus Tausend, wobei hier vor allem Kinder den Todeszoll ausmachten. [46]

Schiffsärzte blieben von der hohen Sterblichkeit unter den Matrosen nicht verschont. Nachdem sie in den stickigen, kaum belüfteten Zwischendecks ständig den Keimen erkrankter Seeleute ausgesetzt waren, wurden auch sie leicht dahingerafft.

Wenn dies mitten auf See vorkam, sah sich ein ahnungsloser Matrose plötzlich mit der Aufgabe betraut, nach gut dünken den Doktor zu vertreten – auf Gedeih und Verderb für die Patienten unter seiner Hand.

Seeleute, die unvorbereitet dieser Aufgabe gegenüberstanden, mussten mit einem Male zusehen, wie sie jemanden zur Ader lassen oder ein mehrfach gebrochenes Körperglied amputieren sollten, ohne den blassesten Schimmer davon zu haben, wie sie's anstellen sollten. [47]

Eine Redensart unter Seeleuten besagt: '*De Seemann nimmt sinen Kirchhoff mit.*' [48] Todesgefahr und Tod waren für Matrosen in der Tat allgegenwärtige Themen. Selbst wenn einen weder brutale Kapitäne, noch Arbeitsunfälle oder Krankheiten das Leben kosteten; ein Schiffbruch auf hoher See konnte das plötzliche Ende sein.

Zwar waren die Männer sich dessen bewusst, doch der Gedanke daran wurde verdrängt. Für die alten Seemänner, die Richard Wossidlo nach ihren Erlebnissen befragt hatte, war das Thema Tod auf dem Schiff tabu. Sie begegneten der Gefahr, die sie täglich auf See heimsuchen konnte, mit pragmatischer Gleichmütigkeit: '*An'n Doot denken wi nich, dor hebben wi keen Tiet to. Dor ward nich an dacht un nich von räd't. Jeder weit jo, wat he to doon hett.*' [49]

> [An den Tod denken wir nicht, dazu haben wir keine Zeit. Daran wurde nicht gedacht und nicht davon gesprochen. Jeder weiß ja, was er zu tun hat.]

Doch schon die Hängematten unter Deck, die den Matrosen als Schlafstatt dienten, erinnerten sie ständig an ihre beklemmende Doppelfunktion, die Jack Cremer im 18. Jahrhundert mit folgenden Worten beschrieb: '*Eine gute Koje, die man treffender als Sarg bezeichnen mag, denn die Toten werden immer in ihren Kojen bestattet.*' [50]

Selbst beim Tod auf See sind schockierende Beispiele von roher Gewalt und entwürdigender Verachtung überliefert, bei denen Kapitäne sich ihrem Opfer gegenüber äußerst unbarmherzig zeigten:
Captain Rice Harris, der einen Matrosen totgeschlagen hatte, befahl, dessen Leiche '*in irgendeine alte Hängematte einzunähen & diese in ein Rettungsboot zu schaffen & damit ziemlich weit vom Schiff wegzurudern & die Leiche dann über Bord zu werfen.*' [51]
Der Erschlagene wurde über seinen Tod hinaus damit gedemütigt, dass der Kapitän ihm nicht einmal die übliche Seebestattung gewähren wollte.

Wenn die Umstände dies nur irgendwie ermöglichten, bevorzugten auch Matrosen, an Land bestattet zu werden.
Jemand, der auf einer Insel oder irgendwo an Land in einem markierten Grab beerdigt worden war, hatte in den Augen der Seeleute ein Begräbnis, das ewige Ruhe und Frieden versprach.
In Küstenorten von England oder Holland, wo ganze Familiengenerationen der

Seefahrt nachgegangen waren, findet man historische Seemannsgrabstätten von denjenigen, die wohlhabend genug waren, sich die Grabstatt leisten zu können. Auf den verwitterten Grabsteinen sind oftmals Segelschiffe aller Art abgebildet, neben Symbol-Motiven wie Sanduhren, Herzen mit Pfeil oder Totenschädel mit gekreuzten Knochen.

Besonders schöne Grabplatten von Seeleuten im deutschsprachigen Raum stehen auf dem Friedhof der St.-Clemens-Kirche auf der Nordseeinsel Amrum. Aus dem 17. bis 19. Jahrhundert stammend, befinden sich auf den Steinen detailreich ausgearbeitete Segelschiffe unter vollen Segeln oder bereits abgetakelt. Der Betrachter erfährt aus den ausführlichen Inschriften vom Leben der verstorbenen Schipper, Commandeure und Kapitäne – von den Seefahrten, vom Familienstand, von der Fremde.

Auf hoher See dagegen blieb nichts anderes übrig, als die Toten dem Meer zu übergeben. Daher beschwerte man die Leiche gewöhnlich mit einer Kanonenkugel, damit sie an einem Ort blieb und nicht im Wasser herumtrieb. Oftmals jedoch waren schwimmende Zeugen einer Seebestattung eine unangenehme Erinnerung daran, dass die Hoffnung auf einen unversehrten Körper im Meer eher gering war.
Francis Rogers erlebte, wie der Schiffskoch an Bord verstarb. Nachdem der Tote über Bord gekippt worden war, beobachteten die Männer am anderen Tag, wie *'zehn oder zwölf Haie sich beim Schiff tummelten, in Erwartung auf ein weiteres Mahl dieser Art, nachdem sie auf den armen, fettigen Koch gestoßen waren.'* [52]

Die Bestattungsrituale bestanden üblicherweise aus einigen Gebeten für den Toten, denen Kanonenschüsse folgen konnten. Manchmal sprach einer der Matrosen einige Worte zum Andenken an den verstorbenen Kameraden. Danach wurde die Leiche ins Meer gekippt.
Die Männer an Deck nahmen sofort wieder ihre Aufgaben auf. Es war tabu, auf die Stelle zurückzublicken, wo der Tote dem Meer übergeben wurde, sonst würde der Verstorbene denjenigen nachziehen.

Obwohl Matrosen gewöhnlich arm und unterbezahlt waren, taten sie sich nach dem Tod eines ihrer Kameraden oft zusammen, um den hinterbliebenen Familienmitgliedern zu helfen. Wenn ein verstorbener Matrose der Ernährer der Familie gewesen war, dann standen den Angehörigen zuhause harte Zeiten

*Historische
Seefahrer-Grabsteine
auf Amrum*

Oben rechts: Giebel des Grabsteins von Knudt Wögens,
1696 – 1758, Commandeur auf Walfängern.

Unten rechts: Grabstein von Harck Nickelsen, 1706 – 1770, Kapitän. Unten links oben: Giebel des Grabsteins von Oluf Jensen, 1672 – 1750, Kapitän und Schiffseigentümer. Unten links unten: Giebel des Grabsteins von Willem Claasen (Wögen Knudten), 1714 – 1792, Schmackschiffer.

bevor. Das wussten die Männer auf dem Schiff nur zu gut.

Die wenigen Habseligkeiten des Toten wurden beispielsweise in einer Auktion am Großmast versteigert, wobei es vorkam, dass die Matrosen die einzelnen Gegenstände absichtlich zu überhöhten Preisen erwarben, damit am Ende ein höherer Erlös für die Familie des toten Kameraden zusammenkam.

William Funnell berichtete von einer solchen Versteigerung im Jahre 1704: *'Einer unserer Männer war gestorben, seine Habseligkeiten wurden wie folgt verkauft. Eine Seekiste, Wert fünf Shilling, wurde für drei Pfund verkauft; ein Paar Schuhe, Wert vier Shilling und sechs Pence, wurde für einunddreißig Shilling verkauft; ein halbes Pfund Zwirn, Wert zwei Shilling, wurde für siebzehn Shilling und sechs Pence verkauft.'* [53]

Auch der Föhrer Seemann Jens Jacob Eschels erlebte eine Auktion an Bord, bei der die Besitztümer eines verstorbenen Kapitäns unter der Schiffsbesatzung versteigert wurden: *'Da [...] die anderen dänischen Kapitäne [...] den Gesetzen gemäß bei mir an Bord kamen, ein Inventarium von des verstorbenen Kapitäns Kleider und Effekten zu machen, und diese an einem Sonntag, wo alle Leute von den dänischen Schiffen bei uns an Bord waren, verauktionieren ließen, so kaufte ich alle seine Seebücher und Seekarten sowie seine silbernen Schuhschnallen (diese waren die ersten silbernen Schnallen, die ich trug). Für das aus der Auktion gelöste Geld, und was sonst dem seligen Kapitän gehörte, kaufte ich Kaffee für seine Witwe ein [...] und verkaufte selben hernach, als ich in Norwegen kam [...] so dass ich der Witwe einen hübschen Avance in Geld nach Hause brachte.'* [54]

Gerade dann, wenn Matrosen ihr weniges Geld dafür hergaben, bei einer Versteigerung an Bord bereitwillig höhere Preise für Gegenstände von verstorbenen Kameraden zu zahlen, wird auf rührende Weise deutlich, in welchem Maße die Männer gemeinschaftlichen Zusammenhalt verstanden. Überdies zeigt das auf ebenso rührende Art, wie Marcus Rediker abschließend bemerkt, dass 'Matrosen versuchten, einem Leben einen Wert zu geben, das nach Jahren harter Schinderei kein besseres Ende gefunden hatte als den Tod inmitten von Nirgendwo und eine unzeremonielle Bestattung in der salzigen Tiefe.' [55]

| Seemannslieder und Bräuche |

> *'Chantons quand-même!*
> [Lasst uns singen – trotz allem!]
>
> *So heißt die Devise der wahren Matrosen gegen Winde und Gezeiten,
> denn trotz der harten Prüfungen, denen sie sich auf dem Meer
> mutig stellen und der grausamen Täuschungen, die sie an Land
> erwarten, haben die Seeleute immer gesungen: bei der Arbeit und
> zum Vergnügen, im Kampf gegen die Elemente und der Liebe zu,
> wenn nichts besseres zu tun war. Sie haben Freud und Leid besungen,
> gesungen um zu lachen und oftmals, um nicht zu weinen –
> wer gäbe ein schöneres Konzept vom Leben?'* [1]   Jean Vertex

Schon aus Reiseberichten des 15. und 16. Jahrhunderts geht hervor, dass Matrosen auf den Schiffen gesungen haben. Dabei entwickelten sich im Lauf der Zeit zwei Liedkategorien, die für die Seefahrt typisch wurden: Seemannslieder zur Unterhaltung und Shanties zur Arbeit auf dem Schiff. Der Themenkomplex dieser Lieder umfasst alle Lebensumstände der Matrosen: Arbeit auf dem Schiff, Frauen an Land, Trennung von Freunden und Familie, Überlebenskampf, Abenteuer, Gefahren und Leben an Bord.
Ein sehr altes Beispiel ist die niederdeutsche Ballade *De fief Söön*, die erstmals 1575 als Fragment in Laßbergs westfälischer Liederhandschrift [2] auftaucht:
'Ik heff se nich op de Scholen gebracht. / Ik heff nich eenmal över se gelacht. / Se gahnt nich speelen op de Straaten, / ik heff se op de wilde See gesandt, / ehren levesten Vader to söken.' [3]

> [Ich habe sie nicht zur Schule geschickt. / Ich habe nicht einmal über sie
> gelacht. / Sie sind nicht in die Straßen zum Spielen gegangen, / ich habe
> sie auf die wilde See geschickt, / ihren liebsten Vater zu suchen.]

Alle fünf Söhne kommen um und die Mutter bleibt allein zurück.

Diese Seemannslieder, die Matrosen im Hafen oder an Bord der Schiffe zur allgemeinen Unterhaltung anstimmten, wurden meist mit Fiedel, Mund- oder Ziehharmonika begleitet. Balladenhaft-melancholische Stimmung wechselte in lustige, schnellere Rhythmen – je nach Text und Stimmung des Interpreten.

Bei den Shanties sah dies anders aus. Das waren reine Arbeitslieder, die nur zur Arbeit auf dem Schiff gesungen wurden. Beim Segeleinholen oder Ankerlichten angestimmt, haben sie einen der Tätigkeit entsprechenden Rhythmus, der dabei helfen sollte, dass mehrere Männer eine körperlich sehr schwere Arbeit leichter verrichten konnten.

Es ist nicht eindeutig zu klären, woher die Bezeichnung *Shanty* für diesen Liedtyp stammt, zwei Möglichkeiten sind allerdings naheliegend: das englische 'to shant' und das französische 'chanter', was beides 'singen' bedeutet. In den vierziger Jahren des 19. Jahrhunderts tauchte der Begriff *Chanty* erstmalig als Bezeichnung für den maritimen Arbeitslied-Typ auf.

'*A song is ten men on the rope*' [4] – dieser Ausspruch eines englischen Seemanns aus dem 19. Jahrhundert zeugt vom Gewinn, den ein Shanty den Matrosen beim harten Arbeiten brachte.

Zum Ankerlichten und Segelhissen; zum Mastrichten und Pumpen, zum Löschen oder Laden der Fracht – was allesamt ziemlich anstrengende Tätigkeiten waren – mussten mehrere Matrosen miteinander in gleichem Rhythmus am selben Strang ziehen.

Beim Singen wurde ein Ruf-Antwort-Schema befolgt, das ein Vorsänger vorgab. Dieser Shantyman sang alleine einige Verse des Liedes vor, der Chor der Matrosen antwortete im Refrain, während alle Mann zugleich sich etwa gegen die Gangspill stemmten, um den Anker zu lichten.

Im Grunde hatte der Vorsänger freie Wahl und konnte die Shanties der jeweiligen Situation anpassen, entweder neue Strophen dazuimprovisieren oder den Textlaut ändern, um seine Kameraden besser anzufeuern.

Es gab drei Hauptgattungen, den *Pull-Shanty* (zum Segelsetzen), den *Spill-Shanty* (für alle Arbeiten mit den Seilwinden, etwa zum Ankerlichten) und den *Pump-Shanty* (für die Arbeit an den Schiffspumpen).

Daneben waren viele Untergattungen gebräuchlich: der *Bunt-Shanty* (zum Wutablassen, etwa beim Segeleinrollen auf der Rah), der *Homeward-Bound-Shanty* (wenn die Heimreise angetreten wurde), der *Paying-off-Shanty* (kurz vor Einlaufen in den Heimathafen, wenn die Pumpen das letzte Mal bedient werden mussten und der Heuer-Zahltag bevorstand), der *Outward-Bound-Shanty* (beim Auslaufen vom Hafen), der *Dead-Horse-Shanty* (zum Brauch des 'Toten Pferdes') und der *Walfang-Shanty* für Walfänger (wenn der Speck des erlegten Tieres an Bord gehievt wurde).

Obgleich Shanties zu den ältesten Seemannsbräuchen [5] gehören, liegt ihre Blütezeit im 19. Jahrhundert nach Ende der Napoleonischen Kriege, wo sie ab 1820 auf den Handelsschiffen verstärkt zum Einsatz kamen.

Das lag daran, dass nun regelmäßige Schiffsverbindungen zwischen einzelnen Überseehäfen eingerichtet wurden, auf denen die Schiffe geradezu fahrplanmäßig hin- und hersegelten. Dabei wurden die Besatzungen extrem gefordert.

Diese bedienten sich immer öfter der Shanties, um ihre Kräfte bei den anfallenden Manövern so ökonomisch wie möglich einzusetzen.

Richard Dana erklärte in den vierziger Jahren des 19. Jahrhunderts: 'Der Gesang ist für den Seemann das, was für den Soldaten Trommel und Horn ist. Muss der Soldat im gleichen Schritt bleiben, so müssen die Seeleute gleichzeitig pullen. Oft, wenn es beim Hieven gar nicht mehr gehen wollte, dann zauberte ein „Chanty" wieder Kraft in die Arme.' [6]

Bei der britischen Handelsmarine kam hinzu, dass Schiffe oft unterbemannt waren, so dass die Matrosen die fehlenden Arbeitskräfte durch Shanties wettmachen mussten.

Die Franzosen unterscheiden drei Lied-Gattungen der Matrosen: die *chanson à hisser* (sie entspricht dem Pull-Shanty), die *chanson à virer* (sie entspricht dem Spill-Shanty) und die *chansons du gaillard d'avant*, die keine Shanties sind sondern der oben beschriebenen Gruppe der Seemannslieder zugeordnet werden. Shanties waren in der französischen Handelsschiff-Fahrt bis zur zweiten Hälfte des 19. Jahrhunderts verbreitet, während sie in der Kriegsmarine bereits von Napoleon verboten worden waren.

Das lag daran, dass die Lieder oft freizügige Scherz- und Spott-Texte hatten, in denen Kapitäne und Offiziere auf gleicher Stufe wie einfache Matrosen rangierten. Wann immer auf französischen Kriegsschiffen ein Shanty zur Arbeit nötig war, übernahm ein Offizier die Aufgabe des Vorsängers, indem er den Arbeitstakt auf dem Tamburin klopfte.

Nachdem die Welt der Matrosen von Männern bestimmt war, die unter härtesten Bedingungen lebten und arbeiteten, ist es kaum verwunderlich, dass die Sprache der Seemannslieder und Shanties insgesamt eher rau ist und oftmals derb bis unflätig in Wortwahl und Inhalt:

'De Rostocker Diens	Zu den Rostocker Mädels,
Mit de kugelrunn' Titten,	Mit den kugelrunden Titten,

Dor güng Johann Maat,	Dahin ging Janmaat,
Mit'n Noors up sitten.' [7]	Mit dem A...h drauf sitzen.

Zunächst verbreiteten sich Shanties in englischer Sprache, die von den Matrosen auf aller Herren Schiffe eingeführt und übernommen wurden.
Bald kam es in den Crews aus unterschiedlichen Nationalitäten auch zu Liedern, die in Pidgin-Englisch gesungen wurden. Schließlich entstanden französische, skandinavische, deutsche und plattdeutsche Shanties.
Viele davon sind Umdichtungen englischer Vorlagen, die den englischsprachigen Refrain behielten oder solche, die in Anlehnung an das englische Original entstanden sind:

'C'est en passant sû l'pont d'Morlaix	Vorsänger
Haul away!	Chor
Old fellow away!	Chor
La belle Hélène j'ai rencontré	Vorsänger
Haul away!	Chor
Old fellow away!' [8]	Chor
[Als ich über die Brücke von Morlaix ging	
Zieh' an! -	
Alter Kam'rad, an!	
Habe ich die schöne Hélène getroffen	
Zieh' an! -	
Alter Kam'rad, an!]	

'Ick hewv mol en Hamborger Veermaster sehn,	Vors.
to my hoodah, to my hoodah.	Chor
De Masten so scheev as den Schipper sien Been,	Vors.
to my hoodah, hoodah ho.	Chor
Blow boys, blow for Californio,	Ref.
there is plenty of gold, so I am told,	
on the banks of Sacramento.' [9]	
[Ich hab' mal einen Hamburger Viermaster geseh'n,	
to my hoodah, to my hoodah.	
Mit Masten so schief wie dem Kapitän seine Beine,	
to my hoodah, hoodah ho.	
Auf Jungs, auf nach Kalifornio,	
dort gibt's viel Gold, sagte man mir,	
an den Ufern des Sacramento.]	

Viele der Melodien, zu denen Matrosen die Texte ihrer Lieder und Shanties sangen, haben sie bekannten Volksliedern aus ihrer Heimat entlehnt.

So kam auf den Schiffen gängiges Folkloregut von verschiedenen Nationen zusammen, das die Seeleute mit neuen Texten versehen über alle Ozeane trugen. Der *Salpetre Shanty* etwa folgt in Rhythmus und Melodie dem deutschen 'Es klappert die Mühle am rauschenden Bach', wobei das 'Klipp klapp' der Volksliedverse im Shanty als 'Oh, roll!' wiederholt wurde. [10]

Ebenso bedeutend war der Einfluss schwarzafrikanischer Sklaven, was Melodien und einzelne Textzeilen von Seefahrer-Shanties angeht.

Viele Matrosen schnappten die Arbeitsgesänge der Schwarzen auf, als sie in den Wintermonaten auf den Baumwollplantagen anheuerten. Dieses Liedgut nahmen die Seeleute an Bord der Schiffe mit, wo sie mit neuen Verszeilen ausgestattet als Shanty eingesetzt wurden.

Ein bekanntes Beispiel ist *Roll the Cotton Down*, das farbige Baumwollpacker gesungen haben:

'*Away down south, where I was born,
oh roll the cotton down,
that's where the niggers blow their horn,
oh roll the cotton down!*' [11]

[Weit unten im Süden, wo ich geboren wurde,
oh roll' die Baumwolle 'runter,
das ist, wo die Neger das Horn blasen,
oh roll' die Baumwolle 'runter!]

Daraus wurde verbunden mit einem deutschen Volkslied, das im 19. Jahrhundert populär war:

'*Als ich an einem Sommertag,*	Vorsänger
oh roll the cotton down,	Chor
am Waldesrand im Schatten lag,	Vorsänger
oh roll the cotton down! [12]	Chor

... und auf plattdeutsch:

'*De See geiht hoch, de Wind de blaast,*	Vorsänger
oh Köm un Beer for mi,	Chor
Jan Maat, de fleit, is ni verbaast,	Vorsänger
oh Köm un Beer for mi.' [13]	Chor

[Die See geht hoch, der Wind der bläst,
oh Kümmel und Bier für mich,
Janmaat der pfeift, ist nicht bekümmert,
oh Kümmel und Bier für mich.]

Seemannslieder und Shanties wurden lange Zeit mündlich weitergegeben. Viele der Lieder erfuhren Textänderungen, je nach Bordsituation – manchmal gab es sogar zwei oder mehrere Fassungen nebeneinander.
So wurden die Zeilen:

'Noh den Süden to, dor foort een Schipp, / oh, Kööm un Beer for mi! / Verprovianteert mit schlauem Kniff, / oh, Köm un Beer for mi!' [14]
[In Richtung Süden, da segelt ein Schiff, / oh, Kümmelschnaps und Bier für mich! / Das ist ja ganz toll mit Proviant bestückt, / oh, Kümmelschnaps und Bier für mich!]

auf die gleiche Melodie gesungen wie die vorher zitierten Liedstrophen von *Roll the Cotton Down* und den damit verwandten Shanties.

Französische Matrosen führten traditionell persönliche Liederhefte, in die sie neben verschiedenen Seemannsliedern auch Gedichte, allgemeine Vorkommnisse und persönliche Gedanken hineinschrieben.
In diesen Heften finden sich Beispiele von Liedern, die man Beschwörungslieder nennen könnte:

'Vent debout! Vent debout sans fin,
Du matin au soir, du soir au matin,
Qui n'a pas voulu payer sa catin?' [15]
[Stehender Wind! Stehender Wind ohne Ende,
Vom Morgen bis zum Abend, vom Abend bis zum Morgen,
Wer hat seine Dirne nicht bezahlen wollen?]

Mecklenburgische Seeleute kannten eine Redensart mit ähnlichem Zusammenhang: '*Wenn slicht Wäder wier un wi den Wind lange Tiet von vörn hadden, würd seggt: Dor is woll een an Buurd, dee de Huren nich betahlt hett!*' [16], berichtete ein Matrose, der im 19. Jahrhundert auf Segelschiffen unterwegs gewesen war.
[Wenn schlechtes Wetter war und wir lange Zeit den Wind von vorn bekamen, wurde gesagt: Da ist wohl jemand an Bord, der die Huren nicht bezahlt hat!]

Auch deutsche Seeleute verfassten handschriftliche Seeliederbüchlein. Die Liedtexte darin sind mit Anmerkungen versehen, in denen Gedanken, Erlebnisse oder Ereignisse wiedergegeben werden, die dem Schreiber wichtig waren. An diesen Liederheften ist jedoch auffällig, dass keine Shanties niedergeschrieben wurden.

Erst gegen Ende des 19. Jahrhunderts erschienen gedruckte Sammlungen. Das waren zunächst nur Ausgaben mit englischsprachigen Shanties. Nach der Jahrhundertwende folgten weitere Publikationen von französischen und schwedischen Liedersammlungen. Erst 1934 und 1936 [17] erschienen Sammelausgaben mit deutschen Shanties und Seemannsliedern.
Mit Aufkommen von dampf- und motorbetriebenen Schiffen verloren Shanties im Lauf der zweiten Hälfte des 19. Jahrhunderts allmählich ihre Bedeutung für die Arbeitsvorgänge, die zunehmend von Technik und Maschinen ersetzt wurden. Daher blieben hauptsächlich die Seemannslieder übrig, die weiterhin gesungen wurden, während die Zeit der Arbeitslieder an Bord der Schiffe vorüber war.

So, wie Matrosen über die Jahrhunderte eine ihnen typische Liedkultur entwickelt haben, gaben Leben und Arbeit an Bord den Rahmen für maritime Bräuche.

Der wohl bekannteste davon ist die *Äquatortaufe*, die an Matrosen vollzogen wurde, wenn sie zum ersten Mal an Bord eines Schiffs die Äquatorlinie überquerten. Äquatortaufen kamen erstmals im 17. Jahrhundert [18] auf englischen Schiffen vor und wurden schnell von anderen Nationen übernommen.
Dieser Brauch ist gleichzeitig ein Initiationsritus, der den Neuling nach vollzogener Taufe in die Bruderschaft der echten Seeleute einkehren ließ.
Bei der Taufe hatten die betreffenden Kandidaten zwei Möglichkeiten: Entweder sie wurden ins Wasser getaucht oder sie bezahlten einen ordentlichen Einstand an Alkohol für alle Matrosen an Bord.

Wer sich taufen ließ, musste dies drei Mal hintereinander über sich ergehen lassen. Der Novize hing an einem Seil, das über die Rah führte. Das andere Seilende hielten die Matrosen fest. Sie hievten den Täufling bis ganz nach oben und ließen das Seil dann plötzlich los, so dass der Mann daran von oben herab ins Wasser fiel und meist bis zum Kiel des Schiffes unter Wasser tauchte. Der Täufling wurde wieder hochgezogen und die ganze Prozedur zwei weitere Male an ihm vollzogen. Danach schließlich durfte der Frischgetaufte an Bord zurück, wo er mit den anderen Kameraden bei Rum und Brandy feierte, die von denjenigen der Matrosen bezahlt worden waren, die sich gegen die Wassertaufe entschieden hatten. Damit waren die Männer endgültig in den Kreis der 'alten Hasen' an Bord aufgenommen.

Der Brauch vom *Toten Pferd* oder *Dead Horse* wurde zunächst auf englischen Schiffen begangen, bald jedoch auch auf deutschen Schiffen übernommen. Seine Blütezeit liegt in der Mitte des 19. Jahrhunderts. [19]
Dabei feierten die Matrosen nach ein bis drei Monaten auf See den Zeitpunkt, ab dem die Heuer, für die sie an Bord des Schiffes arbeiteten, wieder ihnen gehörte.
Das hatte den Hintergrund, dass zahlreiche Matrosen, wenn sie an Land waren, meist ihre komplette Heuer in Kneipen und Bordellen verbraucht hatten und sogar noch mehr. Mit diesen Schulden waren sie leichte Beute für den Schlafbaas – in britischen Hafengegenden waren dies die Crimps.
Diese Männer lösten die verschuldeten Matrosen bei den Wirten aus, verkauften den Seeleuten auf Pump und heftig überteuert diverse Ausrüstungsgegenstände, die die Matrosen für ihre nächste Fahrt benötigten. Sie vermittelten die verschuldeten Männer auf Schiffe, wo noch Arbeitskräfte gesucht wurden. Das Ganze hatte allerdings einen hohen Preis – in mehrerlei Hinsicht: manche der Schiffe waren nicht ohne guten Grund unterbemannt; oft war der Kapitän als brutal verrufen oder das Schiff war nicht mehr besonders seetüchtig.
Der finanzielle Aspekt dieser Angelegenheit waren ein bis drei Monatsheuern des Matrosen, die der Kapitän dem Schlafbaas am Hafen im Voraus bezahlte – je nach Schuldenhöhe plus Vermittlungsgebühr.
Daher kam es, dass Matrosen ein bis drei Monate den Eindruck hatten, umsonst auf dem Schiff arbeiten zu müssen, bis eben ihre Ausstände getilgt waren.
Diese Dauer war die Zeit des 'Toten Pferdes'. Wenn sie zuende war, bauten die Matrosen ein Pferd aus Holz und altem Segeltuch. Ein Kamerad setzte sich rittlings drauf. Pferd und Reiter wurden drei Mal auf dem ganzen Deck herumgezogen, danach unter Gesang eines *Dead-Horse-Shanty* an einer Rahnock hochgehievt:

'*Oh poor old man, your horse will die,*	Vorsänger
and we say so, and we hope so.	Chor
Oh poor old man, your horse will die,	Vorsänger
Oh, poor old man.' [20]	Chor

Oben angekommen wechselte der Reiter auf die Rah und steckte das Pferd in Brand. Unter Jubelrufen aller Matrosen wurde das brennende Pferd dem Meer übergeben.

Alle Seeleute, die die Häfen auf der Westküste Südamerikas ansteuerten, vornehmlich die in Chile, um dort Salpeter zu laden, kannten den Brauch vom *Salpeterkreuz*.

Damit wurde die letzte Ladung Salpeter gefeiert, die auf das ausfahrbereite Schiff gehievt werden musste. Ein Matrose kletterte auf diese letzte Ladung, während die anderen Männer mit Shanty-Gesang und unter lautem Glockengeläut der Schiffsglocke die Ladung bis hoch unter die Großrah hievten. Dabei wurden alle umliegenden Schiffe Zeuge des Spektakels, das den Besatzungen bekannt war.

Oben angekommen schwenkte der Matrose auf der Salpeterladung eine Flagge und stimmte ein *Cheer-Shanty* an, in dessen Hurra-Refrain die gesamte Mannschaft an Bord lauthals einfiel. Die Schiffsbesatzungen der umliegenden Schiffe antworteten ihrerseits mit Glockengeläut und Hurra-Rufen. Wenn die letzten Grüße verstummt waren, wurden Matrose und Salpeterladung schließlich in die Ladeluke herabgelassen.

Am Abend gab es noch ein Fest, das um das Salpeterkreuz begangen wurde. Aus zwei Balken gefertigt, waren an den vier Enden Lichter angebracht – jeweils gegenüberliegend zwei weiße und zwei rote. Diese wurden angezündet und unter Glockengeläut zogen die Matrosen das leuchtende Kreuz am Fockmast nach oben. Dabei erschallten Shanties und Hurra-Rufe in die Nacht. Auch hier kam von allen umliegenden Schiffen Antwort mit Glockengeläut und Hurra-Rufen. Wenn von diesen Grüßen die letzten verhallt waren, wurde das Salpeterkreuz mit dem Shanty *Rolling Home* wieder heruntergeholt:

'*Call all hands to man the capst'n,*	Vorsänger
See the cable flaket down clear,	
Heave away; an' with a will boys,	
for ol' England we will steer.	
Rollin' home, rollin' home,	Chor

> *Rollin' home across the sea,*
> *Rollin' home to dear ol' England*
> *Rollin' home, fair land to thee.'* [21]

Anschließend begossen die Matrosen den Abend mit reichlich Alkohol in ausgelassener Stimmung, wobei ihnen viele Besatzungsmitglieder der umliegenden Schiffe freudig Gesellschaft leisteten.

Der *Jungfernkranz* ist ein Brauch, der sich an Bord der Segelschiffe entwickelt hat, als so drastische Bestrafungen wie Kielholen oder Von-den-Rahen-stoßen längst nicht mehr praktiziert wurden, den Seeleuten aber wohl durch überlieferte Erzählungen bekannt waren.
Wenn Matrosen sich versammelten, um einem Kameraden 'den Jungfernkranz zu winden', dann war dies eine Bestrafungsmaßnahme, zu der sie griffen, um untereinander Recht zu vollstrecken:
'*Wenn een Geld weggnahmen hadd, oder enen annern wat ut Schikaan oewer Buurd smäten hadd, kreeg he den Jungfernkranz, so säden wi. Denn würd'n rund Kreis maakt, he müsst in de Middel stahn gahn. Denn kregen em'n poor in't Knick und läden em oewer'n Knee. Denn kreeg he fiefuntwintig hinnen up. Dorbi würd sungen: Wir winden dir den Jungfernkranz, dat dat Schrigen nich to hüren wier.*' [22]

[Wenn einer Geld entwendet hatte oder einem anderen aus Schikane etwas über Bord geworfen hatte, bekam er den Jungfernkranz, so sagten wir. Dann wurde ein runder Kreis gemacht, derjenige musste in die Mitte hinein. Einige packten ihn am Genick und legten ihn über das Knie. Dann bekam er fünfundzwanzig hinten drauf. Dabei wurde gesungen: Wir winden dir einen Jungfernkranz, so dass das Schreien nicht zu hören sei.]

Kapitän und Offiziere hörten natürlich am lauten Gesang, was los war, doch sie duldeten diese Disziplinarmaßnahme der Matrosen untereinander und mischten sich nicht ein. Udo Brozio und Manfred Mittelstedt erläutern hierzu, dass solche Maßnahmen letztlich der gesamten Disziplin auf dem Schiff zugutekamen und es sich um ein Mittel handelte, das dann angewendet wurde, wenn sonst nichts mehr fruchtete. [23]

'*Sünndag is' Segeldag*' [24] – das ist eine klare Aussage, dass auf dem Schiff andere Regeln bezüglich Feiertagen galten als an Land. Auch sonntags mussten sämtliche Arbeiten an Bord verrichtet werden.

Als traditioneller 'Seemanns-Sonntag' wurde jedoch der Donnerstag gehalten. An diesem Tag gab es deutlich besseres Essen als sonst. Im 17. und 18. Jahrhundert war donnerstags eine Gebetsstunde an Bord üblich, in der Gottesdienst stattfand.

Auf Schiffen der britischen Kriegsmarine war es üblich, am Sonntag die Gebete zu sprechen. Anschließend wurden der versammelten Mannschaft die Marine-Artikel vorgelesen und denjenigen Matrosen, die sich Regelübertretungen hatten zuschulden kommen lassen, körperliche Bestrafungen verabreicht.

Weihnachten wurde gar nicht oder üblicherweise nur für einige Stunden am Heiligen Abend gefeiert. Die Aussagen verschiedener Seeleute bezeugen beides: *'In mien Seefohrt heff ik dat nich beläwt, dat Wihnachten fiert is an Buurd'*, oder: *'Ach du lewer Gott! Nee, so wat geew't nich up de Kauffahrtei-Schäp.'*
Andere hatten zumindest ein wenig Anlass zu feierlicher Stimmung: *'Heilig Abend geew't 'n Glas Grog; 'n Wihnachtsboom hebben wi nich maakt.'* [25]

> [In meiner ganzen Seefahrt habe ich das nicht erlebt, dass an Bord Weihnachten gefeiert worden ist. Ach du lieber Gott! Nein, so was gab es nicht auf Handelsschiffen. Heilig Abend gab es ein Glas Grog; einen Weihnachtsbaum haben wir nicht gemacht.]

Alte mecklenburgische Seeleute hatten dafür viele Erinnerungen an Bräuche, die sie in katholischen Ländern beobachten konnten.
Insbesondere die Art, wie auf Schiffen aus diesen Ländern der Karfreitag begangen wurde, hat tiefe Eindrücke hinterlassen: *'In Genua heff ik dat sehn: Dor hüng an'n Fockstagg in Mannshööchde 'ne Popp, dee slögen de Madrosen mit 'ne dünn Handspaak un süngen 'n Leed dorbi'*, und *'in de Westind keem ik Stillen Friday an Land, dor würd 'ne Popp upheißt. Dat wier Judas, dee kreeg Släg, dat he unsern Herrn Christum verraden hett.'*
Ein anderer berichtete: *'Ik heff dat in Montevideo 1876 sehn. De Italiener hadden 'ne Popp maakt ut Stroh un Lumpen, dee slögen se mit'n Knüppel.'*
Ein weiterer Matrose bestätigte: *'In Konstantinopel heff ik dat 1870 sehn bi de Griechen: Palmsünndag würd de Judaspopp an de Fockrah upheißt un jeden Middag Klock twölf daalfiert to Water un plümpert. Stillen Friday würd se up Deck henleggt un denn mit 'n Knüppel oewerher!'* [26]

> [In Genua habe ich das gesehen: Da hing an einer Fockstagg auf Mannshöhe eine Puppe, auf die schlugen die Matrosen mit einer dünnen Handspaak ein und sangen dabei ein Lied. In der Karibik kam ich an

> Karfreitag an Land, da wurde eine Puppe aufgehängt. Das war Judas, der bekam Schläge dafür, dass er unseren Herrn Christus verraten hatte.
> Ich habe das 1876 in Montevideo gesehen. Die Italiener hatten aus Stroh und Lumpen eine Puppe gemacht, die sie mit einem Knüppel verdroschen. In Konstantinopel habe ich das 1870 bei den Griechen gesehen: Palmsonntag wurde die Judaspuppe auf die Fockrah hochgezogen und jeden Mittag Punkt zwölf ins Wasser hinuntergelassen und getaucht. Am Karfreitag wurde sie aufs Deck gelegt und dann mit dem Knüppel traktiert!

Große Festlichkeiten gab es beim Johannisfest, das am Tag der Sommersonnwende begangen wurde.
Bis ins 19. Jahrhundert hinein feierten Seeleute diesen Tag an Bord der Schiffe besonders ausgiebig. Dabei schmückten sie es festlich und brachten abends an allen Rahen brennende Laternen an. Spanische Seeleute verzierten am Johannistag 1625 die Masten ihrer Schiffe; dänische Matrosen vom Ostindienfahrer *Kongen af Danmark* erhielten zum Mittsommerfest 1758 [27] zur Feier des Tages ein extra Biermixgetränk mit Zucker und Branntwein.

Noch bis heute ist das Johannisfest in skandinavischen Ländern ein großer Festtag geblieben, wogegen dem Mittsommer in anderen Ländern keine große Bedeutung mehr zukommt.

Glaube, Aberglaube und Seemannsgarn

Matrosen gehörten seit jeher zu derjenigen Bevölkerungsgruppe, der am meisten nachgesagt wurde, dass sie übermäßig fluchten und gottlose Gesellen seien. Selbst empfindliche Strafen an Bord der Schiffe konnten die Männer nicht dauerhaft davon abhalten, Fluchsalven loszulassen, die sogar hartgesottene Zeitgenossen an Land erbleichen ließen.
Reverend George Whitefield, der im 18. Jahrhundert in religiösem Auftrag auf dem Atlantik hin- und herkreuzte, bemerkte, Seeleute seien nicht in der Lage, *'an ihren Tauen [zu] ziehen ohne zu fluchen.'* [1]
Die Welt der Matrosen war traditionell männlich-bestimmt und brutal.
An Bord der Schiffe gab es keinen Spielraum für verfeinerte Umgangsformen, nachdem die Männer berufsbedingt extremen Wirklichkeiten ausgesetzt waren, die menschliche Grenzen bei weitem überschritten.
Ein Schiff – gleichgültig, ob Marine- oder Handelsschiff – war *Old Nick's Academy*, wo die 'sieben freien Künste' bis zur perfekten Vollendung gelehrt wurden: *'Fluchen stand an oberster Stelle dieser Künste'*, gefolgt von *'Trinken, Dieberei, Hurerei, Mord, Betrügen und Lästern.'* [2]
Matrosen verfluchten einander zum Spaß und im Ernst mit den übelsten Ausdrücken, beschimpften sich gegenseitig und wünschten ihren Feinden Tod und Teufel an den Hals.
Das galt für Seeleute aller Ränge, von Kapitän und Maat bis hin zu den Matrosen. Wie heftig allerdings auf den Schiffen geflucht wurde, hing letztlich vom Kapitän selbst ab, in wieweit er dies duldete. So war das von Schiff zu Schiff verschieden. Matrosen, die neu an Bord eines Schiffes kamen, auf dem Fluchen weniger lax geahndet wurde, bekamen sehr bald zu spüren, wenn sie sprachlich über die Stränge schlugen.

Seeleute waren den gängigen Konventionen ihrer Herkunftsländer nach zwar getauft und gehörten einer Kirche an, doch auf See wurde der Glaube eher rudimentär gepflegt. Die Diskrepanz zwischen erlebter, rauer Wirklichkeit auf See und dem Ideal christlicher Heilslehre war zu groß.
Seeleute hatten ihren eigenen Glauben, der Bruchstücke religiöser Ideen aber auch Elemente von Aberglauben individuell unterschiedlich vereinte.
Jean Vertex berichtet von einem alten Familienfreund, der im 19. Jahrhundert zur See gegangen war. Dieser Mann, ein Kapitän, hatte den jungen Franzosen

so beeindruckt, dass er später selbst Matrose bei der Marine wurde. Über den Seemann schrieb Vertex: *'Biroard [...] hatte genauso wie alle anderen Seeleute einen tiefen Glauben, der sich überhaupt nicht in irgendeiner speziellen Weise einer besonderen religiösen Mystik zugehörig ausdrückte, der jedoch die Gesamtheit der Natur umfasste, die er als ein göttliches Meisterwerk ansah.'* [3]

Berichte von Geistlichen, in denen sie die Verderbtheit von Seeleuten beklagten, gab es im Lauf der Jahrhunderte zuhauf.
Im 16. Jahrhundert wurde auf spanischen Schiffen zwar von oberster Stelle angeordnet, dass die Seeleute beten und regelmäßig ihre Sünden beichten sollten, doch die Männer befolgten das Ganze eher lax und machten zur Entrüstung der Bordpriester gar keinen Hehl aus ihrem Desinteresse an religiösen Dingen.
Bruder Antonio de Guevara klagte: *'Manchmal machen sich die Männer an den Rudern und die Matrosen über mich lustig, wenn ich sie nach ihren Beichtzertifikaten frage; sie halten mir einen Satz Spielkarten entgegen und erklären, dass sie in ihrer heiligen Bruderschaft nicht lernten, ihre Sünden zu beichten sondern zu spielen.'* [4]

Nur in schweren Stürmen, wenn Gefahr bestand umzukommen, fanden die spanischen Seeleute zu ihrem Glauben zurück und schickten Stoßgebete und fromme Gelöbnisse gen Himmel. Hatten sich die Elemente allerdings wieder beruhigt, fielen die Männer schnell in ihr altes Verhalten zurück. So kam es zu dem populären Ausspruch, dass die Lage inmitten eines schweren Sturmes ungefährlich war, solange die Matrosen fluchten. Begannen sie dagegen zu beten, dann erst war die Lage wirklich bedrohlich. [5]

Je nachdem, auf welchen Schiffen die Seeleute sich befanden, zog Fluchen mehr oder weniger ernste Konsequenzen nach sich.
Auf spanischen Schiffen der Carrera de Indias im sechzehnten Jahrhundert reichte es bereits aus, sich im Beisein von Anderen zu Aussprüchen wie 'In Gottes Namen, dir zeige ich –' hinreißen zu lassen, um als Gotteslästerer bestraft zu werden. Anfang Herbst 1571 wurden mehrere Seeleute von einem Schiff unter General Cristóbal de Eraso für eine ähnlich harmlose Angelegenheit dazu verurteilt, wegen Gotteslästerung einen Monat lang mit ihren Füßen im Holzpflock festgesperrt zu bleiben. [6]
Auf holländischen Handelsschiffen der VOC wurden im 17. Jahrhundert Fluchen und Gotteslästerung sehr hart mit Auspeitschen bestraft. [7]

Als der Jesuitenorden gegen Ende des 17. Jahrhunderts ein Kolleg am Hafen von Toulon eröffnete, in dem junge Offiziere unterrichtet wurden, die den Schiffen der französischen Mittelmeerflotte angehörten, waren die Geistlichen ausdrücklich dazu angehalten, den jungen Herren auch *die Pflichten eines guten Christen* beizubringen. Das beinhaltete, die Heiligen Sakramente zu achten und Fluchen sowie unehrenhaftes Gerede unter sich zu unterlassen. [8]

Kapitäne der britischen Marine, der Handels- und der privaten Kaperschiffe wurden im 18. Jahrhundert von der Admiralität beauftragt, gegen Fluchen und Gotteslästerung an Bord empfindlich vorzugehen.

In der Folge bekamen fluchende Matrosen von Marine-Offizieren etwa das *speculum oris* solange gewaltsam zwischen die Zähne gestoßen, *'bis ihre Münder sehr, sehr blutig'* waren. Captain Woodes Rogers ließ Fluchen mit Stockhieben bestrafen, worauf, wie er zufrieden erklärte, *'die Männer sehr zahlreich mit diesem Laster brachen.'* [9]

Die gewaltigen Naturerscheinungen mit oftmals katastrophalen Folgen für die Menschen an Bord eines Segelschiffs, inmitten von sturmgepeitschten Wellen, ließen insbesondere Seeleute schnell nach Erklärungsmöglichkeiten suchen, die diese unberechenbaren Erscheinungen in ihren Augen genügend rechtfertigen konnten. Dazu reichte ein einziger Gott der christlichen Heilslehre nicht aus – es mussten noch weitere Mächte dafür verantwortlich sein, die es zu beschwichtigen oder zu beschwören galt.

Einen Aspekt, der dabei sehr förderlich war, Aberglauben oder Tendenzen davon auf hoher See schon sehr früh in der christlichen Seefahrt fest zu verankern, nennt Pablo Pérez-Mallaína in seinem Buch *Los hombres del Océano*: der Arm der Inquisition mit ihrer strengen Kontrollinstanz reichte nicht bis auf den Ozean hinaus. Seeleute auf hoher See konnten nicht so empfindlich überwacht werden wie ihre Zeitgenossen an Land.

So kam es, dass entgegen ausdrücklicher Verbote der Inquisition spanische Seeleute im 16. Jahrhundert daran festhielten, ihre persönlichen Schutzheiligen zu verehren. Die Matrosen riefen St. Elmo um Licht im Dunklen an; schickten Gebete an St. Nikolaus und die vier Evangelisten, damit diese sie schützten und von Übel verschonten; sie baten die Herrin der Meere um guten Wind und ruhige See; die Herrin von Barrameda sollte sie sicher um Sandbänke geleiten und die heilige Klara wurde um umfassenden Schutz auf der Reise angerufen. [10]

Gegen den bösen Blick trugen spanische Matrosen kleine Schutzamulette.

Auf französischen Schiffen hat sich bis ins 19. Jahrhundert der Glaube erhalten, dass es ältere Seeleute mit übersinnlichen Kräften gebe, die etwa bei längeren Flauten die Winde beschwören konnten, wieder zu wehen. Diese Seeleute wurden *caliers* genannt. [11]
Sie hatten eine dunkle Kammer im untersten Schiffsdeck, wo die vollkommene Dunkelheit dazu behilflich sein sollte, dass sie ihre seherischen Kräfte voll entfalten konnten. Diese Position brachte gewisse Privilegien mit sich. Sowohl Kapitän als auch Offiziere achteten den calier, die Matrosen hatten Respekt und teilweise sogar Angst vor ihm.
Der calier musste nicht an den Arbeiten auf dem Schiff teilnehmen. Er kam gewöhnlich nur nachts an das oberste Deck, um Himmel und Sterne zu beobachten; tagsüber blieb er in der dunklen Kammer unter Deck (daher der Name calier, von *la cale*, dem untersten Schiffsraum).
In Notfällen wurde der Mann tagsüber an Deck gerufen, um Beschwörungen aller Art zu exerzieren. Caliers hatten gewöhnlich ein immenses Wissen um Himmelsdinge und Wetter, so dass ihre Voraussagen häufig eintrafen und damit ihren privilegierten Status rechtfertigten.
Bei ihren Beschwörungen sangen sie eigene Psalme, in denen Heilige vorkamen – etwa St. Clemens (Herr der Flotten und der Winde), St. Petrus oder der heilige Antonius. Sie sprachen die Winde direkt an, zu ihnen zu kommen und im Guten zu wirken. Wenn der beschworene Wind aufkam, wurden Dankesgaben an das Meer und die beteiligten Mächte verabreicht und von der versammelten Mannschaft Loblieder angestimmt, während der calier sich wortlos wieder in sein dunkles Reich zurückzog.

Im Deutschen ist die See landläufig als Blanker Hans bekannt. Deutsche Seeleute aber benutzten einen anderen Ausdruck, mit dem sie die See personifizierten: wenn ein Matrose auf dem Meer zurückblieb, hatte *Raßmus* ihn geholt. Der heilige Erasmus galt ursprünglich als Nothelfer und Schutzpatron in der christlichen Seefahrt, doch im Lauf der Zeit verschob sich seine Heil bringende Bedeutung unter Seeleuten ins Bedrohlich-Unberechenbare.
Raßmus wurde die stürmische See, die Unheil bringen konnte. So fragten Matrosen etwa beim Wachwechsel: '*Hett Raßmus all oewerkäken?*' [12]

[Ist Raßmus schon übergekocht?]

Bei heftigem Seegang schickte der Kapitän die Matrosen schon mal ausnahmsweise nach hinten zum Heck des Schiffes, um Wasser abzulassen, denn *'vör späult Raßmus juuch wegg!'* [13]

[vorne spült Raßmus euch weg!]

Bereits beim Schiffsbau – oder wenn Masten ausgewechselt wurden – gab es ein Ritual: *'Oft läd de Reeder 'n Geldstück unner den Grootmast, de Schipper unner den Fockmast. Ok wenn in'n Haben 'n nigen Mast rinscheert würd, würd in dat Lock 'n Stück hart Geld leggt. Up dat Geldstück müssten dree Soeben up sein (1777 oder so); denn sünd jo dree Krüüze up. Unner jeden Mast keem een. Denn koenen keen bös Lüd dat Schipp wat andoon.'* [14]

[Oft legt der Reeder ein Geldstück unter den Großmast, der Kapitän
unter den Fockmast. Auch, wenn im Hafen ein neuer Mast eingesetzt
wird, wird in das Loch ein Stück Hartgeld gelegt. Auf dem Geldstück
mussten drei Siebener sein (1777 oder so); dann sind ja drei Kreuze
drauf. Für jeden Masten eines. Dann können böse Leute dem Schiff
nichts antun.]

Ratten an Bord waren zwar eher nicht beliebt, doch sie galten den Seeleuten als Zeichen dafür, wie seetauglich ein Schiff sei: *'Ik heff dat eens beläwt, dat de halv Besatz aflopen ded, bloß weil de Rotten vun Buurd güngen'*, berichtete ein alter Seefahrer.

[Ich habe das einmal erlebt, dass die halbe Besatzung vom Schiff davon-
lief, bloß weil die Ratten von Bord liefen]

Ein anderer hatte beobachtet, *'dat twee Rotten, een groot un een lütt, bi helligen Dag von't Schipp up't Ies lang an Land gahn deden. [...] Un warraftig: Dat Schipp hett sik afsapen, wi müssten dat verlaten. En Engelsmann hett uns uppiekt.'* [15]

[dass zwei Ratten, eine große und eine kleine, bei hellichtem Tag vom
Schiff auf dem Eis entlang an Land gelaufen sind. Und wahrhaftig:
Das Schiff ging unter, wir mussten von Bord. Ein Engländer hat uns
aufgelesen.]

Über den Klabautermann gibt es zahlreiche Berichte von Matrosen. Dem Seemannsglauben nach ist das ein Schiffskobold oder eine Art Schiffsgeist, der sich nachts durch das Ächzen und Knacken des arbeitenden Holzes, aus dem die Segelschiffe gebaut waren, oder mit unheimlichen Klopfgeräuschen bemerkbar machte.

Gerade vor Wetterumschwüngen oder Stürmen, wenn das Holz besonders geräuschvoll arbeitete, verstanden die Männer dies als ein Zeichen, dass der Schiffsgeist an Bord sie warnte. Wenn die Geräusche sich endgültig legten, sahen Seeleute darin ein schlechtes Omen, nämlich, dass der Klabautermann das Schiff verlassen hatte. Das war bedrohlich: '*Wenn he ruhig ward, is dat de letzte Reis. De Kaptain Alwardt hett ümmer'n Klabatersmann an Buurd hatt. En Madroos hett dat sehn: Klaputt, klaputt – is he hochkamen up't Fallreep. As de Oll an Land bläben is, is de Klabatersmann ok trüggbläben. Dor is dat Schipp unnergahn.*' [16]

[Wenn er ruhig wird, ist das die letzte Reise. Kapitän Alwardt hat immer
einen Klabautermann an Bord gehabt. Ein Matrose hat das gesehen:
Klaputt, klaputt – ist er das Fallreep hochgekommen. Als der Alte (der
Kapitän) an Land geblieben ist, ist der Klabautermann auch zurückge-
blieben. Da ist das Schiff untergegangen.]

Manchmal sorgte der Klabautermann anscheinend sogar für Gerechtigkeit:
'*Mien Großvadder hett sik eens mit den Kaptain sträden. De Kaptain hett wüsst, dat he unrecht hadd, oewer he hett sinen Stüermann nicht recht gäben wullt. Dor hett de Schipper eenen an't Muul krägen – de ganze Back is answollen. Großvadder meente, dat hadd de Klabatersmann daan.*' [17]

[Mein Großvater hat sich einmal mit dem Kapitän gestritten.
Der Kapitän hat gewusst, dass er unrecht hatte, aber er wollte seinem
Steuermann nicht Recht geben. Da hat der Kapitän eine saftige Ohrfeige
verpasst bekommen – die ganze Backe ist angeschwollen. Großvater
meinte, das habe der Klabautermann getan.]

Ein Klabautermann kam auf das Schiff, wenn zum Schiffsbau ein bestimmtes Stück Holz verwendet worden war, an das dieser Geist gebunden ist. So erklärte ein Matrose: '*In Wismar is'n Schipp buugt, dor sünd twee Stücken Holt rinkamen, an dee ener verwiest wäst is. Dat een is to'n Vorstäben bearbeit't, dat anner to'n Hinnerstäben. De beiden Klabatersmänner hebben sik alle Nacht slagen un prügelt, de Wächters hebben den Larm hüürt. Dor hett de Schipper sik dat oewertüügt maakt un hatt den eenen Stäben rutnahmen ut't Schipp. Dor is de Larm vörbi west.*' [18]

[In Wismar ist ein Schiff gebaut worden, da sind zwei Holzteile hineinge-
kommen, an die einer gebunden war. Das eine wurde zum Vorder-
steven verarbeitet, das andere zum Achtersteven. Die beiden Klabauter-
männer haben sich jede Nacht geschlagen und verprügelt, die Wächter
(im Hafen) haben den Lärm gehört. Der Kapitän hat sich davon selbst
überzeugt und einen Steven vom Schiff ausgewechselt. Da war der Lärm
vorbei.]

Die Sage vom Fliegenden Holländer, der seine Seele den dunklen Mächten verkauft hatte, um bei widrigen Winden Kap Hoorn erfolgreich zu umsegeln, und der seither für ewig dazu verdammt ist, ruhelos auf den Weltmeeren herumzukreuzen, ist erstmals um 1830 aufgeschrieben worden.

Doch die Geschichte ist viel älter. Sie wurde über lange Zeit von Generation zu Generation mündlich weitergegeben und gehörte schon lange zum Seemannsgarn der Matrosen.

Auch ihm wollen viele Seeleute unverhofft begegnet sein. Ein Seemann berichtete: *'Ik heff twölf Johr to See fohren. Mi is wat passiert, dat is de reine Wohrheit: Ik heff den Fleegen Hollanner sülben sehn. Wie führten von Bremerhaven na Riga. [...] De Wind würd flau, dat dat kuum stüern ded. [...] Dat wier stiernklores Wäder. As ik vörn stah, krieg ik'n Schipp to sehn, dat lööp väle Fohrt, dat keem in fleegender Fohrt up uns to. Mittwiel kümmt de Schipper ok an un hett'n Kiker in de Hand. De hett dat ok seihn hatt. In den Ogenblick, as wi dorvon räden deden, wier't verswunnen. Wi kregen Bries un führten wider. Nahst kemen wi up Strand. Dor säd de Kaptain: Sühst du, dat is dat Vörteiken wäst bi Riga.'* [19]

> [Ich bin zwölf Jahre zur See gefahren. Mir ist etwas passiert, das ist die reine Wahrheit: Ich habe den Fliegenden Holländer höchstpersönlich gesehen. Wir segelten von Bremerhaven nach Riga. Der Wind wurde flau, so dass das kaum noch wehte. Es war sternenklare Nacht. Als ich vorne stand, bekam ich ein Schiff zu sehen, das mit voller Fahrt segelte und in fliegender Fahrt auf uns zuhielt. Mittlerweile kam der Kapitän auch herbei und hatte ein Fernrohr in der Hand. Der hatte das auch gesehen. In dem Augenblick, als wir davon sprachen, war es verschwunden. Wir bekamen Wind und segelten wieder. Als nächstes kamen wir auf Strand. Da sagte der Kapitän: Siehst du, das ist das Vorzeichen von Riga gewesen.']

Wenn man den Fliegenden Holländer sah, war dies ein Zeichen für günstige Winde: *'Se seggen jo, wenn man den Wind gegen sik hatt un de Fleegen Hollanner kümmt antoballern von hinnen, denn kriggt man goden Wind. Dat hett mi sogor'n Engländer vertellt: Fleegen Dutchman, seggt dee jo.'* [20]

> [Es heißt ja, wenn man den Wind gegen sich hat und der Fliegende Holländer kommt von hinten angerauscht, dann bekommt man guten Wind. Das hat mir sogar ein Engländer erzählt: Fliegender (Flying) Dutchman, sagt der ja dazu.]

Seeleute waren davon überzeugt, dass bestimmte Orte verwunschen seien oder Unglück brachten – etwa das Bermuda-Dreieck, wegen der gewaltigen Hurrikane. Bestimmte Tage galten als ungünstig – so sollte man montags besser nicht auf eine Fahrt in See stechen; andere Meinungen diesbezüglich betrafen den Donnerstag oder Freitag.

Außerdem wusste so mancher Matrose spannende Geschichten von Begegnungen mit betörenden Meerjungfrauen und riesigen Seeschlangen zu erzählen.

| Navigation und Wetterregeln |

Als sich Seefahrer nicht mehr darauf beschränkten, nur Routen entlang der Küstenlinien zu fahren, sondern weit ins offene Meer hinausgesegelt wurde, war es nötig, Orientierungsquellen zu erschließen, die mitten auf hoher See funktionierten.
Kompass, Planeten, Sonnenstand und Sterne waren von je her Wegweiser, die bei der Navigation halfen. Grundlegend waren allerdings auch verlässliche Seekarten, die für Route und Positionsbestimmung herangezogen werden mussten. Anhand von Entfernungsberechnungen erstellten Seefahrer über die Jahrhunderte die Küstenlinien der einzelnen Kontinente auf ihren Seekarten. Sie wurden zunächst von Hand gezeichnet und ab Gutenbergs Zeiten gedruckt vervielfältigt.

Bevor die Navigation jedoch so weit entwickelt war, dass anhand von Berechnungen Positionsbestimmungen auf hoher See gemacht werden konnten, mussten Änderungen auf personeller Ebene vollzogen werden, die über Jahrhunderte gültig gewesen waren.
Noch in Zeiten, als portugiesische Seefahrer und ihnen auf dem Fuße folgend die Spanier die Weltmeere öffneten, hielt man sich in puncto Navigation an traditionell hergebrachte Modelle. Das hieß, dass noch bis über das Ende des sechzehnten Jahrhunderts hinaus Navigation von speziell dafür eingesetzten Piloten betrieben wurde, die weniger mit exakten Berechnungen als vielmehr mit jahrelanger Erfahrung und Kenntnis bestimmter Küsten und Routen aufwarten konnten. Diese Piloten hatten nicht unbedingt mathematische Kenntnisse oder gar Lese- und Schreibfähigkeit, sie griffen lediglich auf ihren Erfahrungsschatz von vorherigen Seefahrten zurück, um den Schiffsmeistern oder Kapitänen den richtigen Weg zu weisen.
Ihre Positionsbestimmungen waren eher mutmaßlich und stimmten mit denjenigen der anderen Piloten selten überein, was häufig Anlass zu Witzeleien gab, wenn selbst Passagiere auf den Schiffen Uneinigkeiten bezüglich des Kurses unter den Piloten mitbekamen.
Ein satirisches Stück aus dieser Zeit, das *Coloquio sobre las dos graduaciones*, verdeutlicht zugespitzt die Problematik:
'*Es kam ein Schiff von der Karibik zurück und an Bord befanden sich drei Piloten, wovon ein jeder seine Karten und andere Instrumente dabeihatte. [...] Jeder von ihnen*

maß den Einfallswinkel der Sonne und jeder markierte die Schiffsposition auf seiner Karte. Auf diesen Markierungen fußend vermutete einer, dass sie vierhundertachtzig Kilometer von Land entfernt seien, der andere hatte die Position bei zweihundertsechzehn Kilometer eingezeichnet und der nächste behauptete, dass sie laut seiner Berechnung bereits an Land segelten.' [1]

Zwischen den Piloten und den mathematisch ausgebildeten Navigatoren, die ab Mitte des sechzehnten Jahrhunderts zunächst von den Lehrstuben aus Navigationsschriften veröffentlichten, entbrannte bald ein erbitterter Streit, bei dem auf Erfahrung basierende Tradition gegen wissenschaftlich errechnete Tatsache prallte. Auf beiden Seiten wurden Stimmen laut, die sich gegenseitig Unfähigkeit vorwarfen.

Alonso de Chaves, von der Warte der gelehrten Navigatoren, bemerkte: '*Wenn viele dieser Piloten auch wissen, wie man in die Karibik segelt, so liegt das nur an ihrer großen Erfahrung und der Aufmerksamkeit, die sie dieser Route gewidmet haben; doch es scheint mir, dass wenn sie gezwungen wären, entlang anderer Küsten zu navigieren, in Gewässern und zu Ländern, die ihnen nicht bekannt sind und zu vielen weiteren Erdteilen, in denen sie noch nicht gewesen waren, dann würden sie nicht wissen, wie sie's anstellen sollten, weil sie das allgemeine Wissen und die Kenntnisse nicht haben, die sie in Navigation besitzen sollten.*' [2]

Der Hintergrund dieser Debatte von Seiten der traditionell ausgebildeten Piloten war jedoch weniger die Sache an sich, sondern größtenteils die Angst, einträgliche Stellungen zu verlieren. War es bis gegen Ende des sechzehnten Jahrhunderts bei der alten, traditionellen Navigation noch möglich, dass einfache Matrosen mit ernsthaftem Willen zum Posten eines Piloten aufsteigen und so ihre wirtschaftliche Lebenssituation verbessern konnten, wurde dies im Laufe des siebzehnten Jahrhunderts mit Übernahme der neuen, auf Berechnungen basierenden Navigation fast unmöglich, brachte der Anwärter nicht zumindest einige Jahre an Schulausbildung mit, so dass er die erforderlichen arithmetischen Berechnungen anstellen konnte.

Mit Kompass, diversen Linealen, Zirkeln und anderen Zeicheninstrumenten ausgestattet, bestimmte der Seefahrer den Kurs, den er auf seiner Karte einzeichnete.

Diese Art der Navigation verlangte, dass man mathematische Berechnungen ausführen konnte und den Umgang mit verschiedenen astronomischen Winkelmessinstrumenten beherrschte.

Im 16. und 17. Jahrhundert waren dies Seeastrolabium, Quadrant, Jakobsstab und Davidsquadrant, womit die Gestirnshöhen zur Positionsermittlung gemessen wurden. Im 18. Jahrhundert wurden erstmals Oktanten gebaut, aus denen bald Sextant und Quintant entstanden. Mit diesen neuen Messinstrumenten konnten die Gestirnshöhen noch einfacher und genauer ermittelt werden.

Als unerfahrener Schiffsjunge war man allerlei Späßen der Matrosen ausgesetzt, die auch die fremdartig anmutenden Navigationsinstrumente einbezogen: '*De kiken to, wat Mudder to Huus kaken deit*', hieß es etwa, wenn Kapitän und Steuermann mit dem Oktanten hantierten, und der Steuermann bot dem Schiffsjungen an: '*Kiek ok eens dörch, kannst'n Schosteen roken seen – denn hööl he em den Oktanten verkihrt hen*.' [3]

[Die sehen nach, was Muttern zuhause kocht. Schau' auch 'mal durch, da kannst du den Schornstein rauchen sehen – dann hielt er ihm den Oktanten verkehrt herum hin.]

Ein großes Problem in der Navigation bis zur Mitte des 18. Jahrhunderts war die Positionsbestimmung anhand des Längengrads.
Die Breitengrade, die parallel zum Äquator verlaufen, ließen sich relativ einfach ermitteln. Dazu bestimmte der Kapitän mithilfe seiner Messinstrumente, welchen Winkel etwa die Sonne im Zenit zum Horizont einnahm. Anhand von Sternentabellen ließ sich dann mit dem eben gemessenen Winkelmaß ermitteln, um wie viel Grad südlich oder nördlich vom Äquator das Schiff sich befand.
Die Position in östlicher oder westlicher Richtung konnte mit dieser Methode jedoch nicht bestimmt werden.
Dazu war es nötig, die genaue Uhrzeit eines Ortes (einen Ausgangsmeridian) im Vergleich zur Uhrzeit des neuen Standorts heranzuziehen, woraus sich mit dem Wert der Segelgeschwindigkeit die Position errechnen ließ. Nachdem durch die Erdrotation bedingt die Sonne von Osten nach Westen in 24 Stunden um die Erde 'wandert', legt sie pro Stunde 15 Grad in westlicher Richtung zurück.
Das Problem, mit dem die Navigatoren nun bis ins 18. Jahrhundert zu kämpfen hatten, war die exakte Zeitmessung, um verlässliche Koordinaten zu erhalten. Die Sand- oder Sonnenuhren auf den Schiffen waren viel zu ungenau, so dass sich letztlich bei der Positionsbestimmung in östlicher oder westlicher Richtung Ungenauigkeiten bis zu 500 Meilen als gang und gäbe einschlichen. In küstennahen Gewässern mussten daher andere Faktoren wie Seegras, See-

vögel oder die Farbe des Wassers herhalten, damit der Schiffsführer seine Position einigermaßen bestimmen konnte. [4]
Oder aber der Kapitän hatte Aufzeichnungen mit Küstenbeschreibungen und eventuell Skizzen zur Hand, die ein Kollege vor ihm auf ähnlicher Route angefertigt hatte.

Die Segelgeschwindigkeit, die zur Positionsbestimmung nach Ost oder West wichtig war, ermittelten die Seefahrer mit dem Log. Dazu wurde das Log, ein Stück Holz, an einem Seil seitlich vom Schiff ins Wasser gelassen. Mit der Sanduhr stoppte man die Zeit, die das Log benötigte, um von einer Markierung an der Schiffswand zur nächsten zu treiben. Mit dem gestoppten Zeitwert errechnete der Seemann die Geschwindigkeit und schließlich die neue Position seit dem letzten Ankern.
Auch diese Methode war sehr ungenau, was zugleich an der Sanduhr als Zeitmesser, aber auch daran lag, dass das Log vom Schiff immer etwas mitgezogen wurde. Diese ungenauen Werte trugen insgesamt dazu bei, dass es am Ende so große Diskrepanzen zwischen errechneter und tatsächlicher Position gab. Ein weiterer Punkt, der mitunter auf Schiffen vorkam, betrifft die Zuverlässigkeit beim Zeitmessen.
Als die *Bounty* in Tahiti vor Anker lag, entdeckte Lieutenant Bligh zu seinem großen Ärger, dass die Sanduhr an Bord abgelaufen war, weil sich keiner der verantwortlichen Männer darum gekümmert hatte, sie nach dem Durchlauf wieder umzudrehen. Auch solche Vorfälle trugen zu falschen Positionsergebnissen bei.
Erst die Entwicklung des Chronometers im 18. Jahrhundert brachte den lange ersehnten Durchbruch in der Navigation auf hoher See.
Bereits 1598 lockte Spanien mit einer Belohnung von 2000 Escudos, die an denjenigen auszuzahlen seien, der das Problem der geographischen Längenbestimmung lösen würde. Frankreich bot zwei Jahre darauf die Summe von 100.000 Pfund und England erließ 1714 den *Longitude Act*, wonach 20.000 Pfund zur Auszahlung bereitstanden. [5]
John Harrison, ein englischer Uhrmacher, entwickelte mehrere Prototypen des Chronometers, bis 1759 sein viertes Modell, die H4 den Anforderungen des *Longitude Act* genügte.
Zwei Kopien dieser H4 wurden von der Admiralität bei Larcum Kendall in Auftrag gegeben, wovon eine James Cook auf seiner Weltumsegelung von 1772 – 1776 begleitete. Die andere Kopie kam an Bord der *Bounty*, wo sie nach der

Meuterei in den Händen der Meuterer verblieb.

Als Captain Folger 1808 auf den letzten Überlebenden der entflohenen *Bounty*-Meuterer traf, der in seiner kleinen Kolonie auf der Südpazifik-Insel Pitcairn lebte, erhielt er diesen Chronometer mit dem Auftrag, ihn der britischen Admiralität als Beweis zukommen zu lassen, dass die Geschichte des verschollen geglaubten Meuterers der Wahrheit entsprach.

Fernrohre, die erstmals im 17. Jahrhundert aus Venedig kamen, erwiesen sich schnell als sehr nützliche Utensilien, die insbesondere dann wertvolle Dienste leisteten, wenn es darum ging, feindliche Schiffe, Küstenlinien oder gefährliche Riffe rechtzeitig zu erkennen.

Eine alte Seefahreranekdote aus Warnemünde hat Kapitän und Kieker – das Fernrohr – zum Thema: '*De Madrosen hebben eenmal enen Schipper 'ne Luus in'n Kiker sett't. Dor hett he seggt: Stüermann, kumm mal her – ik seh jo woll'n Boot mit acht oder söss Mann!*' [6]

[Die Matrosen haben einmal dem Kapitän eine Laus in das Fernrohr gesetzt. Da sagte der: Steuermann, komm' mal her – ich seh' doch da ein Boot mit acht oder sechs Mann!]

Kompasse gehörten zwar von altersher zur Grundausstattung des Schiffsführers, doch auch sie wurden im Lauf der Zeit immer mehr verbessert. Ab dem 18. Jahrhundert findet man sie kardanisch in einem umrahmenden Kasten aufgehängt, so dass die schlingernden Schiffsbewegungen ausgeglichen werden konnten.

Schiffsjungen hatten viel Neues zu lernen, wenn es ihnen damit ernst war, später als Matrose zur See zu gehen. Eine Aufgabe bestand darin, die verschiedenen Windrichtungen auf der Kompassrose auswendig zu lernen.

Auch hier war guter Rat teuer: '*As een Jung up'n Rostocker Schipp den Kompass nich behollen künn, säden wi to em, he müsst sik de Naams von de tweeundörtig Strichen up'n Stück Papier schriben un dat upäten, denn würd de dat behollen. De Jung ded dat ok. Annern Dag fragt ik em: Na, hest du't nun behollen? – Nee. – Je, büst du all up't Klosett wäst? – Ja. – Je denn kannst du't jo ok nich behollen hebben!*' [7]

[Als ein Schiffsjunge auf einem Rostocker Schiff sich den Kompass nicht merken konnte, sagten wir zu ihm, er solle sich die Namen der zweiunddreißig Striche (die Windrichtungen) auf ein Stück Papier schreiben und dieses aufessen, dann würde er das Ganze behalten. Am nächsten Tag fragte ich ihn: Na, hast du's nun behalten? – Nein. – Ja, bist du denn etwa auf dem Klo gewesen? – Ja. – Na dann kannst du's ja auch nicht behalten haben!]

Zur Tiefenmessung war ebenfalls seit alters her das Lot gebräuchlich. Es bestand aus einem Bleigewicht, das an einer langen Messleine befestigt ist. Diese Messleine hatte in regelmäßigen Abständen Markierungen, die für einen bestimmten Tiefenwert stehen, so dass an Bord die Wassertiefe anhand der entsprechenden Markierung abgelesen werden konnte.

Das Bleigewicht hatte unten eine Öffnung, die mit Fett gefüllt wurde. Wenn das Lot am Meeresboden aufstieß, blieben daran Bodenproben haften, die zunächst einmal darüber Aufschluss gaben, dass das Lot auch tatsächlich bis zum Grund gelangt ist, doch auch darüber, welche Bodenbeschaffenheit am Grund vorherrscht. Das war deshalb wichtig, weil ein Lot bei nebliger Witterung in Küstennähe auch als Navigationshilfe eingesetzt wurde, um zu bestimmen, wo in etwa man sich befand, damit das Schiff nicht unversehens irgendwo auflief oder gegen Küstenriffe prallte.

Bis ins 19. Jahrhundert waren Sanduhren zwar auch an Land in Kirchen oder Universitäten gebräuchlich. In der Seefahrt jedoch wurden sie in großem Maße eingesetzt. Auf den Schiffen waren Sanduhren mit verschiedenen Zeiträumen üblich: 14-, 15- und 30-Sekunden; 15- und 30-Minuten; eine Stunde und sogar vier Stunden.

Davon war die Halbstunden-Sanduhr besonders wichtig. Mit ihr wurden die Wachen eingeteilt. Wenn die Sonne ihren höchsten Stand über dem Schiff erreicht hatte, was zwölf Uhr Bordszeit entsprach, wurde die Sanduhr nach jedem Durchlauf umgedreht. Diese halbe Stunde wurde auf der Schiffsglocke mit einem Schlag angegeben, bei zwei Durchläufen, also einer vollen Stunde, ertönte ein doppelter Glockenschlag. So wusste die Wache, dass nach acht Schlägen Wachwechsel war.[8]

Das Logbuch entwickelte sich im Lauf der Zeit zu einem rechtlichen Dokument, das Aufschluss über Schiff, Wetter, Kurs und besondere Vorkommnisse an Bord gab, so dass der Schiffseigentümer oder das jeweilige Marineoberhaupt später die gesamte Fahrt anhand der notierten Daten nachvollziehen konnte.

Je nach Kapitän kamen mehr oder weniger zusätzliche Anmerkungen zu den reinen Kurswerten hinzu, so dass manche Logbücher fast zu ausführlichen Journalen mit interessanten Details wurden.

Manche Kapitäne führten zwei Logbücher, wovon eines das offizielle, knappgehaltene war, während das andere ihr persönliches Reisejournal wurde. In Zeiten, wo Segelfahrten in ferne Kontinente noch so außergewöhnlich waren,

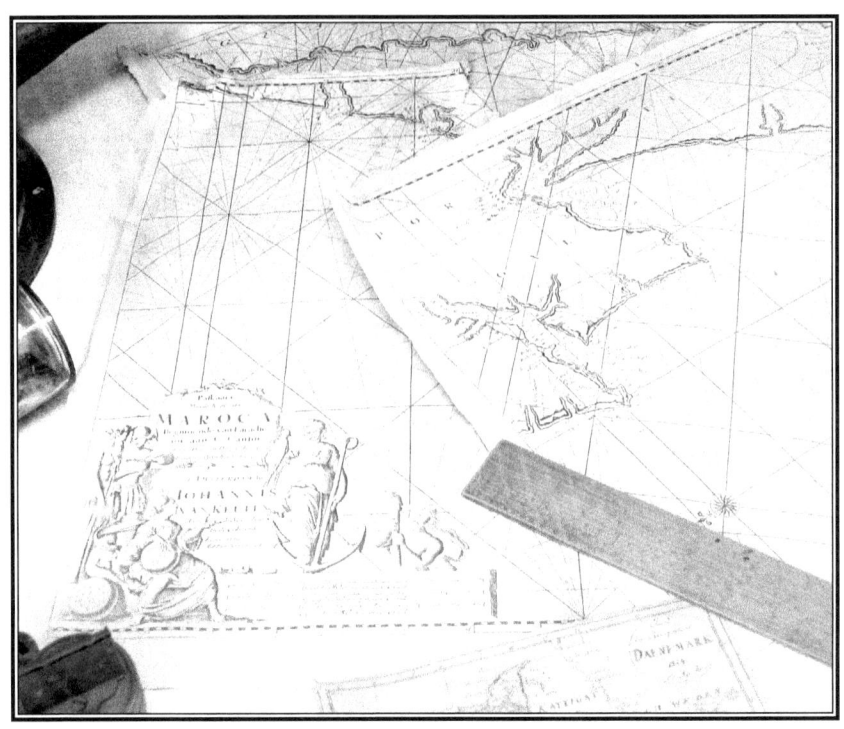

Historische Van-Keulen-Seekarten aus dem 18. Jh.: Marokko

dass nicht viele Zeitgenossen diese Reisen selbst unternehmen konnten, sich die fernen Orte mit eigenen Augen anzusehen, stießen Reiseberichte auf großes Interesse. Viele Kapitäne oder höhere Offiziere ließen ihre persönlichen Reiselogbücher später veröffentlichen.

Sehr berühmt waren die Reisebeschreibungen von William Dampier *A New Voyage Round the World*, 1697 erschienen und *A Voyage to New Holland* von 1709, die zahllose Leser in ihren Bann schlugen und den Abenteueraspekt an der Seefahrt schlechthin begründet haben dürften.

Navigationskenntnisse waren entscheidend darüber, ob man im Lager der einfachen Matrosen blieb oder in die Rangfolge der höheren Posten auf dem Schiff aufsteigen konnte. Gerade im 17. Jahrhundert war es für einfache Matrosen fast unmöglich, ohne entsprechend wohlwollende Förderung von zweiter Stelle in höhere Ränge zu gelangen, weil kaum einer der Männer imstande war zu lesen

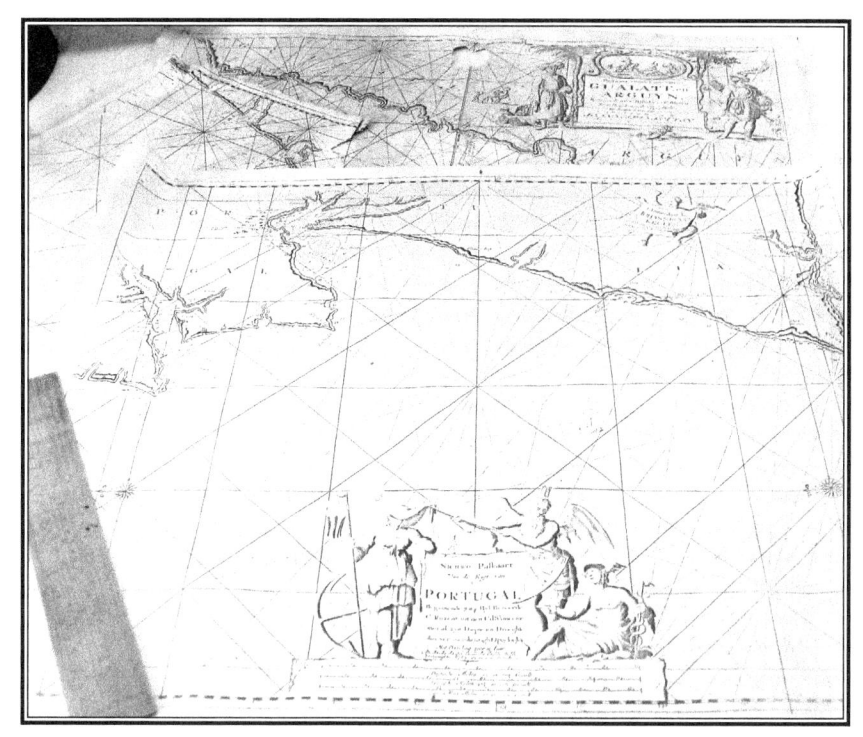

Historische Van-Keulen-Seekarten aus dem 18. Jh.: Portugal

oder zu schreiben. Von mathematischen Grundkenntnissen, die für Positionsberechnungen wichtig waren, ganz zu schweigen.
Die Kluft zwischen den Offizieren, die Navigationsschulen besuchten und weitere Vorbildung aus anderen Schulbesuchen mitbrachten, und den einfachen Matrosen, die zwar im Lauf der Zeit immer häufiger lese- und schreibfähig wurden, verhärtete sich, so dass es gerade in der britischen Marine kaum mehr Möglichkeiten gab, vom einfachen Matrosen in Offiziersposten aufzusteigen.

Umso deutlicher zeigt sich am Beispiel der Nordfriesen, was es ausmachte, wenn Seeleute ihren Fähigkeiten entsprechend gefördert wurden.
Seit dem 17. Jahrhundert waren nordfriesische Seefahrer für ihre guten Navigationskenntnisse so bekannt, dass sie ohne Schwierigkeiten auf holländischen, dänischen, deutschen und eigenen Schiffen in höheren Positionen eingesetzt wurden, und zwar als Kapitäne, Kommandeure und Offiziere. Dieser

Umstand geht auf Pastor Richardus Petri zurück, der in Nordfriesland wirkte. Selbst von der Seefahrt kommend, kannte er sich mit Navigation sehr gut aus und erteilte zahlreichen jungen Seeleuten der Gegend umsonst darin Unterricht. Seine Schüler mussten lediglich versprechen, ihrerseits den nachfolgenden Seeleuten ihre Kenntnisse weiterzugeben. [9]

Weit bis über die Landesgrenzen hinaus bekannt wurde der Navigationslehrer Okke Tückes von Wrixum auf Föhr. Ein ehemaliger Schüler von Pastor Petri, verfasste er 1713 ein Besteckbuch, das für die Seefahrer ein wertvolles Hilfsmittel wurde, sich auf dem offenen Meer zurechtzufinden. Für seine Verdienste um die Seefahrt erhielt er von der Stadt Amsterdam ein Jahresgehalt auf Lebenszeit.

Die Tradition, Navigationskenntnisse an jüngere friesische Seeleute weiterzugeben, setzte sich erfolgreich fort. Schließlich wurden zuerst auf Föhr und bald darauf auf Sylt Navigationsschulen gegründet, die schnell einen so guten Ruf hatten, dass von den Nachbarinseln und sogar vom Festland Ströme von Schülern kamen, um dort in den Wintermonaten Navigationsunterricht zu nehmen. Zu dieser Zeit kostete der Unterricht pro Tag und Schüler einen Schilling. [10]

Entlang der Ostseeküste gab es im 19. Jahrhundert eine ganze Reihe an Steuermanns- oder Vorbereitungsschulen, wo Matrosen sich nach einer vorgeschriebenen Fahrtzeit einschreiben konnten, um den so genannten 'Torfzettel' zu erwerben. Vorausgesetzt, man hatte das nötige Geld und auch den Willen, sich im Winter mit Navigation und anderen Lehrinhalten zu befassen. Solche Schulen waren etwa in Rostock, Wustrow, Barth oder Stralsund.

Was es bedeutete, ohne Navigationskenntnisse auf einem Schiff ziellos umherzusegeln, illustriert auf unfreiwillig komische Art die nachfolgende Geschichte der Piraten um Walter Kennedy im 18. Jahrhundert:
Die Männer hatten sich mit einem Schiff von den Piraten um Captain Bartholomew Roberts abgeseilt und wollten nach Irland segeln. Es stellte sich schon bald heraus, dass keiner an Bord auch nur die blasseste Ahnung hatte, wie man navigiert. Anstatt nach Irland trieb das Schiff an die Nordwestküste Schottlands. Die Piraten hatten längst jede Orientierung verloren und wussten nicht, wo sie sich überhaupt befanden.

*Skipper-Certificat
von 1852*

So blieb ihnen nichts anderes übrig, als bei der nächstmöglichen Gelegenheit an der Küste zu stranden, das Schiff aufzugeben und an Land zu gehen. Dabei hatten die Männer noch sehr viel Glück gehabt, dass sie nicht mitsamt dem Schiff an den Klippen zerschellt sind. [11]

Allein schon deshalb, weil Seeleute auf Wetter, Wind und Gestirne angewiesen waren, um der Seefahrt nachzugehen, sind gerade sie im Lauf der Jahrhunderte zu sehr genauen Beobachtern geschult worden. Sie haben gelernt, den Himmel, das Wasser und die Winde zu 'lesen', um die eigentlich unberechenbaren Elemente vorhersehbarer zu machen.

Der Franzose Jean Vertex, selbst von der Marine kommend, hat seinem Buch *La marine et son cœur* eine Sammlung Seemannsregeln beigefügt, die größtenteils Wetter, Gestirne und Winde betreffen. Sie alle sind in den Zeiten der großen Segelschiff-Fahrt entstanden.

Für die Sonne gelten neben vielen anderen folgende Regeln:

'*Soleil en lune*	Sonne im Mond
Vent et brume.	bringt Wind und Nebel.
Soleil à haubans	Sonne bei den Pardunen
Pluie et vents.' [12]	bringt Regen und Winde.

'*A son lever*	Große Sonne bei Sonnenaufgang:
Grand soleil: petit vent.	wenig Wind.
A son coucher	Kleine Sonne bei Sonnenuntergang:
Petit soleil: grand vent.' [13]	viel Wind.

Eine Seemannsregel für den Mond besagt:

'*Lune jaune et pisseuse:*	Bei pissgelbem Mond
Les mers seront pleureuses.' [14]	werden die Ozeane unleidlich.

Die Sterne sind Vorboten für gute und schlechte Änderungen:

'*Pluie d'étoiles tombant*	Ein Regen von Sternschnuppen
Grand vent.' [15]	bringt viel Wind.

'*Etoiles sans clarté*	Trübe Sterne
Dans un ciel sans nuages	im wolkenlosen Himmel
En hiver, en été:	winters wie sommers:
Attention à l'orage.' [16]	Achtung vor Gewitter.

'*Sirius obscure dans brouillard*	Sirius verdunkelt im Nebel
Mauvais temps sans retard.' [17]	bringt unverzüglich schlechtes Wetter.

Für die Winde haben sich folgende Wetterregeln eingestellt:

'*Noroît, balai du ciel*	Nordwest-Wind, Himmelsbesen
Beau temps suivra l'arc-en-ciel.' [18]	Schönwetter wird dem Regenbogen folgen

'*Si vent frais de nuit calmé*	Wenn in ruhiger Nacht frischer Wind
Est changé en forte gelée	in starken Frost umschlägt
Laquelle vient brouillard subitement	der sogleich als Nebel kommt
Sois assuré de mauvais temps.' [19]	ist schlechtes Wetter garantiert.

'Alizés de Nordé	Nordöstliche Passatwinde –
Plus beaux vents de la carte!	die schönsten Winde der Karte!
Leur donne son regret	Derjenige bedauert es
Celui qui s'en écarte.' [20]	der von ihnen abweicht.

Auch Wolken, Dunst und Nebel geben dem Seemann Auskunft über Winde und Wetter:

'Brume après gros temps	Dunst nach stürmischem Wetter
Retour du beau temps.' [21]	bringt schönes Wetter zurück.

'Brouillard dans la vallée	Nebel im Tal
Pêcheur fais ta journée	Fischer, mach' deinen Fang.
Brouillard sur le mont	Nebel auf dem Berg
Reste à la maison.' [22]	Bleib' bloß zu Haus.

'Nuée courant contre le vent	Eine Regenwolke, die gegen den Wind
N'est que pitance pour ce vent.' [23]	zieht, ist nur Nahrung für diesen.

'Nuages en globes séparés:	Einzelne Wolkenknäuel
Vents	bringen Winde.
Si en hiver, même apparence	Wenn die gleiche Erscheinung im
Neige s'avance.' [24]	Winter auftritt, gibt es Schnee.

Alle Seeleute, die in Herbst und Winter den stürmischen Elementen ausgesetzt und mit klammen Gliedern nördliche Gewässer besegelten, konnten davon wohl ein Lied singen:

'Mars et Novembre!...	März und November!...
On serait mieux	Man wäre besser
Dans une chambre	in einem Zimmer
Que sous les cieux.' [25]	als unter freiem Himmel.

In Richard Wossidlos Buch *Reise, Quartier, in Gottesnaam* kommen alte Seeleute zu Wort, die noch im 19. Jahrhundert auf Segelschiffen unterwegs waren. Auch diese Matrosen hatten zahlreiche Redewendungen und Regeln für das Wetter. Wenn sonntags um die Gottesdienstzeit herum starker Wind aufkam, sagten die Seeleute:

'Nu drifft de Preester den	Nun treibt der Priester den
Düwel [...] ut de Kirch rut,	Teufel aus der Kirche heraus
un denn toowt he de ganze	und dann tobt er die ganze
Woch up See rüm!'	Woche auf der See herum!

Bei gewaltigem Sturm hieß es unter anderem:

'*Unsern Herrgott is de Windbüdel räten*', oder:	Unserem Herrgott ist der Windbeutel gerissen.
'*Hüüt will de Düwel uns richtig danzen lihren.*' [26]	Heut' will der Teufel uns richtig tanzen lehren.

Unbeständiger Wind '*weit noch nich wo he sik fastbiten will. [...] Hüüt hett he den Kompass all rundümlopen.*' [27]

    [weiß noch nicht, wo er sich festbeißen soll. Heute hat der den
    gesamten Kompass umlaufen]

Tiere wurden als Wetterboten interpretiert:

'*Wenn de Tümmlers dicht bi't Schipp rümspringen, dann giff't dat slicht Wäder.*'	Wenn die Tümmler dicht am Schiff herumspringen, dann gibt es schlechtes Wetter.
'*Wenn de Kreihgen in de Nuurdsee uppe Rahs sitten gahn, gifft 't Storm*',	Wenn sich die Krähen in der Nordsee auf den Rahen niederlassen, gibt es Sturm

dasselbe gilt, wenn die Möwen '*in de Masten sitten.*' [28]

    [in den Masten sitzen]

Nordwinde kündigten sich mitunter so an:

'*Wi krigen nuurdlichen Wind, seggt de Madroos, denn beten em de Filzlüüs.*' [29]	Wir kriegen Nordwind, sagte der Matrose, dann beißen ihn die Filzläuse.

Sonne, Mond und Sterne wurden ebenso genau beobachtet wie der Himmel:

'*Ring üm de Maan Hett noch keenen Seemann wat daan. Krink üm de Sünn Helpt 'n Seemann von de Plünn.*' [30]	Ein Ring um den Mond Hat noch keinem Seemann was getan. Ein Kringel um die Sonne Hilft dem Seemann aus den Kleidern.

Von den Holländern stammte diese Regel:

'*Tri Tag na de nie Maan mutt de Wind West gahn, oder de Höll mutt basten.*'	Drei Tage nach Neumond muss der Wind nach West blasen, oder die Hölle muss bersten.

Der Wetterregel französischer Matrosen ähnlich ist ein kerniger Merksatz zu Sternschnuppen:

'Wo de Stierns henscheeten doon,   Wo die Sternschnuppen "fallen",
dor kümmt de Wind her.' [31]   da kommt der Wind her.

Zu den Winden gab es zahlreiche Verse. Darunter befinden sich diese:

'Ut Süden un ut'n Moors   Aus Süden und aus dem Hintern
Kümmt nicks Roors.   Kommt nichts Brauchbares.
Südost mit Rägen   Südost mit Regen
Wohrt dree Dag oder nägen'   Dauert drei Tage oder neun.

Doch Vorsicht war bei zu klarem Himmel geboten:

'Dat süht ut, as wenn een mit'n   Das sieht aus, als ob einer mit dem
Bessen an'n Himmel fägt hett: Besen den Himmel gefegt hätte:
Dat gifft Storm.' [32]   Das gibt Sturm.

Die Verse zeigen, wie einzelne Naturbeobachtungen im Zusammenhang mit bestimmten Wettererscheinungen interpretiert wurden, was in den Jahrhunderten ohne meteorologisch fundierte Wetterberichte den Seeleuten helfen sollte, die Elemente besser einzuschätzen.

Teil II

Meuterei

'Es gibt keine Gerechtigkeit oder Ungerechtigkeit an Bord des Schiffes, mein Junge. Es gibt nur zwei Dinge: Pflicht und Meuterei – merke dir das. Alles, was man dir aufträgt zu tun, ist Pflicht. Alles, was du dich weigerst zu tun, ist Meuterei.' [1]

Ein erfahrener Matrose zu einem jungen Rekruten auf einem Schiff der britischen Marine im 18. Jahrhundert.

Unglückliche personelle Konstellationen oder extreme Miss-Stände an Bord der Schiffe entluden sich über Jahrhunderte der Seefahrt hinweg als kleinere oder größere Meutereien, in denen das Maß der Unzufriedenheit von Matrosen aber auch Unteroffizieren meist blutige Konsequenzen mitsichbrachte.
Im extremsten Fall endete eine solche Revolte damit, dass der Kapitän und einige Offiziere dabei zu Tode kamen und das Schiff in die Gewalt der Aufständischen geriet.

Der Begriff 'Meuterei' ist insofern problematisch, als dass darunter – je nach subjektiver Beurteilung eines Kapitäns – Vergehen von kleinerer Tragweite bis hin zu wirklich gewaltigen Revolten fallen.
Mancher Kommandeur sah bereits in einer übellaunigen Äußerung eines Matrosen meuterhaftes Benehmen; bei anderen Kapitänen war eine Meuterei erst dann gegeben, wenn entsprechende Komplotte aufgedeckt werden konnten, oder aber tatsächlich eine Revolte losgebrochen war.

Gleich problematisch verhält es sich mit dem Begriff 'Streik' [2] in Verbindung mit Matrosen. Diese mildere Form des Widerstands brachte manchem Seemann unter einem strengen Schiffsoberhaupt empfindliche körperliche Bestrafungen mit der Peitsche ein, weil auch streiken oftmals als offene Meuterei eingestuft und entsprechend geahndet wurde.
Streiken kennzeichnete für viele Kapitäne den Beginn rebellischer Aktionen, in

deren Verlauf das Schiff unter die Kontrolle der Matrosen gelangen sollte. Doch nicht nur zwischen Streik und Meuterei war ein sehr schmaler Grat abgesteckt, Meuterei und Piraterie wurden ebensooft als gleichwertig eingestuft und gewöhnlich gleich hart bestraft: mit dem Tod.

Captain John Parker notierte ins Logbuch der *Gorgon* am 20. März 1792, als er mit seinem Schiff am Kap der Guten Hoffnung vor Anker lag: '*Vom holländischen Schiff Vreedenburgh sind 10 Piraten an Bord gekommen, die zu His Majesty's Ship Bounty gehören [...]*' [3]

Mit 'Piraten' waren die zehn überlebenden Meuterer gemeint, die als Gefangene den Schiffbruch der *Pandora* am Barrier Reef vor der australischen Ostküste überlebt hatten. Sie sollten von Captain Edwards nach England gebracht werden, um sich wegen der Meuterei auf der *Bounty* vor dem Marine-Gericht der Admiralität zu verantworten.

Bevor er im Auftrag der Admiralität die Meuterer der *Bounty* dingfest machen sollte, hatte Captain Edwards 1781 auf der *Narcissus* in den Gewässern vor der Nordküste Amerikas im letzten Augenblick das Komplott zu einer Meuterei entdeckt. Die fünf Drahtzieher wurden gehängt, zwei Mitläufer mit jeweils 200 und 500 Hieben ausgepeitscht.

Gründe für Revolten an Bord der Schiffe gab es zahlreiche. Oftmals waren sie das Ergebnis von brutaler Unterdrückung und schlechter Behandlung der Matrosen durch Kapitäne oder leitende Offiziere. Oder aber die Seeleute entdeckten, dass sie mit einem nicht seetüchtigen Schiff auf hohe See geschickt werden sollten, was im günstigsten Falle erschöpfende Extraschichten an der Schiffspumpe einbrachte und im schlimmsten Fall schlichtweg Tod durch Schiffbruch bedeutete.

Auch Einsparmethoden unter der Besatzung resultierten in offenen Meutereien, weil wenig Crewmitglieder die Arbeiten von fehlenden Arbeitskräften zusätzlich zu ihren ohnehin schon Kräfte zehrenden Aufgaben erledigen mussten. Zu schlechte und unzureichende Verpflegung, bei der die Seeleute weder leistungsfähig noch gesund blieben, waren Ursachen, genauso wie Vertragsbrüche bei der vereinbarten Heuer. Neben diesen Punkten gab es allerdings auch jenen, ans schnelle Geld zu gelangen – Meutereien waren ein Weg in die Piraterie.

Von 60 Revolten auf Kriegs- und Handelsschiffen zwischen 1700 und 1750, die der britischen Admiralität gemeldet wurden, mündeten 19 in Piraterie. [4]

Meutereien ereigneten sich eher selten auf kürzeren Routen, sondern hauptsächlich auf Reisen mit langen Seewegen nach Indien, Afrika, ins Mittelmeer oder nach Amerika.

Das liegt daran, dass Meutereien nicht plötzlich von einem Moment auf den anderen losbrachen, sondern vielmehr die Antwort auf mehrere, schon längere Zeit schwelende Unstimmigkeiten waren, die sich schließlich zur offenen Revolte hochgeschaukelt haben.

Dem Ausbruch ging gewöhnlich ein Komplott von mehreren Besatzungsmitgliedern voraus, wobei sich der Kern der Meuterer oft um eine Person gruppierte, die allgemein als Anführer akzeptiert wurde. Im Lauf der Zeit kamen schließlich immer mehr Matrosen dazu, die die Sache unterstützten oder zumindest versprachen, sich zum Zeitpunkt des Umsturzes neutral zu verhalten. Meuterer schworen sich einen Treueeid, zusammenzustehen bis zum letzten Blutstropfen. Dieser Eid wurde häufig von einem Schriftstück untermauert, das als *Round Robin* bezeichnet wird. Ein solches Papier sah etwa folgendermaßen aus: '*Sie nehmen ein großes Blatt Papier und zeichnen darauf zwei Kreise, einen viel größeren um einen innenliegenden kleineren. In den inneren Kreis schreiben sie hinein, was sie vorhaben zu tun; und zwischen die beiden Kreislinien schreiben sie ihre Namen, [...] die sie so anordnen wie die Haupthimmelsrichtungen auf dem Kompass, genau gegenüberliegend zueinander; und so fahren sie fort, bis das Papier gefüllt ist; so dass alles kreisförmig aussieht und keiner als der Erste ausgemacht werden kann. Somit sind alle gleichermaßen schuldig. Das soll wohl dazu dienen, dass sie alle ihrem Schwur treu bleiben, sobald sie ihn unterzeichnet haben; und wenn das Ganze entdeckt wird, kann sich keiner hinausreden, indem er vorgibt, er sei der Letzte gewesen, der unterzeichnet habe und dass er dies ohne große Überzeugung tat.*' [5]

James Man, Kapitän des Handelsschiffs *Happy Return*, änderte auf hoher See die ursprüngliche Route, um mehr Profit aus der gesamten Fahrt herauszuholen. Daraufhin wuchsen die Spannungen zwischen ihm und seiner Crew beträchtlich. Kapitän Man bemerkte bald, dass die Stimmung am Umkippen war, als sein Befehl, den Anker zu lichten nicht befolgt wurde. Die Matrosen entgegneten ihm stattdessen, sie würden ihn nicht daran hindern, wenn er dies selbst tun wolle. Ein Matrose schlug sogar vor, dass die Crew mit dem Schiff hinsegeln solle wohin es ihr gefalle.

Von soviel Unverschämtheit aufgebracht, schnappte James Man: "*Was, ohne mei-*

nen Befehl?" Richard Dyer, der Zweite Maat und Anführer der Revolte, antwortete scharf: *"Wir legen keinen Wert auf Ihre Befehle."* Andere Matrosen der *Happy Return* bekräftigten, sie wollten *'zu Dyer halten und einer wie der andere ihm beistehen bis zum letzten Tropfen ihres Blutes.'* [6]

Kapitän Nathaniel Uring bemerkte, dass sich auf seinem Schiff etwas zusammenbraute. Seine Matrosen hatten vor, Piraten zu werden. In der aufgeheizten Stimmung an Bord rechnete der Kapitän jeden Augenblick mit einer ausbrechenden Meuterei. Daher behielt er ständig seine geladene Pistole bei sich, die er nachts sogar unter sein Kopfkissen legte.

Eines Morgens schließlich rief Uring seine gesamte Crew zusammen und verlangte von jedem Mann die Herausgabe des Schlüssels zu ihren Seekisten, wo er hoffte, den Round Robin der Rädelsführer zu finden. Uring startete bei einem Matrosen, den er verdächtigte, Urheber der ganzen Sache zu sein – dieser Mann war vorher Waffenmeister gewesen. Der Kapitän hatte ihn jedoch wegen Nachlässigkeit und Ungehorsam von seinem Posten entfernt.

Uring zog seinen Hut und verbeugte sich provokativ vor dem Mann, den er ironisch mit 'Captain' ansprach. Er fragte ihn, ob er wohl einen Blick auf den Round Robin werfen dürfe. Der ehemalige Waffenmeister antwortete mit einem verächtlichen Lachen, woraufhin der Kapitän ihm mit seinem Stock ein paar heftige Backpfeifen verpasste, so dass dem Mann das Blut aus den Ohren herausfloss.

Einige andere Männer versuchten, aufsässig zu sein, doch Kapitän Uring, der sich zwar der Gefahr bewusst war, unter Umständen im nächsten Moment über die Reling ins Meer befördert zu werden, quittierte jede weitere freche Äußerung mit empfindlichen Stockhieben.

Schließlich trat einer der Matrosen vor, der angeben konnte, wo sich das Schriftstück befand.

Es stellte sich heraus, dass weniger als die Hälfte der Crew die Petition unterschrieben hatte. Diejenigen, die Uring mit dem Stock geschlagen hatte, waren unter den Namen auf dem Dokument. Ebenso jedoch auch andere Männer, von denen der Kapitän niemals gedacht hätte, dass diese zu einem solchen Akt fähig seien.

Der Rest der Reise verlief ruhig und geordnet, weil die Männer befürchteten, der Kapitän könnte sie daheim wegen versuchter Piraterie vor das Marine-Gericht stellen. [7]

Laut damals geltendem Marine-Artikel XIX der britischen Marine wäre dies für die betreffenden Männer in der Tat höchst brenzlig ausgegangen. Der Artikel ist ziemlich eindeutig, was Meuterer erwartet:

'*Jede Person auf der Flotte, ob zur Crew zugehörig oder nicht, die – unter welchem Vorwand auch immer – versucht, eine Meuterei zu beginnen oder vorzubereiten, dafür überführt und vor dem Marine-Gericht als schuldig befunden wird, erhält die Todesstrafe.*' [8]

Ein anderes Strafmaß, das auf Schiffen der britischen Marine verhängt wurde, war *flogging round the fleet*.

Erstmals 1698 praktiziert, wurden damit zwei Unteroffiziere bestraft, die eine Meuterei geplant hatten und dabei ertappt worden waren. Sie wurden dazu verurteilt, '*ihrer bis dahin fälligen Löhne verlustig zu gehen und jeweils sechs Peitschenhiebe von jedem Schiff zwischen Rochester und Gillingham zu erhalten.*' [9]

Ein solcherart Verurteilter wurde auf einem Boot an einer Staffelei festgemacht. Von jedem Schiff der Flotte kam nacheinander jeweils der Bootsmannsmaat auf dieses Boot, um jene sechs Peitschenhiebe zu verabreichen. Die überlieferten Beispiele dieser Bestrafung zeigen, dass insgesamt oft über hundert Schläge dabei zusammenkamen, was den Mann an der Staffelei für sein Leben gezeichnet ließ.

1587 kam es auf Francis Drakes Flotte zu einer offenen Meuterei. Die Ursachen waren unzureichende Verpflegung und daraus resultierende Arbeitsunfähigkeit der Matrosen.

Die Meuterer klagten: '*Behandelt uns wie Menschen, und lasst uns nicht vor Hunger sterben, denn unsere Ration ist so gering, dass wir davon nicht länger überleben können. Wenn vorher drei oder vier unserer Männer eine Arbeit erledigten, so braucht man nun mindestens zehn dafür, weil unsere miserable Verpflegung und das verdorbene Trinken kaum in der Lage sind, uns bei Kräften zu halten und wir schwächer und schwächer werden [...] Was ist ein Stück halbpfündiges Rindfleisch für vier Männer zum Abendbrot, oder ein halber getrockneter Stockfisch für vier Tage die Woche mit nichts weiter als [...] das bisschen Trinken (etwa verdorbenem Wein), das schlechter ist als Wasser von der Schiffspumpe. Wir wurden von unserer Königin in ihren Dienst gepresst mit dem Versprechen, unsere Ration zu erhalten und nicht solcherart behandelt zu werden; hier werden wir nicht zu Männern sondern zu Bestien gemacht.*' [10]

Die Meuterer, die von Drakes Schiffen desertiert waren, wollten unter keinen Umständen auf seine Flotte zurück. Drake verurteilte die Anführer der Meuterei in ihrer Abwesenheit zum Tod durch Hängen.

In der Zeit von Königin Elizabeth I war die Verpflegungssituation auf den Schiffen der britischen Marine tatsächlich extrem schlecht.
Das kam daher, dass die Geldbeträge, die für die Marine und unter anderem auch für die Versorgung der Matrosen bereitgestellt worden waren, durch korrupte Verwaltungsbeamte veruntreut wurden. Sie entschädigten sich für ihre eigenen Dienste, die sie als nicht ausreichend vergütet empfanden. So traf es am Ende die Matrosen der Marine, für die kaum mehr Geld übrig war, damit sie ordentlich verpflegt werden konnten oder ihre Heuer ausbezahlt bekamen.
Auf der Flotte starben die Männer geradezu weg wie die Fliegen wegen der katastrophalen Versorgung und Epidemien, die sich auf den Schiffen breitmachten. Unter diesen Umständen war es eher ein Glücksfall, dass die spanische Armada mit ausgehungerten und von Krankheit geschwächten Matrosen besiegt werden konnte.

Zwischen 1602 und 1628 kam es auf Schiffen der holländischen Ost-Indien-Kompagnie VOC zu sechs größeren Meutereien.
Eine davon ereignete sich 1621 auf der *Witte Beer*, eine andere 1615 an Bord der *Meeuwtje*, die übergriff auf die *Grote Maen*. Die beiden letzten Schiffe gehörten zu einer Flotte, die westwärts um Kap Hoorn in Richtung Indonesien segeln sollte. Noch im Atlantik wollten 14 Männer der *Meeuwtje*, angeführt von einem Matrosen und einem Schiffszimmermeister, das Schiff in ihre Gewalt bringen. Das Komplott flog vorher auf und die beiden Hauptschuldigen wurden gehängt.Die anderen Meuterer wurden auf die verschiedenen Schiffe der Flotte verteilt, weil sie Reue wegen der Verschwörung gezeigt hatten.

    Drei Monate später gab es eine zweite Meuterei auf der *Meeuwtje*. Diesmal wurden die Drahtzieher der Meuterei über Bord geworfen, so dass sie im offenen Meer ertranken. Die anderen Beteiligten blieben erneut vor härteren Strafen verschont. Bald kam ein Sturm auf, der die Schiffe auseinanderriss, so dass die *Meeuwtje* alleine segelte. Eine dritte Meuterei brach aus, die diesmal erfolgreich war. Die rebellischen Matrosen segelten nach La Rochelle, übergaben das Schiff dort den Franzosen und verschwanden in alle Himmelsrichtungen. Nur einer der Meuterer war so unvorsichtig, wieder in die holländischen Provinzen einzureisen, wo er schließlich gefasst und als einziger für die Meuterei bestraft wurde.

Die Gründe dafür, dass auf VOC-Schiffen häufig Meutereien ausbrachen, waren brutale Behandlung und schlechte Bezahlung von Matrosen und Soldaten der Schiffsbesatzungen und die entsetzlichen Bedingungen an Bord der Handelsschiffe, bei denen die Männer zusammengepfercht auf engstem Raum monatelang in stickigen, kaum belüfteten und dunklen Zwischendecks hausen mussten, dem unweigerlichen Ungezieferbefall und rasch um sich greifenden Krankheiten ausgesetzt.

Nachdem Meutereien überhand zu nehmen drohten, verschärften die Holländer die Strafen für Meuterer ab 1615 empfindlich. Das übliche Strafmaß betrug ab da 200 Peitschenhiebe auf den nackten Rücken, wobei dem Delinquenten vorher der Rücken mit Salzwasser übergossen wurde, bevor er die Hiebe erhielt.[11] Dabei trieben die Peitschenhiebe das Salz tief in die Wunden, was die Pein dieser Strafe um ein vielfaches vergrößerte.

Bei einem derartig zu Brei geschlagenen Rücken blieben Narbengebilde zurück, die ein Mann fürs Leben behielt.

Ernstere Fälle von Meuterei wurden entweder damit geahndet, den Delinquenten von der Rah ins Wasser zu stoßen oder mit Kielholen.

Bei der ersten Bestrafung wurden dem Matrosen beide Hände auf dem Rücken gefesselt und ein langes, festes Seil um beide Handgelenke gewickelt. Seine Füße mit Bleigewichten beschwert, wurde der Mann aus einer Höhe von etwa 12 bis 15 Metern ins Meer gestoßen und darin untergetaucht, bis das Seil spannte. Der plötzliche Ruck in dem Moment, wenn das Seil sich spannte, reichte meist aus, dem Verurteilten beide Arme aus den Schultergelenken auszukugeln und schlimmstenfalls sogar beide Arme und Handgelenke zu zerschmettern. Der solcherart Verletzte wurde wieder aus dem Wasser gezogen und anschließend noch zwei weitere Male von der Rah gestoßen, dann ebenso ausgepeitscht.[12]

War das Vergehen so schwerwiegend, dass Von-der-Rah-ins-Wasser-stoßen als zu milde empfunden wurde, über Bord ins offene Meer werfen oder Hängen jedoch auch nicht angemessen schien, sahen ernstere Fälle von Meuterei drei Mal Kielholen als Strafe vor. Hierbei wurden dem Delinquenten die Arme über dem Kopf gefesselt und seine Füße zusammengebunden. Ein langes Seil, unter den Kiel des fahrenden Schiffes geführt, wurde mit den Enden an den gefes-

selten Armen und Beinen des Mannes befestigt. Man gab ihm noch einen Schwamm zum Draufbeißen zwischen die Zähne, bevor er von einer Längsseite des Schiffes unter Wasser zur anderen Seite durchgezogen wurde.
Bei den ersten Malen, als diese Strafe verabreicht wurde, führte sie fast immer zum Tod des Gefesselten. Entweder wurde er von den spitzen Muschelablagerungen an der Schiffswand in Stücke zerschnitten oder seitlich beim Aufprall auf den Schiffsrumpf enthauptet.
Eine ausgefeiltere Methode des Kielholens sah vor, den Verurteilten in eine Art Bleirüstung zu stecken, so dass er zwar nicht an der Schiffswand zerstückelt wurde, doch der Terror, dabei zu ertrinken – insbesondere in Zeiten, wo nicht jeder Matrose schwimmen konnte – blieb bestehen. [13]

So, wie Marineartikel XIX und *flogging round the fleet* in der britischen Marine das Thema Meuterei regelten, beinhalteten die *Institutions of Wisbuy*, die das Handelsgesetz festlegten, zahlreiche Artikel, Handelsschiffen Schutz vor ihren Besatzungen zu gewährleisten. Einige davon lauteten:
'*Wer gegen den Kommandeur eines Schiffs das Schwert zieht oder mutwillig den Kompass manipuliert, soll mit der rechten Hand an den Masten genagelt werden.*
Wer sich aufrührerisch verhält, wird mit Kielholen bestraft.
Wer sich der Rebellion oder Meuterei schuldig macht, soll über Bord geworfen werden.' [14]
Auch hier hatte ein Kapitän laut Dienstanweisung das Recht, Crewmitglieder bereits beim bloßen Verdacht eine Meuterei anzuzetteln, in Ketten zu legen. Das gleiche galt, wenn Matrosen sich zu rebellischen Äußerungen hinreißen ließen.

Chronisch schlechte Zustände an Bord der englischen Schiffe führten im Frühling 1797 in Spithead und am Anlegeplatz der Nore zu zwei großausgelegten Streiks, die als politisch radikalisierte Meutereien in die Annalen der Admiralität eingingen. [15]
Die Revolten begannen in Spithead, wo sich die aufgebrachten Matrosen kollektiv weigerten, die Anker zu lichten und damit die gesamte Kanal-Flotte blockierten.
Seit 1653 war die Heuer der Matrosen nicht erhöht worden; die geringe Bezahlung, die sie erhielten, reichte nicht aus, ihre Familien zu erhalten.
Außerdem sollte die Verpflegungssituation an Bord der Schiffe verbessert werden, so dass frische Vorräte an Fleisch und Gemüse auf den Teller kämen, wenn die Schiffe mit der Besatzung im Hafen vor Anker lagen.
Kranke Matrosen oder solche, die berufsunfähig verletzt wurden, sollten besser

versorgt werden. Außerdem forderten die Matrosen Landgang, wenn die Schiffe im Hafen vor Anker lagen. Matrosen der britischen Marine durften wegen der hohen Desertionsgefahr nicht von den Schiffen gehen, solange sie zum Dienst zwangsverpflichtet waren. Das bedeutete unter Umständen, dass die Männer monatelang, bis hin zu über einem Jahr nicht von den Schiffen herunterkamen.

Admiral Lord Howe verhandelte mit den Meuterern und versprach, ihnen in den meisten Punkten entgegenzukommen. Außerdem garantierte er den Matrosen, dass dieser Aufstand keine negativen Folgen für die Beteiligten haben würde. Dieser Erfolg führte kurz darauf zu der zweiten, noch größeren Meuterei am Anlegeplatz der Nore, die sich rasch auf die gesamte Nordsee-Flotte ausbreitete. Hier forderten die Matrosen weitgreifendere Änderungen: neben Landgang sollten auch sie Anteile der erkaperten Kriegsbeute erhalten, einige Marine-Artikel geändert und wegen ihrer Brutalität berüchtigte Offiziere von den Schiffen entfernt werden. Diesen Punkt unterstrichen sie damit, dass sie ihrer Petition eine Liste beifügten, auf denen die Namen zahlreicher befehlshabender Offiziere aufgeführt waren, die wegen ihres tyrannischen Verhaltens einen allgemein schlechten Ruf unter den Matrosen hatten.

Interessant ist in diesem Zusammenhang, dass der Name von Captain William Bligh nicht darauf auftauchte – der Mann, der in dieser Zeit auf Schiffen der britischen Marine als Kapitän fungierte, vorher als befehlshabender Lieutenant die Meuterei auf der *Bounty* überlebt hatte und Jahrzehnte später zum Tyrannen per se stilisiert werden sollte.

Diesmal jedoch schleuste die Admiralität Spione unter die streikenden Matrosen ein, um deren Drahtzieher ausfindig zu machen und weitere Pläne der Aufständischen auszukundschaften.

Mit strategisch eingesetzter Gewalt konnte daraufhin das Ganze niedergeschlagen werden. Die Hauptdrahtzieher wurden gehängt, ausgepeitscht oder in die Strafkolonien transportiert. Ein Punkt jedoch besserte sich – Admiral Lord Howe entfernte die meistgehassten Offiziere aus ihren Posten.

Die versprochenen Änderungen der anderen Punkte, die die Matrosen in Spithead eingefordert hatten, ließen allerdings noch knapp zwanzig Jahre auf sich warten. Landgang wurde von vornherein nicht zugewilligt.

Im neunzehnten Jahrhundert tauchen verschiedene Meinungen dazu auf, ob eine Meuterei gebilligt werden könne oder nicht; und wenn ja, unter welchen Umständen eine solche Revolte strafmildernd zu betrachten sei.

1831 erschien *The Eventful History of the Mutiniy and Piratical Seizure of H.M.S. Bounty* von Sir John Barrow (1764 - 1848), der 40 Jahre im Dienst der britischen Marine zugebracht hatte, wo er als Zweiter Sekretär der Admiralität fungierte. Dieser Mann war die treibende Kraft hinter zahlreichen Expeditionen in die Arktis, Antarktis und nach Afrika.
Seine Meinung dazu, wie das Thema behandelt werden sollte, ist deutlich:
'*Wenn es einreißt, dass Meuterei als nicht so schwerwiegend betrachtet wird, wäre das ein gewaltiger Schlag; nicht nur gegen die Disziplin, sondern gegen jede Existenz der Marine; jegliche Laxheit darin, Personen, die der Meuterei schuldig sind, empfindliche Strafen zu verpassen, würde die Effizienz dieser großen und mächtigen Instanz schwächen und letztlich zerstören. Genausowenig ist es angebracht, die Bestrafung von Meuterei abzumildern.*' [16]

Offensichtlich war es zu einer Debatte darüber gekommen, Meuterei unter verschiedenen Blickwinkeln zu betrachten, wobei auch die Beweggründe dafür eine Rolle gespielt haben dürften. Damit war man auf dem Weg, von einer starren Schwarz-weiß-Situation abzukommen, die jahrhundertelang nur den Straftatsbestandteil anerkannte.
Ein bekannter Autor von Segelliteratur des 19. Jahrhunderts, Richard Henry Dana Jr. erklärte 1841 in seinem *The Seaman's Friend*:
'*In all' diesen Fällen von Revolte – Meuterei, Vorsatz dazu, eine solche anzuzetteln oder den Kapitän zu übermannen – muss daran erinnert werden, dass diese Akte entschuldbar sind, wenn sie aus Gründen begangen wurden, die das Ganze ausreichend rechtfertigen.*' [17]

Nachfolgend werden zwei Fälle von Meuterei geschildert, die beide noch heute Rätsel darüber aufgeben, warum sie sich überhaupt ereigneten.
Man kann im persönlichen Umfeld der beteiligten Hauptakteure nach möglichen Ursachen recherchieren und mit diesen Ergebnissen hochinteressante Spekulationen aufstellen – die überlieferten Dokumente zu jenen beiden Meutereien jedoch geben keine eindeutige Aussage zu den Gründen.

Die Batavia

| Die Batavia |

'... *Bei Gott, das Schiff Batavia, vollbeladen mit Waren vom Heimatland in Richtung Indien, kam am 4. Juni 1629 von seinem Kurs ab, bei hellem Vollmond, in südlichen Gewässern bei 28 $^1/_3$ Grad, und ist in Stücke zerborsten an den trockenen Riffen Houtmans; der Kommandeur Francisco Pelsaert, der Skipper desselben Schiffs, Kapitän Jacobsz, der Steuermann und mehrere andere Offiziere, insgesamt 48, darunter zwei Frauen und ein Kind von drei Monaten, sind hier am 7. Juli im Boot des besagten Schiffes angekommen und berichteten, dass der Rest der Leute, 250 Seelen, darunter 30 Frauen und Kinder, auf gewissen kleinen Inseln zurückgelassen wurden, an denen sich die Wellen bei hoher See brechen, etwa 24 bis 30 Meilen vom Kontinent entfernt.*
Sie befinden sich in äußerster Not, im Begriff, in kürzester Zeit an Durst und Hunger zu sterben; woraufhin der Kommandeur Pelsaert die verzweifelten Leute zurückließ und am Ende entschied, nach Batavia zu kommen, und was alles weiterhin daraus resultierte, möchten Eure Exzellenz freundlichst seinem geschriebenen Bericht entnehmen.
      Den 15. Juli darauffolgend, wurde das Schiff Sardam mit dem Kommandeur Pelsaert zurückgeschickt, in der Hoffnung, einige Leute zu retten und Waren zu bergen, wovon offenbar eine Kassette mit Schmuckstücken im geschätzten Wert von 20.409,15 Gulden auf die Inseln geschafft wurde, und vier Geldtruhen mit schwimmenden Markierungen versehen worden sind.
Welche Befehle Kommandeur Pelsaert erhalten hatte, möchten Eure Exzellenz aus beiliegendem Schreiben vom 15. Juli 1629 ersehen. Er ist bis jetzt noch nicht zurückgekehrt, möge Gott dafür Sorge tragen, dass er erfolgreich ist. [...]
      Der Skipper selbst hatte Wache als das Schiff auf Grund lief, in einer Gegend, die seines Erachtens so weit vom Festland entfernt ist, dass man nicht Ausschau halten müsste und so hielt er die Gischt der See für den Widerschein des Mondes. Angemessene Maßnahmen wurden gegen den Skipper ergriffen, aber das dürfte von geringem Trost für die Compagnie sein, bei solch' einem prächtigen Handelsschiff, reichbeladen mit 250 Tausend Gulden Bargeld sowie Handelswaren und Lebensmitteln, das so sorglos gesteuert worden war und damit so viele arme Seelen in Todesgefahr brachte; möge der Allmächtige den Schaden der Compagnie wieder gutmachen und möge er den unglücklichen, verzweifelten Menschen helfen.' [1]

Als Antonio van Diemen dieses Schreiben verfasste, konnte noch niemand in Batavia (dem heutigen Jakarta auf Indonesien) ahnen, dass der Verlust des reichbeladenen Handelsschiffes bei weitem noch nicht das gesamte Ausmaß des Unglücks absteckte. Das Ganze war erst der Auftakt zu einer der schrecklichsten Geschichten von Meuterei, Mord und Plünderei, die die Annalen der Seefahrt hergeben.

Herbst 1628: Der Handel der holländischen Provinzen mit Indonesien blühte. Einige reiche Händler in den aufstrebenden Städten Amsterdam, Middelburg, Delft, Hoorn und Enkhuizen hatten sich schon längere Zeit zur Handelsvereinigung VOC (*Verenigde Oost-indische Compagnie*) zusammengeschlossen, mit der sie sich am Gewürzmarkt im Indischen Ozean sehr Gewinn bringend behaupteten.
In regelmäßigem Turnus waren für sie ganze Flotten von Handelsschiffen auf den Seestraßen unterwegs. So auch am 28. Oktober, als von Texel bei Amsterdam mehrere Handelsschiffe mit Ziel Batavia in See stachen.
Unter ihnen befand sich die gerade vom Stapel gelaufene *Batavia*, reichbeladen mit Geld, Gold, Handelsgütern, Proviant für die etwa neun Monate dauernde Überfahrt und insgesamt 332 Leuten.

Neben der Schiffsbesatzung an Matrosen und Soldaten waren viele Passagiere unterschiedlichster Stände an Bord: darunter Frauen und Kinder von Offizieren oder höheren Matrosen, aber auch ganze Familien. Ebenso die neunköpfige Familie des Predigers Gijsbert Bastiaensz und die junge Ehefrau eines in den indonesischen Kolonien tätigen Kaufmanns der VOC aus dem Patrizierstand, Lucretia Jansz [2] mit ihrer Zofe Zwaantje.
Oberbefehl über das Schiff und die gesamte Flotte [3] hatte Francisco Pelsaert, der sich als leitender Kaufmann bereits viele Jahre erfolgreich im Dienst der VOC bewähren konnte. Ihm unterstellt war Ariaen Jacobsz, der als Kapitän auch bereits längere Zeit für die VOC zur See ging.
Allerdings war es 1627 zwischen Pelsaert und Jacobsz in Surat zu einer heftigen Auseinandersetzung gekommen, was der Skipper noch nicht vergessen hatte. Damals noch auf gleichem Rang befindlich, war Pelsaert jedoch inzwischen aufgestiegen und hatte nun überraschend Jacobsz unter sich, der ihm gegenüber noch grollte.
Zu den Unterkaufleuten gehörte ein neueingestellter Kaufmann, Jeronimus Cornelisz, der zuvor Apotheker in Haarlem gewesen war.

Zwischen Cornelisz und dem Kapitän entwickelte sich rasch eine feste Freundschaft, so dass die beiden Männer häufig zusammensteckten.

Jacobsz hatte auf die hübsche Mitreisende Lucretia Jansz ein Auge geworfen und begann, sie unablässig zu umwerben. Diese wies den Skipper jedoch freundlich ab. Viele Wochen später bedrängte Jacobsz Lucretia Jansz so aufdringlich, dass sie ihn nun unmissverständlich in seine Schranken verweisen musste.

Daraufhin wechselte Jacobsz zu Lucretia Jansz' Zofe Zwaantje, bei der er für jedermann erkennbar schon bald mehr Erfolg hatte. Nachdem diese offen ausgelebte Beziehung aber jedes damals für sittlich geltende Maß sprengte, dauerte es nicht lange, bis der Skipper erste Unstimmigkeiten mit Pelsaert bekam.

Den Gipfel erreichte das Ganze jedoch erst, als die *Batavia* am 14. April 1629 am Kap der Guten Hoffnung anlegte, um einige Vorräte an frischen Lebensmitteln zu laden.

Während Pelsaert an Land in Geschäftsverhandlungen war, entfernten sich Cornelisz, Jacobsz und Zwaantje ohne Erlaubnis des Hauptkaufmanns in einem Ruderboot vom Schiff, um den anderen holländischen Schiffen, die dort ebenfalls vor Anker lagen, einen Vergnügungsbesuch abzustatten. Dabei betrank sich Jacobsz, so dass er sich im Rausch zu ausschreitenden Beschimpfungen herbeiließ und Handgefechte mit fremden Besatzungsmitgliedern anfing.

Wie Pelsaert schließlich auf die Batavia zurückkam, häuften sich bereits die Beschwerden von den anderen Schiffsbesatzungen über das Benehmen seines Kapitäns. Der Kommandeur maßregelte den Skipper daraufhin so energisch, dass sich dies wie ein Lauffeuer auf dem gesamten Schiff verbreitete.

Damit war der Wendepunkt erreicht, der für alle Menschen an Bord Folgen haben sollte. Henrietta Drake-Brockman bemerkt dazu: 'Ariaens unlautere Leidenschaft für Lucretia und seine nachfolgend unvernünftige Liaison mit Zwaantje, genährt von seinem Hass auf Pelsaert, setzte [...] eine entsetzliche Sequenz von Vorfällen in Gang, die damit endeten, dass [einige Monate später] Jeronimus Cornelisz diktatorisch Macht ergriff und nun seinerseits Lucretia Jansz, gegen ihren Willen, in Beschlag nahm.' [4]

Über die Maßregelung des Hauptkaufmanns war der Skipper dermaßen erbost, dass er Cornelisz anvertraute: '*Bei Gott, wenn die* [anderen] *Schiffe nicht hier wären, würde ich wohl so an ihn herangehen, dass er die nächsten acht bis vierzehn Tage nicht mehr aus seiner Koje herauskriechen könnte; aber ich schwöre, sobald wir hier ablegen, werden wir bald von den anderen Schiffen weit genug entfernt sein, und dann bin ich mein eigener Herr.*' [5]

Der Plan, eine Meuterei gegen Pelsaert anzuzetteln, gefiel dem Unterkaufmann Cornelisz, der bald zum einflussreichen Kopf der Verschwörer avancierte.

Als die *Batavia* vom Kap den Gewässern des Südlichen Ozeans entgegensegelte, arbeiteten Cornelisz und der Kapitän ihren Plan in größerem Detail aus. Sie mussten einen Weg finden, neben einem Großteil der Matrosen auch die der VOC loyalen Offiziere auf ihre Seite zu ziehen.
Da kam ihnen ein glücklicher Umstand zur Hand: Pelsaert erkrankte schwer an Malaria, die er sich von einem seiner früheren Aufenthalte in Indonesien zugezogen hatte und blieb wochenlang an seine Koje gefesselt.

In dieser Zeit ungestört, gewannen beide noch einige Männer mehr, jedoch nicht genug, um den Umsturz Erfolg versprechend umsetzen zu können. Die Hoffnung, dass Pelsaert etwa sterben könnte und somit das Kommando automatisch an Cornelisz als Ranghöchsten fällt, zerschlug sich zuletzt, als der Hauptkaufmann am 13. Mai 1629 unverhofft wieder an Deck erschien.

Cornelisz und Jacobsz planten deshalb, Pelsaert zu einer überstürzten Handlung zu provozieren, die ihn bei Matrosen und Soldaten ungerecht erscheinen ließe und ihnen somit mehrere Anhänger für ihre Sache einbrächte.
Sie beschlossen, Lucretia Jansz in der Nacht überfallen zu lassen, worauf Pelsaert gezwungenermaßen hätte handeln müssen.
Die ahnungslose Frau wurde am 14. Mai, als sie vom Abendessen an Deck kam, von mehreren maskierten Männern überwältigt, in eine Ecke geschleift und mit einem Gemisch aus Teer und Kot im Gesicht und am Körper beschmiert.
Sie erkannte zwar einen der beteiligten Männer, den Bootsmann Jan Evertsz an der Stimme und konnte Pelsaert somit den entscheidenden Hinweis geben, wer letztendlich dahintersteckte. Doch der Kaufmann blieb wider Erwarten ruhig, notierte sich das Ganze ins Logbuch und beschloss, bis Batavia zu warten und erst dort dem General-Gouverneur alle Vorfälle zu melden. Er ahnte bereits, dass er provoziert werden sollte: ihm war nach der Rückkehr an Deck nicht entgangen, dass sich etwas zusammenbraute. Daher wollte er eine Revolte möglichst vermeiden.
Außerdem segelte die *Batavia*, die sich noch bis zum Kap der Guten Hoffnung in Gesellschaft anderer Handelsschiffe befunden hatte, nun alleine.
Durch unterschiedliche Schiffstypen und -größen war es zunächst nicht ungewöhnlich, dass eine Gruppe von Schiffen mit der Zeit auseinandergerissen wurde und die Schiffe sich voneinander entfernten.

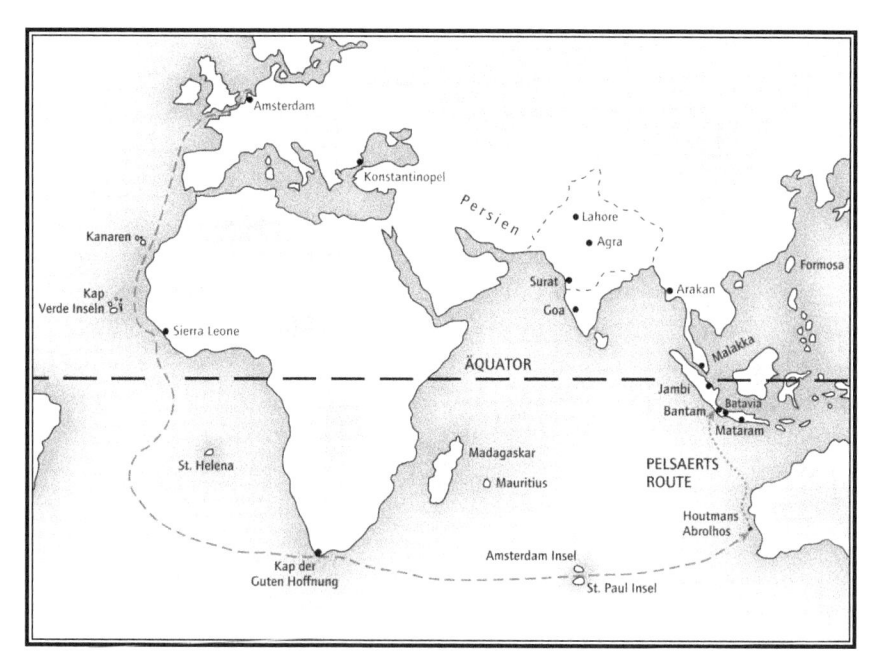

Reiseroute der Batavia und Pelsaerts Route

Bei der *Batavia* jedoch geschah dies seit dem Kap mit einkalkulierter Absicht von Kapitän und Bootsmann. Eine Meuterei hatte beste Aussichten auf Erfolg, wenn kein Begleitschiff zur Stelle war, dessen Besatzung im Notfall dagegen einschreiten könnte.

Während Cornelisz und Jacobsz den Kreis ihrer Rebellen weiter vergrößerten, näherte sich die *Batavia* mit vollen Segeln den Gewässern Australiens, das in dieser Zeit noch *terra incognita* war.
Im Wasser lauern weitreichende, tückische Korallenriffe, die auch noch anderen Schiffen zum Verhängnis werden sollten.
Das Korallenarchipel der Houtmans Abrolhos[6], bei dem die *Batavia* am 4. Juni kurz nach drei Uhr früh unerwartet auf Grund setzte, war in dieser Zeit nur vom Hörensagen bekannt. Die Inseln waren noch nicht einmal auf den Seekarten eingezeichnet, so dass niemand 50 Meilen[7] von der Westküste Australiens entfernt, auf dem offenen Meer mit ihnen rechnete.

Der heftige Ruck riss die Leute an Bord sofort aus dem Schlaf und sie strömten an Deck. Pelsaert informierte sich sogleich über die Lage des Schiffes, das unglücklicherweise so fest in einem Korallengraben steckte, dass nichts mehr zu machen war. Die Längsseite der *Batavia* lag zudem der starken Strömung ausgesetzt, so dass sich beständig heftiger Wellengang an ihr brach. Das führte dazu, dass einige Tage später der Rumpf in der Mitte auseinanderbrach.

So schnell dies möglich war, wurden nacheinander mehrere Bootsladungen von Leuten auf die einige Hundert Meter entfernte Beacon Island übergesetzt, die für die gestrandeten Leute groß genug war und sich dem Wrack am nächsten befand.

In der Panik sprangen einige Matrosen ins Wasser, um zur Insel hinüberzuschwimmen. Von der starken Strömung erfasst, ertranken sie jedoch augenblicklich.

Die unwirtliche Lage, in der die Gestrandeten sich befanden, war schnell deutlich: Die Insel war staubtrocken, nahezu ohne Vegetation und ohne Süßwasser. Auf den Nachbarinseln gab es Buschwerk und Dickicht.

Kommandeur Pelsaert musste rasch handeln. Zwar befanden sich im Wrack noch Proviant an Essen, Wein und Süßwasser, doch es war dringend Hilfe vonnöten, sonst würde jeder Einzelne am Ende schließlich verhungern oder verdursten.

8. Juni 1629: Nach einigen Vorbereitungen verließ Pelsaert in einem Beiboot der *Batavia* mit etwas Proviant, dem Kapitän, dem Bootsmann, ausgesuchten Matrosen und einigen Passagieren – insgesamt mit 48 Mann – die Abrolhos. Er wollte versuchen, das Festland Australiens zu erreichen, um dort nach Wasser zu suchen, das den Gestrandeten gebracht werden könnte.

Nachdem er an der Westküste jedoch kaum genug Süßwasser für die Bootsinsassen finden konnte, beschloss er mit den Leuten im Boot, das über 1200 Meilen entfernte Batavia anzusteuern und von dort ein Rettungsschiff zu schicken.

Inzwischen wurden per Ruderboot Wasserfässer und Nahrungsmittel aus dem Wrack auf die Insel befördert, sowie Segeltuch, Takelage, Waffen, Handelsgüter und Wein. Die Gestrandeten fischten von der Strömung angeschwemmte Fässer mit Lebensmitteln aus dem Meer und beförderten sie auf die Insel.

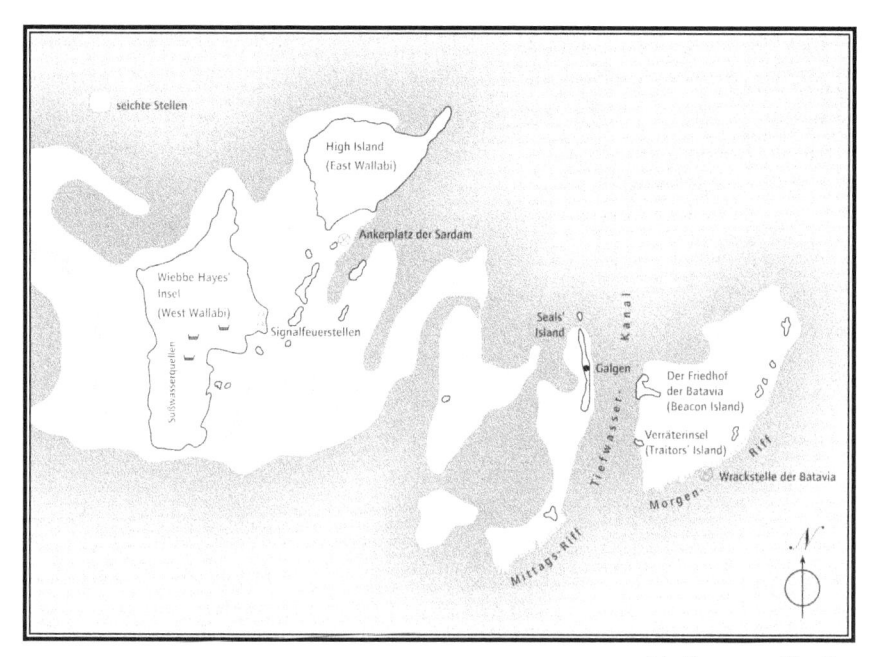

Die Houtmans Abrolhos

Cornelisz, der bis zum letzten Moment mit randalierenden Crewmitgliedern auf dem Wrack geblieben war, hatte derweil einen großen Kreis an Matrosen und einigen Soldaten aus den unterschiedlichsten Rängen stammend um sich scharen können. Der Zweite Kaufmann hatte außerdem bereits geplant, *'wenn ein Schiff kommt, um uns zu retten, sollten wir es überwältigen, zu Piraten werden und nach Spanien segeln [...] Die Crew des Rettungsschiffs sollte an Land kommen, wo sie betrunken gemacht würde, so dass sie leicht zu töten sei und das Schiff übernommen werden könnte.'* [8]

Mit den engsten Vertrauten bildete er einen Inselrat und beschloss, die Überlebenden auf der Insel in drei Gruppen aufzuteilen. Zwei davon wurden auf andere Inseln übergesetzt, um dort nach Süßwasser zu suchen, mit dem falschen Versprechen, ihnen hinterher Wasser und Proviant zu bringen.
Tatsächlich aber hatte Cornelisz vor, die Leute auf ihren Inseln verhungern und verdursten zu lassen. Die Gruppen, die ihrem Schicksal überlassen werden

sollten, bestanden vor allem aus VOC loyalen Soldaten und Offizieren, also derjenigen Personengruppe, die Cornelisz' Plan in die Quere kommen konnte und einigen Frauen, darunter einer Hochschwangeren, Kindern und Bootsjungen. Die Rebellen sahen in ihnen nur nutzlose Esser, die deren eigene Rationen schmälerten.

Keiner der Schiffbrüchigen, die nicht zu Cornelisz' Kreis gehörten, ahnte zu diesem Zeitpunkt etwas vom Vorhaben des Zweiten Kaufmannes, dem alle ausgeliefert waren. Als nun ranghöchster Bediensteter der VOC war es für die Überlebenden selbstverständlich, dass Cornelisz oberste Befehlsgewalt hatte und sie vertrauten darauf, dass er diese so einsetzt, ihr aller Leben zu erhalten. Daher verwunderte es auch keinen, als nur noch von Cornelisz ausgewählte Leute Zugang zu den Waffen, zum Ruderboot und den inzwischen aus Planken gefertigten Flößen hatten und dass Essen und Wasser strengstens rationiert wurden.
Während jedoch alle Überlebenden, die nicht zum Umkreis der Rebellen gehörten, bei wesentlich geringeren Rationen hungern und dursten mussten, lebten Cornelisz und seine Männer großzügiger: *'Gott sandte die Nächte des 9. und 10. Juni, einen heftigen Regen [...] wovon sie sehr viel Wasser sammeln konnten; und nachdem sie* [die angetriebenen Wasser- und Weinfässer][...] *aus dem Wasser gefischt hatten, hätten sie leicht allen Leuten über längere Zeit hin drei Becher Wasser und zwei Becher Wein geben können, hätte sie nicht der Teufel auf Abwege geführt.'* [9]

Unter den verbliebenen 130 bis 140 Gestrandeten auf Beacon Island befanden sich noch immer viele Leute, die der VOC loyal waren oder für den Umsturz nicht in Frage kamen. Cornelisz wollte diese Leute loswerden.

Da begann im Juli das Morden.

Zunächst ließ Cornelisz öffentlich unschuldige Opfer hinrichten, die er zuvor im engsten Kreis mit seinen Vertrauten ausgesucht hatte. Ihnen wurden willkürlich Vergehen vorgeworfen, etwa, dass sie Proviant entwendet hätten. Der Zweite Kaufmann *'täuschte die Leute, indem er vorgab, Pelsaert selbst hätte das Morden angeordnet. Seinem engsten Vertrauten Davidt Zevanck sagte er, er solle dies unter die Leute bringen, damit sie gehorsamer seinen Befehlen folgten.'* [10]
Andere Opfer mussten unter dem Vorwand sterben, sie den anderen Gruppen zur Unterstützung bei der Wassersuche zu schicken: sie wurden auf halbem

Wege gefesselt ins Meer geworfen und ertränkt.

Als einige Tage darauf von einer der Inseln die abgesprochenen Signalfeuer für Süßwasserquellen auflodertern, versuchten zwei kleinere Gruppen von Gestrandeten auf notdürftig zusammengebauten Flößen zunächst zu den Überlebenden auf der benachbarten Seals Island überzusetzen. Die dort Zurückgelassenen hatten ohne Proviant überlebt, indem sie angelten, Seelöwen und Möwen erjagten und Regenwasser sammelten.

Im letzten Augenblick entdeckte Cornelisz beide Gruppen, ließ sie von seinen Männern zurückholen und auf weit hörbaren Befehl vor den Augen aller anderen noch am Strand mit Schwertern erschlagen. Unter den Opfern befanden sich zwei Kinder, drei Frauen und mehrere Soldaten.

Damit wurde allen, die nicht zur Gruppe um Cornelisz gehörten, augenblicklich klar, dass sie einem Mörder und seinen Anhängern ausgeliefert waren; dass die vorangegangenen Hinrichtungen nur willkürlich vollstreckte Todesurteile gewesen waren und dass es keinen Schutz vor diesen bewaffneten Henkern gab.

In dieser Not liefen aus nackter Überlebensangst einige Soldaten und Matrosen zu Cornelisz über – sie nahmen jedoch, da Cornelisz ihnen nicht traute, die untersten Ränge seiner Gruppe ein und mussten ständig ihre Loyalität entweder mit speziellen Mordaufträgen oder anderen Proben beweisen.

Unter ihnen war Hans Hardens, ein Soldat aus Dithmarschen, der zusammen mit seiner Ehefrau und der sechsjährigen Tochter zu den Gestrandeten auf der Insel gehörte.

Am 8. Juli ließ Cornelisz das Mädchen Hilletgien von seinen Männern strangulieren, während Hardens und seine Frau ahnungslos mit ihm in seinem Zelt saßen; am 28. Juli schließlich kamen die Männer erneut, um nun auch Anneken, die Ehefrau des Soldaten zu töten. Sie wurde mit ihrem Haarnetz erdrosselt.

Cornelisz und seine Männer bedienten sich an den geretteten Waren vom Schiff. Darunter waren neben wertvollem Schmuck und Geld auch viele Ballen mit *Laken*, einem feingewebten Wollstoff, aus denen sie sich pompöse Uniformen anfertigten, die mit Tressen, Bändern und Borten üppig verziert wurden.

Alle anderen dagegen lebten mit dem Terror, neben Hunger und Durst jederzeit um das eigene Leben fürchten zu müssen.

Hatten die Morde anfangs noch bei hellichtem Tage stattgefunden, so wurden sie nun in der Nacht verübt, während die Opfer verängstigt zu schlafen versuchten. Wer erkrankte, unterschrieb damit sein Todesurteil; ebenso, wer irgendwie Aufmerksamkeit auf sich zog. Nach und nach fielen immer mehr Inselbewohner Cornelisz' Männern zum Opfer.

Seine Schergen, auf dem Schiff zumeist aus den untersten Rängen stammend, fanden Gefallen an der neugewonnenen Macht, die ihnen ihr Status nun verlieh.

Der Zweite Kaufmann beschloss, wer sterben musste und wer von seinen Anhängern den Auftrag auszuführen hatte; oft schickte Cornelisz auch aus einer Laune heraus seine Männer, das eine oder andere Opfer zu ermorden.

Abends am 10. Juli fiel die Wahl auf drei Inselbewohner: Passchier van Ende, Kanonier; Jacop Hendricxsz, Schiffszimmermeister und einen kranken Schiffsjungen.

Zu viert ermordeten Cornelisz' Männer als ersten den Kanonier; bei Jacop Hendricxsz zerbrachen sie zunächst zwei Messer beim Versuch, den Mann durch mehrere Stiche in die Brust zu töten – was misslang. Darauf stachen die Mörder ihm mehrmals in den Hals, wobei erneut zwei Messer kaputtgingen; schließlich töteten sie ihr Opfer, indem sie ihm mit dem Teilstück eines kaputten Messers die Kehle durchschnitten. Zuletzt ermordeten sie noch den erkrankten Schiffsjungen.

Die Gestrandeten, die den Mördern ohnmächtig ausgeliefert waren, bekamen nun brutal zu spüren, wenn die Rebellen auch ohne ausdrücklichen Tötungsbefehl loszogen und aus Langeweile oder perverser Lust am Blutrausch sich willkürlich ein wehrloses Opfer aussuchten, dem sie den Schädel einschlagen oder die Kehle durchschneiden konnten. Am Leben blieb nur, wer sich noch als nützlich erweisen konnte oder einfach Glück hatte.

Kaum besser erging es sechs Frauen, die die Rebellen als ihr persönliches Freiwild hielten: *'Cornelisz schrieb einige Regeln nieder, auf die die Frauen einen Eid ablegen mussten, wenn sie am Leben bleiben wollten; dass sie den Männern gegenüber alles gehorsam erfüllen mussten, was diese von ihnen wünschten.'* [11]

Auch Lucretia Jansz war darunter, die Cornelisz für sich allein beanspruchte und damit gewinnen wollte, indem er sie zu Essen und Wein in sein Zelt einlud und sich ihr gegenüber feinsinnig gab. Sie wies ihn jedoch wochenlang zurück, so dass er schließlich einen seiner engsten Vertrauten zu ihr schickte, *'der Lucretia mit dem Tode oder Massenvergewaltigung drohte, sollte sie Cornelisz nicht nachgeben.'* [12]

15. Juli 1629: Der Zweite Kaufmann befahl seinen Männern, von den 45 Gestrandeten, die wider Erwarten auf der Nachbarinsel Seals Island überlebt haben, alle außer die Frauen zu töten.
Den Mördern entkamen acht Soldaten, die sich rechtzeitig auf die nächstentfernte Insel zu Wiebbe Hayes' Gruppe retten konnten und einige Schiffsjungen, die sich im Dickicht der Insel versteckten.
Am 18. Juli in der Nacht kamen Cornelisz' Männer erneut. Sie ermordeten nun auch die Jungen und Frauen im Schlaf.

Auf Wiebbe Hayes Insel erfuhren die Soldaten und Matrosen inzwischen vom Massaker auf Seals Island. Wiebbe Hayes beriet sich mit allen Männern, da nun auch sie mit einem Angriff rechnen mussten.
Es gab zwar keine Waffen zur Verteidigung, doch die Männer waren in der Überzahl und besser genährt. Sie hatten auf ihrer Insel Süßwasserquellen, konnten Fischen, Vogeleier sammeln und neben Seelöwen auch reichlich Wallabies zum Essen erjagen. Die Insel lag etwas erhöht, was einen guten Ausblick auf den seichten Meeresbereich vom Strand bis hin zur Nachbarinsel Seals Island bot. Außerdem gab es viel Dickicht zum Verschanzen. Die Männer verschwendeten keine Zeit und bauten sich notdürftig Waffen aus scharfkantigen Korallen und angespitzten Ästen. Wachposten wurden stationiert.

21. Juli 1629: Cornelisz lud den Prediger Gijsbert Bastiaensz und dessen älteste Tochter Judick abends unter einem Vorwand zu sich ins Zelt.
Die neunköpfige Familie des Predigers war zu diesem Zeitpunkt noch unbeschadet am Leben. Doch der Zweite Kaufmann hatte sieben seiner Männer zum Zelt des Predigers geschickt und *'wie sie eintraten, nahm Davidt Zevanck die Laterne und sagte: Hier wurden versteckte Waren der Compagnie gemeldet, nach denen wir suchen und die wir auch finden werden. Damit wurde die Laterne gelöscht'* [13] und mit Äxten erschlugen sie die Ehefrau, die vier Söhne und zwei Töchter des Predigers. Anschließend plünderten die Mörder noch das Zelt und nahmen sogar den Kessel mit, in dem Robbenfleisch über dem Feuer köchelte.
Von diesem Mordauftrag nicht genug, zogen die Männer weiter und suchten sich noch zwei weitere Opfer.

Einer junge Frau, Mayken Cardoes, deren halbtotes Baby in der Nacht zuvor stranguliert worden war, weil sich Cornelisz vom Wimmern des Säuglings gestört fühlte, spalteten sie zu zweit den Schädel. Aris Jansz, der der Assistent des Schiffsarztes auf der *Batavia* gewesen war, wollten sie am Strand mit ihren Schwertern töten, doch Aris gelang es, seinen Mördern im seichten Wasser verletzt zu entkommen. Vom Wasser aus konnte er sogar eines der Floße losmachen und zu Wiebbe Hayes' Insel fliehen.

Dort erfuhren die Soldaten und Matrosen nun das ganze Ausmaß des Terrors. Jetzt wussten sie auch, warum die Signalfeuer unbeantwortet blieben.

Nach der Mordnacht verbot Cornelisz dem Prediger unter Todesandrohung, um seine ermordete Familie zu trauern. Außerdem musste er dem Unterkaufmann einen Treueeid [14] schwören. Judick wurde mit einem der Hauptrebellen zwangsvermählt.

Bastiaensz schrieb Monate später: *'Den ganzen Tag über konnte man sie pöbeln hören: Wer will 'was auf die Rübe?, so dass wir alle damit rechneten, im nächsten Moment ermordet zu werden [...] und so lebten meine Tochter und ich wie der Ochse vor dem Schlächterbeil. Jede Nacht sagte ich meiner Tochter, dass sie am nächsten Morgen nachsehen müsse, ob ich ermordet worden sei. [...] Sie verboten mir zu beten und zu predigen. Die meiste Zeit saß ich lesend am Strand, und dann pflückte ich einige Gräser die dort wuchsen, doch ich hatte weder Essig noch Öl dafür; zwei Monate lang hatte ich weder Brot noch Reis gegessen. Ich war so schwach, dass ich kaum aufstehen konnte, doch ich musste die kleinen Boote, mit denen sie hinausfuhren, an Land ziehen oder von Strand wegstoßen; und jeden Tag hieß es: Was sollen wir mit ihm machen? Einer wollte mich köpfen, der andere vergiften [...] und ein dritter meinte: Lasst ihn noch einige Tage am Leben, wir könnten ihn dazu gebrauchen, die Leute von der anderen Insel zu überreden, zu uns hinüberzukommen.'* [15]

Cornelisz plante bereits mit seinen Männern, Hayes' Gruppe anzugreifen. Sollte Pelsaert Batavia erreicht haben, müsste jederzeit mit einem Rettungsschiff zu rechnen sein. Solange jedoch Wiebbe Hayes und seine Männer noch am Leben waren, würde der Plan, die Schiffsbesatzung zu überwältigen, fehlschlagen.

23. Juli 1629: Cornelisz forderte Wiebbe Hayes in einem Schreiben auf, alle Männer auszuliefern, die zu ihm geflohen waren; sie hätten sich der Meuterei schuldig gemacht und müssten bestraft werden. Der junge Bote aus Cornelisz' Kreis, der den Brief überbrachte, wurde sofort gefangengenommen.

Drei Tage später schickte Cornelisz zwanzig seiner treuesten Rebellen, Hayes und seine Männer, die zusammen etwa 54 Mann zählten, anzugreifen. Hayes' Wachposten entdeckten die Angreifer schon von weitem, als sie sich im seichten Wasser der Insel nähern wollten.
Im Dickicht lag bereits alles bewaffnet auf der Lauer. Wie die Rebellen den Strand erreichten, stürzten sämtliche Männer auf sie zu. Nach kurzer Kampfhandlung kapitulierten die Angreifer trotz ihrer Waffen vor der Übermacht von Hayes' besser genährten Männern und flüchteten.
Auf keiner Seite gab es Tote.

5. August 1629: Cornelisz' komplette Bande versuchte erneut, Hayes' Männer zu unterwerfen. Dieses Mal erreichten sie nicht einmal mehr den Strand, als sie noch im knietiefen Wasser von Hayes' Truppen vertrieben wurden. Auch hier kam niemand zu Tode.

Auf Beacon Island spitzte sich die Lage immer mehr zu: Selbst für Cornelisz' Männer ging der Proviant langsam zur Neige; die Regenfälle, die zumindest für einige knappe Trinkwasservorräte gesorgt hatten, blieben aus.
Cornelisz versuchte einen Handel mit Wiebbe Hayes. Er schickte am 1. September den Prediger Bastiaensz als Vermittler, ein Tauschgeschäft anzubieten. Cornelisz wollte Stoffballen und Wein gegen Trinkwasser und Nahrungsvorräte eintauschen.

2. September 1629: Hayes akzeptierte das Angebot, doch er warnte seine Männer, auf der Hut zu sein.
Im seichten Wasser, mehrere hundert Meter von Hayes' Insel entfernt, standen sämtliche Rebellen aufgereiht und beobachteten, wie Cornelisz sich Hayes und seinen Männern mit fünf seiner engsten Vertrauten als Geleitschutz und der Tauschware näherte.
Cornelisz wollte versuchen, Hayes im Gespräch abzulenken, indessen sollten seine Leibwächter sich unter Hayes' Soldaten mischen und sie bestechen.
Doch die Männer reagierten rasch und konnten Cornelisz und seine Leibgarde festnehmen. Einzig einem, Wouter Loos, gelang im Handgemenge die Flucht.
Das Ganze ging so schnell, dass die wartenden Rebellen keine Zeit hatten,

rechtzeitig einzugreifen. Um allerdings jeden Tumult sofort im Keim zu ersticken, ordnete Wiebbe Hayes an, die gefangengenommenen Männer außer Cornelisz noch vor den Augen der Rebellen zu töten.

Ihres Anführers und der besten Männer nun beraubt, zogen sich die Rebellen augenblicklich zurück.

Auf Beacon Island wurde Wouter Loos zum neuen Anführer gewählt. Zu diesem Zeitpunkt waren ohne Hayes' Männer insgesamt noch 47 Personen am Leben: 31 Rebellen, sechs Frauen, zehn Männer – darunter einige Jungen.

17. September 1629: Loos und seine Bande attackierten Hayes' Männer erneut. Während beide Seiten sich gegenseitig in Schach hielten, tauchte plötzlich das Rettungsschiff, die *Sardam*, mit Pelsaert und 28 Mann Besatzung auf.

Der Kaufmann und seine 47 Bootsinsassen hatten am 7. Juli nach knapp einem Monat auf offener See buchstäblich mit dem letzten Tropfen Süßwasser Batavia erreicht.

Kapitän und Bootsmann wurden sofort dem General-Gouverneur vorgeführt und ins Gefängnis gesteckt. Der Bootsmann erhielt für den Überfall auf Lucretia Jansz die Todesstrafe am Galgen.

Bereits am 15. Juli stachen Pelsaert und die Besatzung der *Sardam* ins Meer mit Kurs auf die Houtmans Abrolhos. Der Kommandeur hatte genaue Anweisungen vom General-Gouverneur erhalten, neben den Gestrandeten so viel wie nur irgend möglich von der Schiffsladung der *Batavia* zu bergen, wofür extra einheimische Perlentaucher mit an Bord geschickt wurden.

Ungünstige Winde und nur eine ungefähre Positionsbestimmung des Korallenarchipels führten dazu, dass das Rettungsschiff im Zick-Zack-Kurs fahren musste und erst eineinhalb Monate später am Ziel eintraf.

Als Hayes und die Rebellen das Schiff bemerkten, begann ein Wettlauf mit der Zeit: Wiebbe Hayes wollte mit einigen seiner Offiziere den nichtsahnenden Pelsaert vor den Aufrührern warnen – ein Boot von Rebellen indes ruderte eilig auf die *Sardam* zu, um sie zu kapern.

Nur um Minuten waren Hayes und seine Männer schneller. Wie die bewaffneten Rebellen an Bord kamen, ließ Pelsaert sie augenblicklich in Ketten legen.

Noch am selben Tag begannen die Verhöre der an Bord gefassten Männer. Cornelisz wurde vorgeführt und ebenfalls verhört.

Die restlichen Aufrührer auf der Insel gaben schnell auf und wurden in Ge-

wahrsam genommen. Nun kamen auch Zeugenaussagen der Überlebenden zu Protokoll.
Pelsaert notierte fassungslos in sein Journal: '[...] *An diesem Tag begann ich nach und nach zu begreifen – durch Befragungen und freie Geständnisse – welch ein gottloses Leben dort geführt wurde.*' [16] Zusammenfassend schrieb er am 28. September 1629: '[...] *aus ihren Geständnissen und den Zeugenaussagen aller Überlebenden*' erfuhren wir, '*dass sie mehr als 120 Personen – Männer, Frauen und auch Kinder – ertränkt, ermordet und auf alle erdenklichen Arten von Grausamkeit zu Tode gebracht hatten.*' [17]

Als das gesamte Ausmaß der Morde und der daran beteiligten Personen offengelegt war, wollte Pelsaert jedes Risiko einer erneuten Revolte bei 32 festgenommenen Rebellen vermeiden.
Er begründete dies im gleichen Schriftstück: '*Ich habe den Schiffs-Rat zusammengerufen [...] und vor die Frage gestellt, ob diejenigen, gegen die unschuldig vergossenes Blut nach Vergeltung schreit, nach Batavia und vor den dortigen General-Gouverneur gebracht werden sollen, oder ob man sie hier mit dem Tod bestrafen, als ein Exempel für Andere, um mögliche Schrecken zu vermeiden, die auf dem Schiff durch solche Männer wie Jeronimus und seine Komplizen entstehen könnten. Denn einige sind bereits von dem üblen Lebenswandel abgestumpft, während andere erst ein wenig von diesem Gift in sich aufgenommen haben, so dass sie leicht gänzlich durch die geborgenen Reichtümer unserer Obersten Herren korrumpiert werden könnten. Deshalb wäre es nicht ohne Gefahr für das Schiff und die Ladung, in See zu stechen mit so vielen korrumpierten und halbkorrumpierten Männern an Bord.*' [18]
Die Urteile wurden noch an Ort und Stelle gefällt, um bald danach die Hauptschuldigen hinzurichten. Am 2. Oktober errichteten die Schiffszimmerleute auf Seal's Island die Galgen für Cornelisz und seine schlimmsten Anhänger. [19]

Auf Drängen der Mitverurteilten kam Jeronimus Cornelisz als erster an den Galgen, nachdem ihm beide Hände abgehackt worden waren. Die Delinquenten wollten sichergehen, dass ihr ehemaliger Anführer nicht etwa im letzten Moment verschont bliebe.
Jan Hendricxsz von Bremen, Lenart Michielsz van Os, Mattys Beijr von Munsterbergh und Allert Janssen von Assendelft wurde vor dem Hängen jeweils die rechte Hand abgehackt. Rutger Fredericx von Groeningen, Andries Jonas von Luyck und Jan Pelgrom de Bye von Bemel sollten die Todesstrafe am Galgen erhalten, wobei Pelgrom im letzten Augenblick von Kommandeur

Pelsaert aufgrund seines jungen Alters begnadigt wurde. Er ist stattdessen auf der Rückfahrt nach Batavia zusammen mit Wouter Loos am 16. November 1629 an der Westküste Australiens ausgesetzt worden.

Als die *Sardam* am 5. Dezember 1629 in Batavia eintraf, kamen die restlichen Rebellen zunächst ins Gefängnis, bis ihre Sache vom General-Gouverneur entschieden wurde. Am 31. Januar 1630 erhielten neun die Todesstrafe: acht am Galgen, einer durch Rädern. Andere wurden ausgepeitscht und für drei Jahre außerhalb von Batavia ins Exil geschickt, was kaum einer von ihnen überlebt haben dürfte. Ein Matrose bekam nach dem Auspeitschen ein Brandzeichen als Meuterer. Der Skipper Ariaen Jacobsz gestand trotz wiederholter Folter keine Details zu der geplanten Meuterei auf der *Batavia*, so dass er nicht überführt werden konnte. Er verstarb vermutlich im Gefängnis in Batavia.

Von 332 Menschen, die in Holland an Bord der Batavia gegangen waren, wurde dies für 216 Männer, Frauen und Kinder eine Reise in den Tod. Mike Dash kommt in *Batavia's Graveyard* zu dem Ergebnis, dass von drei Personen im Schnitt zwei zu Tode kamen, womit der Prozentsatz an Todesopfern knapp höher liegt als dreihundert Jahre später beim Schiffbruch der *Titanic*. [20]

Francisco Pelsaerts Journale mit allen Berichten zur *Batavia* und sämtlichen Prozessakten erreichten Amsterdam im Juli 1630. Die Herren XVII, wie die obersten Herren der VOC auch genannt wurden, waren davon überhaupt nicht erbaut. Sämtliche Mühen, die der Kommandeur auf sich genommen hatte, die Gestrandeten zu retten, soviel Frachtgut wie nur möglich aus dem Wrack des Schiffs zu bergen und zusammen mit dem Schiffs-Rat die Prozesse der Hauptschuldigen noch auf den Abrolhos zu Ende zu bringen – all dies konnte ihn vor den Herren XVII in kein milderes Licht rücken.
Ihm allein wurden in der Folge die Verantwortung [21] für das verlorene Schiff und die Schuld an den Geschehnissen auf den Abrolhos zugeschoben. Der Hauptkaufmann sollte jedoch davon nichts mehr erfahren:
Pelsaert kämpfte bereits an Bord der *Sardam* wieder mit Malariaschüben, von denen er sich in den folgenden Monaten nur kurzzeitig wieder erholte. Im Juni 1630 erkrankte er erneut und diesmal endgültig. Nach langer Krankheitsdauer verstarb er Mitte September im Alter von 35 Jahren.
Fast die Hälfte seines Lebens hatte er im Dienst der VOC zugebracht.

Gijsbert Bastiaensz musste sich in Batavia zunächst einige Monate lang peinigenden Befragungen unterziehen, dem General-Gouverneur seine Unterschrift auf einem der Treueeide an Jeronimus Cornelisz zu erklären.

Als er schließlich doch von jeder Mitschuld freigesprochen wurde, durfte er sein Amt als Prediger wieder aufnehmen. Er heiratete nach zweijähriger Trauerfrist im Juli 1631 erneut und siedelte mit seiner Frau kurz darauf auf die Bandas-Inseln über. Dort erkrankte er an der Ruhr, woran er im Frühjahr 1633 verstarb.

Lucretia Jansz erfuhr nach Ankunft in Indonesien, dass ihr Ehemann Boudewijn van der Mijlen einige Monate zuvor, im Juli 1629 gestorben war.
Sie heiratete im Oktober 1630 Jacop Cornelisz Cuyck von Leyden und blieb mit ihrem neuen Ehemann, der im Dienst der VOC stand, bis 1635 in Batavia. Dann kehrte das Paar nach Holland zurück, wo zuletzt urkundliche Einträge vom 3. Dezember 1641 [22] bezeugen, dass beide Eheleute Taufpaten ihrer Nichte und ihres Neffen wurden.
Im Sterberegister taucht viele Jahre später ein Eintrag auf, wonach Anfang September 1681 in Amsterdam eine Lucreseija van Kuijck verstarb, die am sechsten Tag des Monats beerdigt wurde. Es kann jedoch nicht sicher festgestellt werden, ob dies Lucretia Jansz war.

Am 4. Juni 1963 entdeckten der Fischer Dave Johnson und der Taucher Max Cramer im Korallenarchipel die Überreste vom Wrack der *Batavia* am südöstlichen Ende des Morgenriffs. Diese Wrackteile und verschiedene Artefakte – darunter einige Schiffsanker, eine Schiffskanone, Apothekerfläschchen, Münzen, Navigationsinstrumente und ein Siegelstempel mit den eingravierten Initialen 'GB' – sind heute im Western Australian Maritime Museum in Geraldton zu besichtigen.
Die Houtmans Abrolhos wurden in den Jahren nach dem zweiten Weltkrieg von Fischern als Zwischenstation genutzt, die während der Saison bewohnt wird. Einige von ihnen stießen 1960 beim Umgraben auf Beacon Island auf menschliche Skelett-Teile.
Gerichtsmedizinische Untersuchungen [23] bestätigten kurz darauf, dass es sich dabei um Überreste der Opfer Cornelisz' handelt. Mögliche Todesursachen und die Spuren der Mordwaffen übertreffen an einigen der Knochenfunde laut forensischer Untersuchungen sogar noch die Geständnisse der Mörder an Brutalität.

Die Bounty

' *Meine allerliebste Betsy,*

ich halte mich gerade an einem Ort auf, an den zu gelangen ich nie erwartet hätte; doch dies ist ein Ort, der mir Erlösung brachte und mein Leben rettete, und ich freue mich, Dir zu versichern, dass ich mich nun wieder wohlauf befinde. [...]
Mit welch tiefen Gefühlen sind mein Herz und meine Seele erfüllt, dass ich noch einmal die Gelegenheit habe, Dir und meinen kleinen Engeln zu schreiben; ganz besonders, nachdem Du so nahe dran warst, den allerbesten Freund zu verlieren. Du hättest niemanden gehabt, der Dich so wertschätzt wie ich und den Rest Deiner Tage zugebracht, ohne zu wissen, was aus mir geworden war; oder was noch viel schlimmer gewesen wäre – erfahren, dass ich auf dem Meer verhungert oder von Eingeborenen ermordet worden sei. All' diese schrecklichen Umstände habe ich erfolgreich umgangen – und dies auf die außergewöhnlichste Art und Weise, die jemals erbracht wurde, indem ich vom ersten Augenblick meines Unglücks nicht verzweifelte sondern darauf vertraute, all' meine Not zu überwinden.

Doch nun sollst Du wissen, meine liebste Betsy, dass ich die Bounty verloren habe. [...]
Am 28. April bei Tagesanbruch, als Christian die Morgenwache hatte, kamen er und einige andere in meine Kabine, während ich schlief. Sie rissen mich hoch, hielten mir scharfe Bajonette vor die Brust und fesselten meine Hände auf dem Rücken. Sie drohten, mich sofort umzubringen, wenn ich auch nur ein Wort sagte. Ich rief dennoch laut um Hilfe, doch die Verschwörung war so gut geplant, dass Nelson, Peckover, Samuels und der Schiffsmeister nicht an mich herankamen, weil vor den Kabinentüren dieser Offiziere bewaffnete Wachen postiert waren.
Ich wurde nun in meinem Hemd an Deck gezerrt & streng bewacht – ich verlangte von Christian den Grund für solch einen Gewaltakt & rügte ihn streng für seine Untat, doch er wusste nur zu antworten – 'Kein Wort, Sir, oder Sie sind tot.' [...] Neben dem Schurken sah ich den jungen Heywood als einen der Urheber & neben ihm Stewart, der dazugehörte. [...] Christian hatte ich eine Beförderung zugesichert, wenn er heimkäme & mit den anderen beiden war ich jeden Tag beisammen, ihnen allerlei beizubringen – das ist unfassbar!
In genau diese jungen Männer setzte ich jedes Vertrauen, und doch taten sich diese Schurken mit den meisten Männern des Schiffes zusammen, bemächtigten sich der Waffen und nahmen mir die Bounty weg – mit Hurra-Rufen nach Otaheite.

Ich habe nun jeden Anlass, den Tag zu verfluchen, an dem ich jemals einen Christian oder einen Heywood oder überhaupt jemanden von Manx kennenlernte. [...] ' [1]

Als Lieutenant William Bligh am 19. August 1789 in Coupang auf Timor seiner Frau Elizabeth diese Worte schrieb, hatte er zusammen mit achtzehn weiteren Männern der *Bounty* gerade eine Bootsreise von rund 6700 Kilometern in 48 Tagen über den offenen Ozean hinter sich.
Zusammengepfercht in einem völlig überladenen Beiboot von knapp sieben Metern Länge hatten die Ausgesetzten mit Sturmwetter, Kälte, Hunger und Erschöpfung gekämpft; und mit der ungewissen Hoffnung, ob sie das holländische Ostindiengebiet überhaupt lebend erreichen würden.

London 1787: Der Geist der Aufklärung in Europa brachte ein boomendes Interesse an Naturwissenschaften aller Richtungen. Mehrbändige Lexika und Enzyklopädien entstanden, in denen systematisch die bis dahin bekannten Erkenntnisse aufgelistet wurden.
In dieser Zeit wirkte Sir Joseph Banks, der schon von Jugend an ein passionierter Botaniker und Naturforscher gewesen war. Der 44-Jährige galt längst als eine Koryphäe auf seinem Gebiet. Er unterhielt weit über die Landesgrenzen hinaus rege Briefwechsel mit europäischen Kollegen, und zuhause war er bis in höchste Kreise einflussreich – aus dem Interesse beider Männer für Naturforschung hatte sich eine enge Freundschaft mit König George von England entwickelt.
Als kostengünstiges Nahrungsmittel für die afrikanischen Plantagensklaven sollten Brotfrucht-Pflanzen aus Tahiti auf den britischregierten Karibikinseln eingeführt werden. Die Admiralität stellte Banks ein Schiff dafür zur Verfügung, das für die Anforderungen des Pflanzentransports extra umgebaut wurde. Lieutenant William Bligh sollte dieses Schiff, die *Bounty*, befehligen.
Der 33-Jährige ist bereits als Segelmeister unter James Cook in der Südsee gesegelt, bei dessen Expeditionen er sich zu einem exzellenten Navigator und Kartographen entwickelte.
Von der Größe her war die *Bounty* ein kleineres Schiff, das von einem Offizier mit Rang eines Lieutenants befehligt werden konnte. Bligh blieb also Lieutenant, wie unter Captain Cook. Unter sich hatte er noch Schiffsmeister, Bootsmann, Seekadetten, Schiffszimmermann, Waffenmeister, Schiffsarzt, Gärtner und Matrosen – insgesamt 46 Mann an Besatzung.

Fletcher Christian und Peter Heywood waren als Seekadetten an Bord. Christian war vorher schon mehrmals mit Bligh zusammen auf See gewesen und in dieser Zeit zu dessen Protegé geworden. Der Lieutenant förderte den ehrgeizigen jungen Mann, der auf seine persönliche Empfehlung hin an Bord der *Bounty* kam.

Am 9. Oktober 1787 legte die Crew von London ab. Anfang November erreichte das Schiff Spithead, wo Bligh ankern und auf die Segelerlaubnis der Admiralität warten musste, ohne die er nicht in See stechen durfte. Erst am 28. November konnte die Reise richtig beginnen.

Nach anfänglich ungünstigen Wetterverhältnissen, die die Reise noch weiter verzögerten, kam schließlich am 5. Januar 1788 Teneriffa in Sicht.

Sturmschäden am Schiff mussten repariert und neuer Proviant geladen werden. Sechs Tage später war die *Bounty* wieder unterwegs.

Nachdem der kleinen Crew eine harte und lange Überfahrt bevorstand, ordnete Bligh drei Wachen in der Nacht an, so dass der Dienst habende Offizier nach geleisteter Wache acht Stunden Ruhezeit hatte – anstelle von üblicherweise zwei Wachen im Wechsel von vier Stunden Wache, vier Stunden Schlaf, vier Stunden Wache.

Auf den Reisen mit Captain Cook hatte sich bestätigt, dass gute Ernährung, persönliche Reinlichkeit und saubere Kleidung auf den Schiffen bedeutend dazu beitrugen, die Männer gesund und leistungsfähig zu erhalten. Daher legte Bligh größten Wert auf diese Dinge. Er ordnete an, dass die Decks regelmäßig mit Essig desinfiziert und geschrubbt wurden und dass die Männer ihre Kleidung wuschen.

Umso ärgerlicher stimmte ihn sein Schiffsarzt. Thomas Huggan war Alkoholiker und fast ständig betrunken. Säuerlich notierte der Lieutenant in sein Logbuch, dass Huggan *'andauernd voll ist. Er hat einen privaten Vorrat dabei, den ich ihm schon angedroht habe, wegzunehmen, falls er nicht aufhört, eine solche Bestie aus sich zu machen.'* [2]

Am 8. Februar überquerte das Schiff den Äquator, wo eine abgemilderte Form der traditionellen Äquatortaufe vollzogen wurde. Teerbedeckt und rasiert mussten die betroffenen Männer Rumgeschenke an Neptun geben. Der eigentliche Brauch, anstelle des Rums die Männer von den Rahen ins Wasser zu tauchen, verbot Bligh; seiner Auffassung nach *'...der inhumanste und brutalste aller Bräuche.'* [3]

Captain William Bligh, 1791

Die ganze Zeit über war die Reise gut verlaufen. Zufrieden gab William Bligh am 2. März die Befehlsgewalt eines Lieutenants an Fletcher Christian. Der Lieutenant war bester Dinge und dachte schon, eine exemplarisch gute Fahrt machen zu können. Eine Woche später kam es jedoch zur ersten Bestrafung. Bligh hielt in seinem Logbuch fest, dass er einen der Matrosen mit zwei Dutzend Peitschenhieben [4] hat bestrafen lassen müssen, weil dieser sich unverschämt und auflehnend verhalten habe.

Um den 27. März erreichte die *Bounty* die Gewässer bei Kap Hoorn. Bligh ahnte bereits, dass sie zu spät dran waren, das Kap gefahrlos zu umrunden. Seegang und Stürme übertrafen sogar noch die schlimmsten Erwartungen.

Kälte und Schneefall machten den mühsam arbeitenden Matrosen schwer zu schaffen, während sie gegen meterhohe Sturmwellen ankämpften. Als die Stürme weiter zulegten und mehrere Matrosen sich auf dem schwankenden Schiff verletzten, beschloss Bligh Mitte April, einen Umweg über das Kap der Guten Hoffnung zu segeln.

Das von den Stürmen geschädigte Schiff legte am 24. Mai in Kapstadt an. Wieder wurden diverse Reparaturen vorgenommen und neuer Proviant geladen. Einen Tag später kam es zum zweiten Vorfall, bei dem Bligh bei einem Matrosen sechs Peitschenhiebe wegen Nachlässigkeit anordnete.

Nach 38 Tagen Aufenthalt am Kap legte die *Bounty* wieder ab und ankerte sieben Wochen später an der Südküste von Van Diemens Land, dem heutigen Tasmanien. Der Lieutenant ließ alle verschmutzten Segel auswaschen. Außerdem mussten die Holz- und Wasservorräte aufgestockt werden.

Die Arbeiten gingen unter Wind und Regen nur mühsam voran. Als Bligh am 23. August die Bretter beanstandete, die der Schiffszimmermeister William Purcell zugeschnitten hatte, maulte dieser, Bligh sei nur gekommen, um zu meckern. Nach hitzigem Wortwechsel wurde Purcell ausfallend, Bligh verlor die Beherrschung und schickte den Mann wütend aufs Schiff zurück.

Der Lieutenant befand sich nun in der Zwickmühle: einerseits hatte der Zimmermeister einen zu hohen Rang, so dass er ihn nicht bestrafen lassen konnte wie einen Matrosen. Andrerseits musste er aber seine Autorität deutlich machen. Außerdem konnte er auf Arbeitskraft und Kenntnisse des Mannes nicht verzichten.

Am nächsten Tag ordnete Bligh an, dass Purcell den anderen Männern mit dem Wasser helfe. Drei Tage später gab es erneut Beschwerden, dass der Zimmerer sich den Befehlen widersetze.

Der Lieutenant beschloss, die gesamte Angelegenheit schriftlich festzuhalten und von Zeugen mit Unterschrift bestätigen zu lassen, um das Ganze später der Admiralität zu übergeben. Purcell sollte außerdem so lange keine Verpflegung erhalten, solange er sich weigerte zu arbeiten; und jeder, der ihn unterstütze, sollte hart bestraft werden. Der Zimmermeister kam zwar augenblicklich zur Vernunft, doch diese Maßnahme hatte Bligh nun auch bei anderen Crewmitgliedern nicht beliebt gemacht.

Am 5. September stach die *Bounty* wieder in See. Nach nunmehr neun Monaten Reise hatten sich Gruppen gebildet und Freundschaften waren entstanden. Bei den Offizieren traf dies besonders auf Peter Heywood, George Stewart und Fletcher Christian zu, die sehr gut miteinander auskamen. Und auch die einfachen Matrosen mochten Blighs Protegé.
In den Gewässern um Neuseeland gab es wieder Vorfälle, bei denen sich zwischen Bligh und zweien seiner Offiziere Spannungen entwickelten. Der Lieutenant, der die ganze Zeit über sorgfältig darauf geachtet hatte, *'dass jedermann an Bord kerngesund blieb, was zu gewährleisten mein Hauptaugenmerk wurde'* [5], erfuhr en passant als einer der letzten an Bord, dass der Schiffsarzt einen erkrankten Matrosen am Tag zuvor zur Ader gelassen hatte. Dieser Mann lag nun röchelnd und hustend, mit hohem Fieber in seiner Koje.
Es gab deshalb eine heftige Auseinandersetzung mit dem Schiffsarzt, der erst mit der Angelegenheit herausgerückt war, als der Matrose bereits im Sterben lag. Am 10. Oktober verstarb der Mann.
Bald darauf wurden bei einigen der Matrosen Anzeichen von Skorbut festgestellt. Entsetzt kümmerte Bligh sich sogleich darum, dass die betroffenen Männer spezielles Essen erhielten und prüfte täglich höchstpersönlich deren Gesundheitszustand.
Zur gleichen Zeit sollte Schiffsmeister Fryer die Ausgaben in den Schiffsbüchern kontrollieren und abzeichnen. Der gab sie Bligh jedoch mit einem Schriftstück zurück, auf dem er von ihm eine Unterschrift dafür einforderte, dass er sich auf dem Schiff nichts habe zuschuldenkommen lassen. Eher wollte er die Ausgabenbücher nicht unterzeichnen.
Der Lieutenant rief die gesamte Crew an Deck, um dort die Marine-Artikel vorlesen zu lassen – insbesondere jene, die mit dem Verhalten des Schiffsmeisters zu tun hatten. Vor der versammelten Besatzung musste Fryer die Bücher unterschreiben.

Am 23. Oktober erhielt Bligh von Schiffsarzt Huggan die aktuelle Krankenliste, auf der sich dieser selbst mit 'Rheumatismus' eingetragen hatte.
Kaum 24 Stunden später kam die revidierte Liste, wonach Huggan bereits an Lähmungserscheinungen litt. Als Bligh später erfuhr, dass der Schiffsarzt dabei beobachtet worden war, wie er trotz Lähmungen aufstand und nach Alkohol gesucht hatte, war seine Geduld am Ende.
Er ließ die Kabine des Arztes durchsuchen und die gesamten Alkoholvorräte konfiszieren.

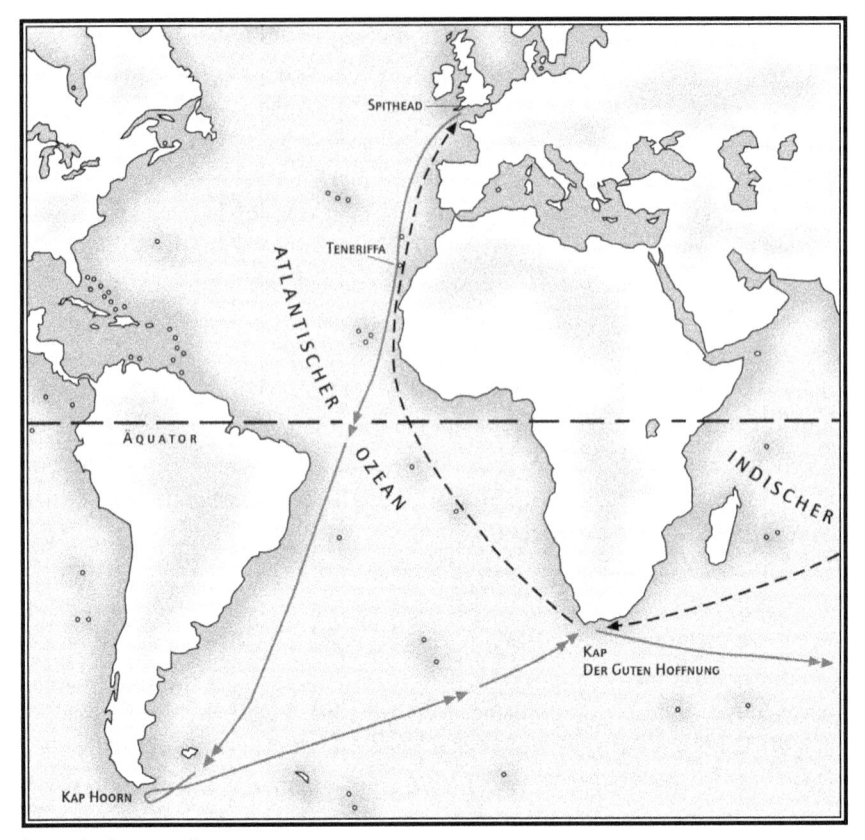

Route der Bounty – I

26. Oktober 1788: Die *Bounty* erreichte nach fast einem Jahr Reisedauer Tahiti. Den Männern an Bord kam diese Insel vor wie ein real gewordenes Paradies. Freundliche Einheimische, die ihnen einen warmen Empfang bereiteten; tropisch-angenehme Temperaturen; ein wunderschöner Ort mit exotischen Früchten, die wunderbar schmeckten und zuhause unbekannt waren.

Lieutenant Bligh war dort bereits mit Captain Cook gewesen. Er wusste, dass es zu kleineren Diebstählen kommen konnte, bei denen sich die Einheimischen nichts Böses dachten. Sie waren von den fremdartigen Dingen fasziniert und wollten sie, Kindern gleich, einfach nur haben.

Daher ordnete Bligh an, dass nur eine Gruppe der Crew unter dem Kommando von Fletcher Christian und Peter Heywood an Land campierte und dort

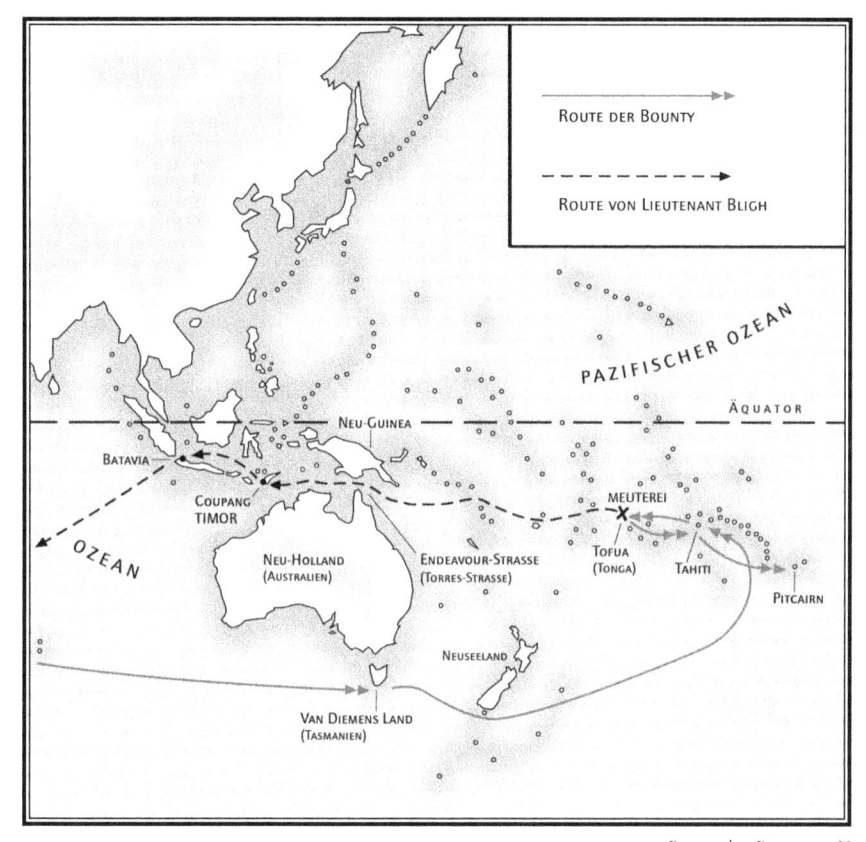

Route der Bounty – II

Ausrüstung und Gegenstände gut im Auge behalten solle. Damit es auf dem Schiff nicht zu Diebstählen kommen konnte, blieben die anderen Männer mit dem Lieutenant selbst an Bord. Sie setzten nur tagsüber an Land über, wobei auf dem Schiff immer Wachposten stationiert waren.

Während Bligh mit dem Oberhaupt der Einheimischen wegen der Brotfrucht-Pflanzen verhandelte, verschwand ein Ruder aus einem der Beiboote vom Schiff. Der Matrose Alexander Smith, der darauf hätte aufpassen sollen, erhielt vor Augen der darüber entsetzten Tahitier zwölf Peitschenhiebe für seine Nachlässigkeit.

Den Männern standen 23 Wochen zur Verfügung, die sie auf Tahiti verbringen konnten, bevor der Monsun mit günstigen Winden zum Heimsegeln einsetzen

würde. Wenn die täglichen Arbeiten erledigt waren, hatten sie viel Zeit, die sie mit den Einheimischen zubrachten. Allen voran hatten es die sanftmütigen tahitischen Frauen ihnen angetan, die freundlich und bereitwillig auf die Männer eingingen. Leider hatten diese Kontakte für die Tahitier böse Folgen: Franzosen und Engländer schoben sich später gegenseitig den Schwarzen Peter dafür zu, die arglosen Naturvölker mit Syphilis infiziert zu haben.
Bereits Wochen später mussten Fletcher Christian und Peter Heywood wegen Anzeichen der Venerischen Krankheit behandelt werden.
Bligh ließ die *Bounty* inspizieren und alle Schäden reparieren; ihre Segel wurden zum Trocknen und Lüften an Land gebracht. Wieder erhielt ein Matrose zwölf Peitschenhiebe wegen '*Unverschämtheit und Befehlsverweigerung*'. [6]
Im Camp an Land verschwand unter den Augen des verantwortlichen Offiziers noch ein Ruder. Bligh gab in seinem Logbuch keine weitere Auskunft darüber, wie er diesen Fall handhabte – der betreffende Offizier war Fletcher Christian. Bald darauf kam es zu einem weiteren Zerwürfnis mit Schiffszimmermeister Purcell, der sich weigerte, einen Befehl auszuführen. Der Lieutenant wusste sich nicht anders zu helfen, als den Mann einen Tag in seiner Schiffskabine einsperren zu lassen.
Gegen Ende November verstarb Schiffsarzt Huggan an den Folgen seines Alkoholmissbrauchs und wurde auf Tahiti beerdigt.
Nach Weihnachten erhielt William Muspratt, der Kombüsengehilfe, zwölf Peitschenhiebe wegen Pflichtvernachlässigung; zwei Tage später der Metzger, Robert Lamb, '*weil er sich seine Fleischermesser hat stehlen lassen.*' [7]

Knapp eine Woche später waren in der Nacht, während der wachhabende Offizier eingeschlafen war, drei Matrosen vom Schiff desertiert. Am 5. Januar 1789 in der Früh fehlten Charles Churchill, John Millward und William Muspratt.
Sie hatten ein Beiboot, Schusswaffen und Munition mitgenommen. Bligh reagierte eisig, als er die Neuigkeiten erfuhr. Langsam wurden ihm die Vorfälle an Pflichtvernachlässigung, Ungehorsam und Auflehnung – sowohl von seinen Offizieren als auch den Matrosen – zu viel.

An Bord der *Bounty* ließ Bligh die Seekisten der Geflohenen durchsuchen, was eine Liste mit Namen zutage brachte, auf der neben Charles Churchill auch die Namen Peter Heywood, William Brown und Fletcher Christian aufgeführt waren. Der Lieutenant befragte daraufhin seine Offiziere, die ihm jedoch abwinkend versicherten, dass das Ganze Unsinn sei. Bligh ließ es darauf beruhen und hoffte, dass die Tahitier ihm bei der Ergreifung der Flüchtigen behilflich sein würden.

Elf Tage später war Bligh gerade an Land, als ihn eine Nachricht von Schiffsmeister Fryer erreichte, dass an Bord ein Einheimischer sei, der Hinweise zu den Deserteuren geben könne. Als Bligh auf die *Bounty* zurückgeeilt kam, war der Tahitier inzwischen ungehindert von Bord gesprungen und davongeschwommen.

Gleich am nächsten Tag machte Bligh eine Entdeckung, die seine aufgestaute Wut überschäumen ließ: die Ersatzsegel, die längst zum Lüften und Trocknen hätten aufgehängt werden sollen, lagen unangetastet unter Deck, mit Stockflecken übersät und am Verrotten. Sowohl Schiffsmeister Fryer als auch Bootsmann Cole hatten nicht nur entsprechende Anordnungen nicht ausgeführt; sie hatten William Bligh auch noch angelogen und behauptet, dass sie sich um die Segel gekümmert hätten.

Bligh tobte. Der Status der beiden Offiziere verbot, sie wie die Matrosen auspeitschen zu lassen. Und solange sie fern von England und der Admiralität waren, konnte den Offizieren nichts geschehen. Bligh hatte noch nicht einmal genügend Männer, um beide Offiziere ihres Amtes zu entheben und Ersatzmänner an deren Stelle zu befehligen.

Wie sollten die einfachen Matrosen diszipliniert und gehorsam sein, wenn sie die ganze Zeit mitbekamen, welche Nachlässigkeiten die Offiziere sich zuschuldenkommen ließen? An Thomas Hayward, der in jener Nacht im Dienst eingeschlafen war, als drei Matrosen vom Schiff desertierten, statuierte Bligh ein Exempel für alle: er ließ ihn solange in Eisen legen, bis die Geflohenen wieder an Bord waren. Außerdem degradierte er ihn vor versammelter Crew am Großmasten. Bligh notierte ins Logbuch: *'Ich war fest entschlossen, ihnen allen bei dieser Gelegenheit eine Lektion zu erteilen, und versuchte ihnen klarzumachen, wie sehr auch immer sie* [die Offiziere] *im Moment von körperlicher Bestrafung ausgenommen sein mögen, so konnten sie jedoch noch immer über die Marine-Artikel empfindlichst bestraft werden.'* [8]

Etwa drei Wochen später gaben die Einheimischen den entscheidenden Hinweis zu den Deserteuren, die kurz darauf ergriffen und auf die *Bounty* zurückgebracht werden konnten. Nach Lesung der Marine-Artikel bekam

Brotfrucht-Pflanze

Churchill zwölf Peitschenhiebe, Muspratt und Millward erhielten jeweils zwei Dutzend. Elf Tage später wurde die Bestrafung noch einmal wiederholt. Das eigentliche Strafmaß, das die Marine-Artikel bei Desertion vorsahen, lag bei 100 bis 150 Hieben pro Delinquent. [9]

Die Moral der Offiziere scheint sich dennoch nicht wesentlich gebessert zu haben. Anfang Februar wurde nachts, wieder von der Wache unbemerkt, das Ankerseil der *Bounty* durchschnitten, was das Schiff auf die Riffe hätte treiben und gefährlich leckschlagen können. Ein wertvoller Kompass indessen verschwand im Landcamp.

Februar und März vergingen, indem das Schiff für die bevorstehende Heimreise wieder flottgemacht wurde. Die Tahitier waren wegen der Reisevorbereitungen beunruhigt, weil sie ahnten, dass sie ihre Freunde bald verlieren würden. Es kam nun gehäuft zu kleineren Diebstählen, so dass Bligh sich schließlich an den Stammesführer wendete. Der konnte dem Lieutenant bald den Dieb des Kompasses bringen, den Bligh dafür töten sollte. Doch Bligh ließ den Tahitier auspeitschen und an Bord in Ketten legen, wo er bleiben sollte, bis die *Bounty* abreisebereit sei. Dem Bestraften gelang es aber, die Schlösser zu öffnen und unter den Augen der Wache ins Wasser zu fliehen.

Bligh hielt gereizt im Logbuch fest: '*Ich habe einen derartig nachlässigen Haufen um mich herum; ich glaube, dass nur härteste Bestrafung ihre Einstellung ändern kann.*' [10]

Mündliche Befehle wurden innerhalb eines Monats einfach vergessen, so dass die Offiziere hinterher behaupteten, überhaupt keine Anweisungen erhalten zu haben. Lieutenant Bligh war längst am Ende mit seiner Geduld.

Ende März wurden die mehr als 600 Töpfe mit Brotfrucht-Pflanzen an Bord des Schiffs gebracht. Als alles gut verstaut war, verabschiedeten sich die Männer von den Tahitiern und bedankten sich für deren herzliche Gastfreundschaft. Am 5. April 1789 stach die *Bounty* wieder in See.

In den nachfolgenden Wochen muss es zwischen Fletcher Christian und William Bligh zu einigen Meinungsverschiedenheiten gekommen sein.

Der Segelmacher Lawrence Lebogue erinnerte sich, dass Bligh eines Nachts an Deck kam und Christian maßregelte, weil dieser sich bei einem Regensturm nicht ordentlich um die Segel gekümmert hatte. Einen weiteren Vorfall steuerte Schiffsmeister Fryer später bei, der nachts am 21. April einen Wortwechsel zwischen Bligh und Christian mitbekommen hatte, wonach Fletcher entgegnet haben soll: '*Sir, Ihre Beschimpfungen sind so schlimm, dass ich meine Pflichten nicht mehr mit Vergnügen ausführen kann. Seit Wochen gehe ich Ihretwegen durch die Hölle.*' [11]

Als die *Bounty* die Insel Anamooka erreichte und dort anlegte, um Holz und Süßwasser zu laden, kam es auch hier zu Spannungen.

Obwohl Bligh den Offizieren eingeschärft hatte, nicht auf die Einheimischen zu achten, sondern nur ihre Arbeiten auszuführen und auf ihr Werkzeug aufzupassen, verschwanden bei der Gruppe, die sich um das Holz kümmern sollte, eine Axt und ein Beil, weil die Männer sich eben doch mit den Inselbewohnern austauschten.

Als dann noch Fletcher Christian, der mit elf Männern zum Wasserholen geschickt worden war, halbverrichteter Dinge zurück auf das Schiff kam und meldete, dass Einheimische ihnen an der Wasserstelle mit Keulen und Steinen feindselig zusetzten, beschimpfte ihn Bligh als einen Feigling, der vor ein paar harmlosen Wilden davonliefe.

Die Lage war jedoch tatsächlich gefährlich, so dass die Männer so rasch es ging, die nur halbvollen Fässer wieder an den Strand rollten. Dort war von dem wartenden Beiboot inzwischen der kleine Anker unter Wasser abgeschnitten worden, während die beiden Männer, die darauf aufpassen sollten, abgelenkt waren, weil sie mit Kindern von Eingeborenen spielten.

Bligh platzte der Kragen. Er verpasste der versammelten Mannschaft eine gehörige Standpauke und schrie sie an, sie seien *'alle ein Haufen nichtsnutziges Gesindel.'* [12]

Als am 27. April die *Bounty* weitersegelte, inspizierte Lieutenant Bligh die Kokosnüsse, die an Deck gelagert wurden. Der Haufen war kleiner geworden. Bligh ließ sogleich alle Mann an Bord antreten und befragte sie darüber, wieviele Kokosnüsse sie privat für sich gekauft und wieviele sie bereits davon gegessen hätten. Er hatte den Verdacht, dass die Männer sich ungefragt an den Kokosnüssen vom Deck bedient hatten und war außer sich über solch dreistes Verhalten.

Wie Fletcher Christian an der Reihe war, antwortete dieser: *'Ich weiß nicht, Sir, aber ich hoffe, Sie halten mich nicht für so gemein, mich dessen schuldig zu machen, Ihre zu stehlen'*, was Bligh mit einem heftigen Wutausbruch quittiert haben soll: *'Oh doch, du verdammter Dreckhund, das denke ich – du hast sie mir gestohlen, sonst könntest du wohl besser Rechenschaft über deine eigenen abgeben – ihr alle seid gottverdammt, ihr Nichtsnutze, die ihr alle wie Diebe seid und euch mit den Männern zusammentut, um mich auszurauben – Ich nehme an, als nächstes werdet ihr meine Süßkartoffeln stehlen; aber euch werde ich lehren, ihr Taugenichtse, eher bringe ich euch dazu, dass die Hälfte von euch freiwillig über Bord hüpft, noch bevor ihr durch die Endeavour-Straße durch seid.'* [13]

William Bligh ordnete an, die Essensrationen drastisch zu kürzen und drohte damit, falls weiterhin Diebstähle vorkämen, die Mahlzeiten noch einmal zu halbieren.

Wie der Lieutenant vom Deck verschwunden war, kamen die Offiziere zusammen. Späteren Zeugenaussagen gemäß war Fletcher Christian völlig außer sich vor Empörung.

Für Bligh dagegen schien mit seinem Wutausbruch die Angelegenheit erst einmal erledigt zu sein. Als Christian sich abends wegen Unpässlichkeit beim ge-

meinsamen Dinner entschuldigen ließ, nahm Bligh dies für bare Münze.
Die *Bounty* hatte die Gewässer um die Insel Tofua (heute bekannt als Tonga) erreicht, als der Lieutenant noch der ersten Nachtwache, Schiffsmeister Fryer, die Anweisungen für die Nacht gab, bevor er sich in seine Kabine zurückzog. William Peckover löste den Schiffsmeister nach vier Stunden ab. Um vier Uhr früh trat Fletcher Christian das letzte Drittel der Nachtwache an.

28. April 1789: Gegen fünf Uhr morgens wurde Bligh unwirsch aus dem Schlaf gerissen. Er pflegte bei unverriegelter Kabinentüre zu schlafen, damit er in Notfällen schnell an Deck sein könne. Fletcher Christian, Charles Churchill, John Mills und Thomas Burkett standen bewaffnet an seiner Koje.
Der Lieutenant wurde hochgezerrt, seine Arme auf dem Rücken gefesselt und noch im Nachthemd vorbei an bewaffneten Männern vor seiner Kabine an Deck geführt, wo Christian anordnete, ein Boot ins Wasser zu lassen. Bligh verlangte eine Erklärung für das Verhalten der Meuterer, doch Christian entgegnete ihm knapp: *'Halten Sie den Mund, Sir; oder Sie sind augenblicklich tot.'* [14]
Einige Männer mussten in das Boot steigen, darunter Hayward, Hallett, Samuel und Fryer. Purcell, der Schiffszimmermeister, und andere stiegen freiwillig dazu. Einige andere Männer wurden gegen ihren Willen an Bord zurückgehalten.

Mit Bligh, der als letztes zusteigen musste, saßen zwanzig Mann in dem völlig überfüllten Boot, das etwa sieben Meter lang und an der weitesten Stelle knapp zwei Meter breit war. Die Männer bekamen einige persönliche Dinge und etwas Proviant zugebilligt, der insgesamt für fünf Tage ausreichend gewesen wäre. Zum Navigieren erhielten sie einen Kompass und einen Quadranten, jedoch keine Karten.
Wie das Boot schon auf dem Wasser trieb, warf ihnen jemand vom Schiff noch vier Entersäbel zu. Damit wurden die Todgeweihten ihrem Schicksal überlassen, während die *Bounty* davonsegelte.

Die Ausgesetzten beschlossen, die Insel Tofua anzusteuern, wo sie sich noch etwas mehr Proviant besorgen wollten. Allerdings erwiesen sich die Eingeborenen dort als so feindselig, dass die Männer bis auf John Norton, der nicht mehr rechtzeitig in das Boot gelangte, nur mit Mühe noch im letzten Augenblick dem sicheren Tod entrinnen konnten. Sie mussten entsetzt vom Meer aus dabei zusehen, wie dem Quartiermeister am Strand der Schädel mit Steinen eingeschlagen wurde.

Bligh beriet sich mit den Insassen, dass sie unter solchen Umständen besser keine bewohnten Inseln mehr ansteuerten, sondern versuchen sollten, Timor zu erreichen, das noch um die 6700 Kilometer entfernt war.

Der Proviant wurde streng rationiert, so dass jeder Mann am Tag etwa 28 Gramm Brot und einen halben Liter Wasser erhielt. Wie auf der *Bounty* teilte Bligh drei Wachen ein, so dass die Anderen sich inzwischen auf dem freien Platz hinlegen konnten. Das Boot hatte Segel, die die Männer abwechselnd bedienten. Am 3. Mai kam Sturm auf, der so heftig wurde, dass selbst Dauerschöpfen nicht mehr half und die Insassen alle nur irgend entbehrlichen Dinge wie Kleidung oder Ersatzsegel ins Meer werfen mussten, damit das Boot leichter wurde.

Vierundzwanzig Tage dauerten diese Wetterbedingungen an und forderten die Männer bis an den Rand ihrer Kräfte. Bligh führte weiterhin sein Logbuch, das neben den Positionsbestimmungen über sämtliche Strapazen Auskunft gibt:

' *Sonntag, 17. Mai. Der Sonnenschein war nur von kurzer Dauer. Wir hatten starken Wind SO bei S [...] mit Ungewittern, Blitzen und Regen. Die Nacht war wahrlich furchtbar, und kein Stern zu sehen; so dass unser Kurs unsicher blieb.*

Bei Tagesanbruch klagten alle, und einige verlangten eine Extraration; doch ich verweigerte ihnen dies. Unsere Lage war äußerst trostlos; ständig nass und in der Nacht extremer Kälte ausgesetzt, ohne den geringsten Schutz vor der Witterung. Wir mussten ununterbrochen Wasser aus dem Boot schöpfen, damit es sich nicht füllte [...]

Mittwoch, 20. Mai. Neue Winde ONO mit ständigem Regen, und manchmal sintflutartigen Güssen. Unablässig am Schöpfen. Bei Tagesanbruch schienen einige meiner Männer halbtot; unser Aussehen war schrecklich; ich konnte nirgends hinsehen, ohne jemandes Ausdruck von bitterster Qual zu erblicken. Extremer Hunger stand offensichtlich in den Gesichtern. [...] Das bisschen Schlaf, das wir bekamen, hatten wir mitten im Wasser liegend verbracht, und ständig wachten wir auf mit heftigen Krämpfen und Schmerzen in unseren Knochen.' [15]

Gegen Morgen des 28. Mai hatten die Männer das Great Barrier Reef vor der Australischen Ostküste erreicht. An einer unbewohnten Insel legten sie an und gingen an Land. Schiffsmeister Fryer berichtete: '*Wir waren wie Betrunkene [...] durch das lange Sitzen im Boot, und weil ich so geschwächt war, wurde mir im Kopf so schwindelig, dass ich hinfiel, als ich das erste Mal aufstand.*' [16]

Die Ausgehungerten verschlangen Austern und Beeren in solchen Mengen, dass ihre entwöhnten Verdauungsapparate schmerzhaft Probleme bereiteten. Sie blieben einige Tage, um Schlaf nachzuholen. Dann ging es weiter entlang der Küste von Insel zu Insel in Richtung Endeavour-Straße, die sie am 4. Juni durchquert hatten. Nun lagen noch knapp 2040 Kilometer über das offene Meer vor ihnen.

Auch bei dieser Etappe gerieten die Männer wieder in starke Regenstürme, die ihnen die letzten Kräfte abverlangten. Am 14. Juni schließlich erreichten sie zu Tode erschöpft Coupang auf Timor, wo sie endgültig an Land gehen konnten. Alle Insassen des Boots hatten die schreckliche Überfahrt überlebt.

Am 16. Oktober 1789 trat Bligh von Batavia aus auf dem holländischen Handelsschiff *Vlijt* die Heimreise an. Ein halbes Jahr darauf, am 13. März kam er auf der Isle of Wight an. Nur Tage später legte er König George sein *Journal of the Voyage to the South Seas* vor.

Der Lieutenant avancierte in Presse und Öffentlichkeit bald zum Helden des Tages. Seine Bootsfahrt nach Timor wurde als ein nautisches Mirakel gekürt, das seinesgleichen suchte. Von neunzehn Bootsinsassen, die die holländischen Ostindien-Kolonien lebend erreicht hatten, trafen nach und nach schließlich zwölf Männer in England ein. Sechs waren in den holländischen Kolonien an Tropenkrankheiten gestorben; einer hatte in Batavia ein Schiff Richtung Europa bestiegen, das verschollen blieb.

Die Familien Christian und Heywood nahmen die Neuigkeiten weniger erfreut auf. Beide waren zwar sehr einflussreich, doch sie waren auch verarmt und mussten auf ihren Ruf achten. Schon bald schrieb Charles Christian, Fletcher verteidigend, in einem Brief an Richard Betham: '*...es wird sich noch herausstellen, dass es einen Grund dafür gegeben hat, der jetzt noch nicht bekannt ist, der Fletcher jedoch zu diesem verzweifelten Schritt trieb.*' [17]

William Bligh musste sich am 22. Oktober 1790 vor dem Marine-Gericht der Admiralität für den Verlust der *Bounty* verantworten. Der Lieutenant und die Männer aus dem Boot, die nach England zurückgekehrt waren, konnten der Admiralität allerdings glaubhaft versichern, dass sie alles in ihrer Macht stehende getan hatten, das Schiff nicht zu verlieren. Sie wurden alle freigesprochen. William Bligh erhielt wenig später den Rang eines Kapitäns.

Im November 1790 stach die *Pandora* mit 140 Mann Besatzung unter Captain Edwards in See, mit dem Auftrag der Admiralität, nach Tahiti zu segeln. Dort sollten die Meuterer aufgespürt und mitsamt der *Bounty* nach England zurückgebracht werden.

Die *Pandora* erreichte am 23. März 1791 Tahiti, wo einige Männer der *Bounty* ihr in Kanus entgegengerudert kamen.

Unter ihnen war Peter Heywood. Sie wurden sofort gefangengenommen. Captain Edwards erfuhr nun, dass die Meuterer sich in zwei Gruppen geteilt hatten, wovon eine Gruppe von sechzehn Männern auf Tahiti geblieben ist. Die andere Gruppe unter Fletcher Christian war eines Nachts klammheimlich mit der *Bounty* weitergesegelt.

Von den sechzehn Meuterern auf Tahiti waren noch vierzehn am Leben.

Nach und nach konnten die Offiziere der *Pandora* die Männer aufspüren und auf das Schiff bringen, wo sie zu den anderen Gefangenen in einen eigens errichteten Holzverschlag gesperrt wurden.

Die meisten von ihnen hatten sich auf der Insel so eingelebt, dass sie mit tahitischen Frauen bereits Kinder hatten und sich in der Sprache der Eingeborenen verständigen konnten. Als die *Pandora* am 8. Mai 1791 von Tahiti wieder ablegte, um die restlichen Meuterer mitsamt der *Bounty* zu suchen, war das Schiff von Kanus umringt, in denen die tahitischen Frauen der Gefangenen saßen und die Offiziere anflehten, ihnen ihre Männer nicht wegzunehmen.

Die Suche auf den Nachbarinseln blieb ohne Erfolg. Nach einigen Monaten fruchtlosen Herumkreuzens beschloss Captain Edwards, in Richtung Endeavour-Straße zurück nach England zu segeln.

In den Gewässern der Australischen Ostküste geriet die *Pandora* trotz größter Umsicht der Offiziere abends am 29. August auf ein Riff und sank.

31 Männer der Crew ertranken und vier Gefangene, von denen zwei nicht mehr rechtzeitig aus dem Verschlag – der *Büchse der Pandora* – befreit werden konnten. Die anderen beiden wurden von den schweren Eisenfesseln an ihren Händen in die Tiefe gezogen.

Die überlebenden Schiffbrüchigen konnten sich in vier Booten verteilt auf eine Sandbank retten, von der aus sie am 31. August den gleichen Weg nach Timor einschlugen, den Captain Bligh mit seinen Männern vor ihnen bereits zurückgelegt hatte. Unter den Offizieren der *Pandora* befand sich John Hallett, der schon im Boot mit William Bligh gesessen hatte und diese Überfahrt nun zum zweiten Mal mit allen Unannehmlichkeiten durchstehen musste.

Erneut bereiteten Witterung, Durst, Hunger und Erschöpfung den Bootsinsassen schlimmste Qualen. Für die zehn Gefangenen, die den Untergang der *Pandora* überlebt hatten, wurde dies besonders schlimm.
Sie waren monatelang im Dunklen eingesperrt gewesen und vollkommen vom Sonnenlicht entwöhnt, so dass sie nun in der prallen Sonne regelrecht verbrannten. Peter Heywood schrieb später in einem Brief an seine Schwester Nessy: '[...] *wir waren fast nackt und sahen aus, als seien wir in kochendes Wasser getaucht worden*' [18], so sehr war ihre Haut von Blasen übersät.

Die Boote erreichten Coupang am 16. September 1791. Auch diesmal hatten wieder alle Insassen überlebt – wenngleich sie zuletzt aus Wassermangel dazu gezwungen waren, ihren eigenen Urin und das Blut von gefangenen Seevögeln zu trinken, um nicht zu verdursten.
Die Schiffbrüchigen erholten sich unter holländischer Gastfreundschaft und stachen am 6. Oktober in Richtung Batavia in See. Dort angekommen, verlor Captain Edwards 15 Männer, die an Tropenfieber erkrankten und verstarben, während alle auf eine Überfahrtgelegenheit nach Europa warteten.
Weihnachten 1791 schließlich konnten Edwards, ein Großteil seiner Offiziere und die zehn Gefangenen auf der *Vreedenburgh* unter Kapitän Christiaan in See stechen. Am Kap der Guten Hoffnung, wo sie am 18. März 1792 anlegten, wechselten die Männer auf ein englisches Schiff, die *Gorgon*, mit der sie unter Captain Parker am 5. April die letzte Etappe der Reise antraten. Am 19. Juni 1792 erreichte die *Gorgon* Spithead bei Portsmouth.

William Bligh war zu dieser Zeit nicht in England. Er hatte etwa ein Jahr vorher den Auftrag zu einer zweiten Brotfrucht-Expedition erhalten, deretwegen er im August 1791 mit zwei Schiffen aufgebrochen war.

Die zehn Meuterer wurden auf die *Hector* gebracht, wo sie bis zur Verhandlung vor dem Marine-Gericht unter ständiger Bewachung eingesperrt blieben.
Inzwischen sorgte die Familie von Peter Heywood, dass ihm zwei erstklassige Anwälte zur Seite standen. Außerdem wurden sämtliche Beziehungen ausgespielt, um Peters Leben zu retten.
Das beinhaltete auch, dass einflussreiche Verwandte bei der Admiralität einen raschen Verhandlungstermin erwirkten, damit Captain Bligh nicht als Zeuge zugegen sein konnte.

Am 12. September 1792 begannen die Verhandlungen, die fünf Tage in Anspruch nahmen. Peter Heywoods Anwälte gaben zur Verteidigung ihres Mandanten an, dass dieser kein aktiver Meuterer gewesen sei.
Heywood sei nur an Bord der *Bounty* geblieben, weil das Beiboot bereits zu überfüllt gewesen war. In das Boot zu William Bligh zu steigen, wäre einem Selbstmord gleichgekommen.
Auch andere Meuterer versuchten in ähnlicher Argumentation oder mit Empfehlungsschreiben von Offizieren aus früherer Heuer ihren Kopf aus der Schlinge zu ziehen. Einzig bei vier Männern konnte von Beginn an, schon durch William Bligh's Aufzeichnungen sichergestellt werden, dass sie gegen ihren Willen auf dem Schiff festgehalten worden waren.
Am 18. September war die Urteilsverkündung, nach der die Anklagepunkte gegen Peter Heywood, James Morrison, Thomas Ellison, Thomas Burkett, John Millward und William Muspratt sich als begründet erwiesen, wofür sie mit dem Tod durch Strang bestraft werden sollten.
Für Peter Heywood, James Morrison und William Muspratt wurden wegen der unterschiedlichen Umstände ihres jeweiligen Falles Gnadengesuche an König George eingereicht.
Bis zum endgültigen Ergebnis mussten die Männer weiterhin in Gefangenschaft bleiben. Am 27. Oktober schließlich verlas Captain Montagu vor der versammelten Crew an Deck der *Hector* '*His Majesty the King's gracious and unconditional pardon*', wonach Heywood und Morrison zwar schuldig aber begnadigt worden waren. William Muspratt erhielt erst im Februar 1793 das positive Ergebnis seines Gnadengesuchs.
Die restlichen drei zum Tode verurteilten Meuterer wurden am 28. Oktober 1792 auf die *Brunswick* übergesetzt und am nächsten Tag an den Rahen gehängt.

Peter Heywood kam schnell über den Schandfleck der *Bounty*-Meuterei hinweg. Er hatte zahlreiche Verwandte, die hohe Posten bei der Marine bekleideten und ihn auf ihre Schiffe nahmen, wo er in kurzer Zeit Karriere machte und noch vor 1793 offiziell von der Admiralität zum Lieutenant befördert wurde. 1803 hatte er den Kapitänsrang inne.

Aus der Familie Christian gewann vor allem ein Bruder Fletchers, Edward Christian, solchen Einfluss in der Öffentlichkeit, dass während Captain Bligh's Abwesenheit langsam der Eindruck entstand, der vormalige Lieutenant habe die Meuterei verursacht.

Edward Christian schickte sich gerade an, zum führenden Professor der Rechte in Cambridge aufzusteigen, als er im November 1792 einen Brief *‚von einem ehemaligen Offizier der Bounty'* [19] erhielt, der deutlich machte, dass Fletcher Christian von William Bligh zu Unrecht als Bösewicht hingestellt worden sei. Der Verfasser war Peter Heywood.

Dieses Schreiben veranlasste den Juristen, eigene Nachforschungen anzustellen und William Bligh mit den Ergebnissen öffentlich anzugreifen, indem er viele Punkte der Bligh'schen *Narrative* zu widerlegen versuchte. Noch als Lieutenant hatte Bligh einen Bericht zur Meuterei und der Bootsfahrt nach Timor verfasst, *A Narrative of the Mutiny on board His Majesty's Ship BOUNTY*, die 1792 während seiner Abwesenheit von Sir Joseph Banks veröffentlicht wurde. Edward Christian dagegen stellte die Meuterei als einen notwendigen Befreiungsakt dar, zu dem sein Bruder aus extremer mentaler Not heraus gezwungen worden sei.

Als Captain Bligh am 7. August 1793 nach erfolgreicher Brotfrucht-Mission wieder in England eintraf, war sein Ruf bereits ziemlich beschädigt.
Im Herbst erhielt er von Sir Joseph Banks, der ihm inzwischen ein treuer Freund geworden war, ein Päckchen mit entsprechenden Schriftstücken zur Meuterei, die dazu dienen sollten, William Bligh bei dem angesehenen Botaniker und Naturforscher in Ungnade zu stürzen.
Banks jedoch hatte sie unbeachtet beiseitegelegt und für seinen Freund aufgehoben. Bligh war gezwungen, dazu Stellung zu nehmen.

Im Dezember 1794 veröffentlichte er eine Gegendarstellung [20], in der er sich gegen die Anwürfe Christians verteidigte und als Beleg zahlreiche Schriftstücke beilegen konnte, die seine Integrität unterstrichen.
Diese Gegendarstellung beantwortete Edward Christian kurz darauf im Frühjahr 1795 mit einer *Short Reply to Capt. William Bligh's Answer*, in der er weiterhin darauf pochte, dass die Ergebnisse, die der vormalige Lieutenant zu widerlegen versuchte, richtig seien.
William Bligh war am Ende zwar erfolgreich aus dieser Angelegenheit hervorgegangen, doch die Gerüchte um die Meuterei hatten bereits eine unaufhaltsame Eigendynamik entwickelt, der er nicht mehr beikommen konnte.
Inzwischen war die Geschichte der *Bounty* mit Fletcher Christian als romantisch-tragischen Helden, der sich von einer erdrückenden Übermacht befreien musste, populär geworden und wurde so in die Welt hinausgetragen.

Im Februar 1808 stieß die *Topaz*, ein amerikanischer Robbenfänger, im Südpazifik auf eine Insel, die gemäß der damaligen Seekarten an jener Stelle gar nicht eingezeichnet war.

Captain Folger vermutete allerdings, dass dies Pitcairn sein müsste. Auf der Insel entdeckten die Amerikaner eine Siedlung von Tahitiern, von denen die jüngeren alle Englisch sprachen. Sie trafen schließlich auch auf Alexander Smith [21], ehemals Vollmatrose auf der *Bounty*. Smith war nun das Oberhaupt dieser kleinen Inselkolonie aus tahitischen Frauen und den Nachkommen der restlichen *Bounty*-Meuterer.

Die Robbenfänger erfuhren, dass Fletcher Christians Gruppe von neun Männern mit dem Schiff Richtung Pitcairn weitergesegelt war. Nachdem die Insel aber auf den Seekarten falsch eingezeichnet war, konnten sie sie nicht finden und kreuzten umher, bis sie am 15. Januar 1790 zufällig doch auf die Insel stießen. Sie erschien den Männern daher als ein sicherer Ort, wo man sie nicht aufspüren würde.

Die Meuterer steuerten die *Bounty* auf Grund und trugen alles ab, was sie vom Schiff brauchen konnten. Die Kolonie startete mit neun Meuterern, elf Frauen, einem Kind und sechs Männern aus Tahiti.

Dem Bericht Smiths zufolge hatte sich die Kolonie gut entwickelt, allerdings verstarben in den ersten beiden Jahren zwei Meuterer. Sechs weitere, darunter auch Fletcher Christian, wurden vier Jahre später von den tahitischen Männern ermordet, was die tahitischen Ehefrauen der Ermordeten dazu veranlasste, aus Rache die sechs Tahitier zu erschlagen. Somit blieb Alexander Smith mit den Frauen und deren Nachkommen zurück, darunter einem Sohn Fletchers: Thursday October Christian.

Alle Bücher, die William Bligh in seine Kabine auf die *Bounty* mitgebracht hatte, standen ordentlich aufgereiht in Smiths Unterkunft. Er hatte darauf geachtet, den Siedlern neben Vaterunser und Glaubensbekenntnis die Grundzüge des christlichen Glaubens beizubringen.

Als die Robbenfänger wieder in Amerika eintrafen, ließ Captain Folger diese Neuigkeiten sofort der englischen Admiralität zukommen.

Die jedoch nahm das Ganze eher mit mäßigem Interesse auf. England befand sich noch immer im Krieg mit Frankreich, was die Nachhut einer Meuterei von vor knapp 20 Jahren ziemlich unwichtig erscheinen ließ.

Erst sechs Jahre später, als 1814 zwei britische Kriegsschiffe wieder zufällig auf die Insel stießen – sie war noch immer nicht richtig auf den Seekarten eingezeichnet – erregte das Ganze größeres öffentliches Aufsehen, nachdem die beiden Kapitäne Sir Thomas Staines von der *Briton* und Philip Pipon von der *Tagus* im *Naval Chronicle* einen längeren Bericht dazu verfasst hatten.

In der Folge besuchten viele britische Schiffe die Inselkolonie und brachten den Bewohnern allerlei Dinge mit. Darunter war eine *academic edition* des *Robinson Crusoe*, dessen moralische Textpassagen als erzieherisch wertvoll für die Kolonisten erachtet wurden.

Viele Leute bekamen nun die Gelegenheit, selbst mit Alexander Smith zu sprechen und dessen Version der Meuterei zu hören. Es wurde regelrecht schick, auf Pitcairn einen Abstecher zu machen, wenn ein Schiff sich in der Gegend befand. So gelangten zahlreiche Varianten der Meutereigeschichte in Umlauf, bis sich um 1820 herum ein weiteres Element als gegeben verfestigt hatte, dass die Ursache der Meuterei in der gnadenlosen Strenge Lieutenant Bligh's lag, der sogar seinen Maat, Fletcher Christian, körperlich bestrafen lassen habe.

William Bligh lebte zu dieser Zeit nicht mehr. Er hatte unter Admiral Nelson der britischen Marine noch erfolgreich gedient und wurde zuletzt zum *Vice Admiral of the Blue* befördert.

Im Jahre 1817, als Bligh im Begriff war, seinen Arzt aufzusuchen, fiel der 63-Jährige mitten auf der Bond Street plötzlich tot um.

Sir Joseph Banks setzte sich bis zu seinem eigenen Tod im Jahre 1820 unermüdlich dafür ein, das Andenken an seinen Freund zu bewahren und Ehre und Ruf des Verstorbenen zu verteidigen. Doch ab 1820 waren Tür und Tor für allerlei Spekulationen offen, die Captain William Bligh schließlich ungehindert zu einem tyrannischen Ungeheuer stilisierten, was ihm fortan als unauslöschbares Stigma anhaften sollte.

Teil III

Piraten

> *'Ihr seid ein ängstlicher Welpe, und dasselbe gilt für diejenigen, die sich unterwürfig von Gesetzen gängeln lassen, die reiche Leute zu ihrem eigenen Wohl gemacht haben; denn die feigen Welpen haben nicht den Mut, das bisschen zu verteidigen, was ihnen durch diesen Betrug zugestanden wird; aber zum Teufel mit euch allen [...] Sie haben die Stirn, uns als Bösewichter hinzustellen, diese Schurken, nachdem es nur diesen einen Unterschied gibt:*
> *sie berauben die Armen unter dem Deckmäntelchen der Gesetze – fürwahr – und wir plündern die Reichen aus unter der Protektion unserer eigenen Courage.'* [1]
>
> Der Pirat Captain Charles Bellamy zu dem Handelsschiff-Kapitän Beer.

Der Begriff 'Pirat', aus dem Griechischen *peiran* für angreifen, hat durch literarische Figuren wie Long John Silver aus *Die Schatzinsel* oder Captain Hook aus *Peter Pan* über die Zeit hin eine unabwendbar faszinierende Anziehungskraft gewonnen. Vergleichbar ist dies mit der Mythologisierung von Cowboys und dem Wilden Westen.

Beiden Begriffen werden aufregende Abenteuer, ungezügelte Freiheit und ein Leben nach eigenen Maßstäben und Gesetzen jenseits gesellschaftlich einzwängender Normen zugeschrieben. Im Falle des Piraten kommen tropische Südseeinseln mit angenehm sonnigem Klima, vor Gold und Edelsteinen überquellende Schatztruhen, Rum in rauen Mengen nebst Holzbein, Papagei, Augenklappe und Totenkopfflagge hinzu.

Blickt man in historische Zeugnisse über Piraten, so sieht das Bild bald nüchterner aus: Piratenleben war von ausschreitender Gewalt bestimmt – und zwar von der, die Piraten beim Kapern selbst ausübten und der, die sie letztlich am eigenen Leib erfahren mussten, wenn sie nach durchschnittlich zwei Jahren [2] aktiver Seeräuberei gefasst wurden, dabei im Gefecht umkamen oder später in Schauprozessen am Galgen endeten.

Piraterie hat es gegeben, seit Menschen auf Wasserwegen in Handelsbeziehungen zueinander standen. Als *goldenes Zeitalter der Piraterie* jedoch gelten die Jahre um 1650 bis 1730 [3], als die Gewässer der Karibik, der Ostküste Nord- bis Mittelamerikas, Westafrikas und der Indische Ozean verstärkt von ihnen heimgesucht wurden. Dort verliefen die wichtigsten Handelsrouten, auf denen regelmäßig reichbeladene Schiffe unterwegs waren.

Die Verluste an Waren und Schiffen erreichten schließlich alarmierende Zahlen, so dass der Handel in den englischen Kolonien Amerikas empfindlich darunter litt, aber auch ernstzunehmende Beschwerden anderer Handelsmächte das englische Königshaus erreichten.
Letztlich war ein Großteil der Seeräuber Engländer [4], was die englische Krone unter Druck setzte, wirksame Maßnahmen zur Bekämpfung einzuleiten. Schiffe der britischen Marine patrouillierten daraufhin regelmäßig auf den Handels-Seewegen, während ganze Flotten gezielt dazu eingesetzt wurden, bestimmte Piraten aufzuspüren oder bekannte 'Nester' auszuheben.

Untersucht man die Ursachen, die zu einem solchen Boom geführt haben, wird deutlich, dass Piraterie und gesellschaftliche Krisensituationen in engem Zusammenhang miteinander stehen.
In den Zeiten zwischen 1650 bis 1730 galt dies in besonderem Maße:
Nach Beendigung kontinentaler Kriege wurden zahllose Matrosen, die auf Schiffen der britischen Marine gearbeitet hatten, zuhauf entlassen, weil in Friedenszeiten keine große Kriegsflotte mehr notwendig war. Auch so genannte *privateers*, die in Kriegszeiten im Auftrag und mit Deckung des Königshauses Schiffe von feindlichen Nationen kaperten und diese mit Absegnung eines *letter of marque* ausraubten, behalfen sich wie folgt:
'Wenn nach Beendigung feindlicher Übergriffe Frieden erklärt wurde, war es für die Besatzung eines Kaperschiffs ausgesprochen schwer, das Räuberleben aufzugeben. Viele drifteten dadurch leicht zur Piraterie hinüber. Oft kam es nach langen Seekriegen zu Reduktionsmaßnahmen im Marinebestand, so dass ganze Schiffsbesatzungen entlassen wurden, worauf bettelnde und hungernde Matrosen die Straßen der Städte überfüllten.[...] Diese gaben der Versuchung schnell nach, auf ein Schiff zu steigen das irgendwo Richtung Südsee ablegte, wo keine Fragen gestellt wurden und es keinen Lohn gab, dafür aber jede Hand an Bord einen fairen Anteil am Abenteuer hatte.' [5]

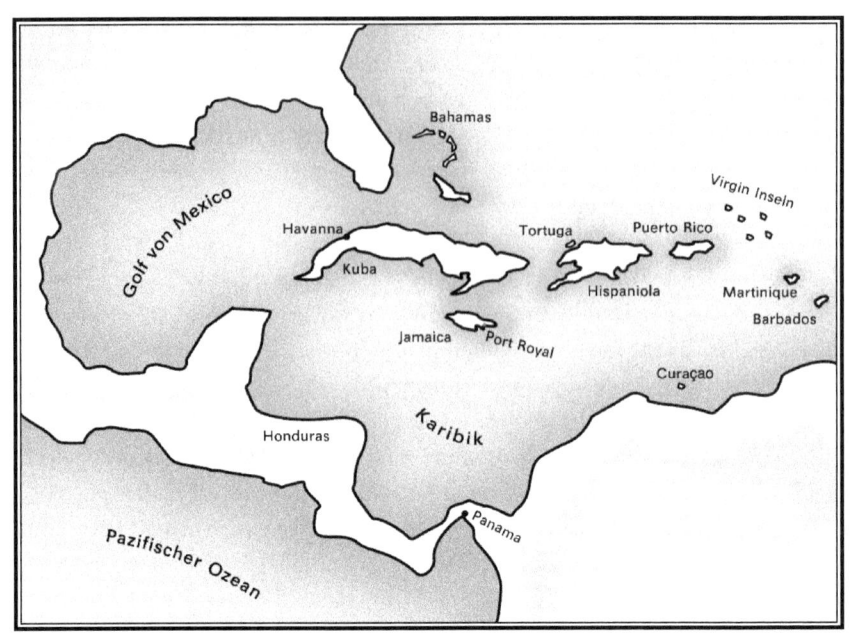

Gebiete mit starker Piratenaktivität zwischen 1650 und 1730 – 1

Hinzu kamen allgemein soziale Miss-Stände, die zahlreiche Matrosen zu Piraten überlaufen ließen, um den extrem harten Lebensbedingungen auf Handels- oder Marineschiffen zu entfliehen. Viele Piratencrews bestanden aus Männern unterschiedlichsten Alters, die lieber einen Piraten-Codex unterschrieben, als weiterhin '*Sklaven für 46 Wochen und Herren für sechs*'[6] zu sein. Not war ihnen ein wohlbekannter Begriff:

'*Die Karriere eines einfachen Seemannes war nicht, was der Sohn eines auch nur in bescheidenstem Maße wohlhabenden Handelsmannes oder eines gelernten Handwerkers gewählt hätte: hauptsächlich aus den niedrigsten Rängen der Gesellschaft, aus Kindern von Handlangern, Arbeitern auf den Farmen, aus Seeleuten und jungen Männern, die [...] nicht einmal für die niedrigsten Arbeiten an Land akzeptiert wurden, bestanden die Crews.*'[7]

Im Jahre 1721 etwa waren 20.533 Matrosen auf englischen Schiffen beschäftigt. Wie Jo Stanley in ihrer Studie *Bold in her Breeches* weiter ausführt, betrug der Gewinn 'aus Import und Export 14,5 Millionen Pfund, das Gehalt eines Matro-

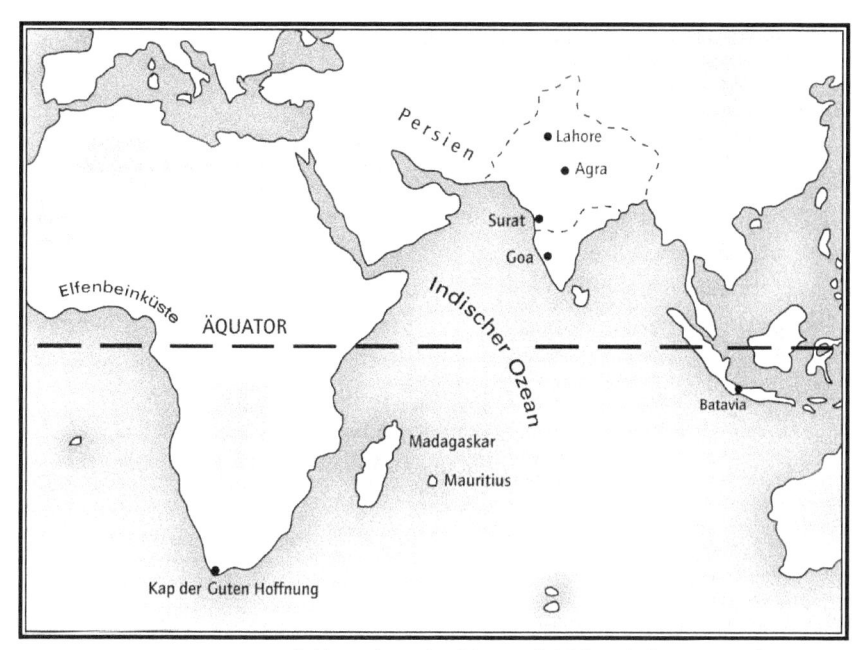

Gebiete mit starker Piratenaktivität zwischen 1650 und 1730 – 11

sen' in diesem Jahr 'aber nur 1,5 Pfund. Hochgerechnet ergibt sich eine Gesamtsumme von 360.000 Pfund an Heuer, was zeigt, in welchem Maße von den niedrigen Löhnen der Seeleute profitiert'[8] wurde.
– Vorausgesetzt, sie wurden überhaupt bezahlt, was für Matrosen auf Marineschiffen nicht selbstverständlich war. Die Marine hatte neben einem notorischen Bemannungsproblem auch häufig ein großes Finanzproblem, das zu Lasten der einfachen Matrosen ging, denen in solchen Zeiten einfach keine Heuer ausbezahlt wurde.

Im Vergleich dazu stehen verlockende Werte von '100.000 Pfund, nicht nur an Gold und Silber, Wein und Brandy aber auch an Indigo, Seide, Leinen, Gewürzen und Baumwolle'[9], die auf Frachtschiffen geladen waren.
Als 1693 Thomas Tew mit seiner Crew im Indischen Ozean ein Handelsschiff aus Bombay überfallen hatte, erhielten die Piraten je 3.000 Pfund Anteil.[10] Das Handelsschiff *Quedah* hatte Waren im Wert von 20.000 Pfund geladen, die Captain Kidd und seine Crew in ihren Besitz brachten.

Und Schätzungen zufolge betrug der Wert auf der *Nostre Senhora de Cabo*, den die Piraten um Taylor und England erkaperten, 160 Millionen Dollar in heutiger Kaufkraft. [11]

Manche Matrosen entschieden sich schnell dafür, zur Besatzung eines Piratenschiffs überzulaufen, wenn ihr Schiff gekapert wurde [12], andere wurden zwangsweise in die Crew rekrutiert – und zwar meist, wenn sie Schiffszimmerleute oder Bottichmacher waren.
'*Als im Oktober 1724 die Piraten um Farrington Spriggs die Barbados Merchant kaperten, zwangen sie John Bibby, den Maat, John Jones, den Schiffszimmermann und Richard Fleet, den Böttcher*' [13] in ihre Crew.
Dass Piraten dabei nicht lange herumfackelten, zeigt ein Artikel der *Boston Gazette* vom 29. November 1725, in dem davon berichtet wird, wie nach Kapern der *Fancy* [14] ein Böttcher zunächst schwer misshandelt und schließlich unter Androhung, ihm mit der Axt den Kopf abzuschlagen dazu gezwungen wurde, den Piraten-Codex zu unterschreiben.
Nachdem Piraten nicht einfach im nächsten Hafen anlegen konnten, um Reparaturen am Schiff vorzunehmen oder Ersatzsegelzeug zu kaufen, waren fähige Crewmitglieder an Bord überlebensnotwendig, die anstehende Reparaturen fachmännisch ausführen konnten. Das Leben der gesamten Besatzung hing mit vom guten Zustand des Schiffes ab.
Ebenso wichtig war der Bottichmacher, der Truhen und Fässer für Fracht und Proviant herstellen bzw. kaputte Fässer reparieren musste. Auf See waren verderbliche Lebensmittel gepökelt oder in Salzlake eingelegt, um sie längere Zeit haltbar zu machen. Auch sämtliche andere Vorräte wie Schiffszwieback, Wasser, Wein, Bier und getrocknetes Rindfleisch wurden in Fässern aufbewahrt.

Während also die meisten Piraten ehemalige Matrosen von Kriegs- oder Handelsschiffen waren, die teilweise auch durch Meuterei den Weg in die Piraterie eingeschlagen hatten oder aber als ehemalige *privateers* im Dienst des Königshauses nun vollends unter schwarzer Flagge segelten, gab es eine Ausnahme unter ihnen: Major Stede Bonnet.
Aus Captain Charles Johnsons berühmter *General History of the Robberies and Murders of the most notorious Pyrates* [15], die im Mai 1724 erschien, erfährt der Leser, dass Bonnet ein wohlhabender und angesehener Plantagenbesitzer auf Barbados gewesen war.

Er hatte liberale Bildung genossen und sollte wohl 'von allen Männern die geringste Versuchung gehabt haben, einen solchen Lebenswandel einzuschlagen' [16], dennoch entschloss er sich vermutlich aus Überdruss an seinem privilegierten Leben, Pirat zu werden.

An ihm dürfte deutlich sein, welch' faszinierenden Eindruck Piraten – über die er in seiner Wohngegend sicherlich viel erfahren hat – auf ihn gemacht haben. Im Sommer 1717 erwarb er ein Schiff, heuerte um die 70 Mann Besatzung an und überfiel bald auf und ab der amerikanischen Ostküste zahlreiche Schiffe. Dabei stieß er auf den bereits berüchtigten Piraten Blackbeard. Dieser trickste ihn aber schon bald übel aus und segelte davon.

Bonnet wollte Blackbeard daraufhin hinterhersetzen und dingfest machen, doch er hatte damit kein Glück. Wie er schließlich wieder mehrere Schiffe überfallen hatte, musste er im September 1718 mit seinem Schiff wegen Reparaturmaßnahmen an Land anlegen.

Ausgerechnet in dieser Gegend war man ohnehin schon durch Blackbeards zahlreiche Überfälle auf der Hut, und so erhielten die Behörden schnell einen Hinweis, dass wieder ein Piratenschiff in der Bucht sei, worauf zwei Schiffe lossegelten, es aufzuspüren.

Nach fünfstündigem Kampf am Cape Fear River ergaben sich die Piraten und wurden festgenommen. Bonnet und seine Crew wurden zum Tode verurteilt und im November 1718 in White Point bei Charleston gehängt.

Entgegen der landläufigen Meinung, dass Piraten vor allem Reichtümer an Gold und Silber angehäuft haben, steht die historische Realität.
Piraten plünderten auf gekaperten Schiffen, was ihnen in die Hände fiel und auf ihrem eigenen Schiff brauchbar war oder benötigt wurde, darunter auch Kleidungsstücke und schlichtweg Proviant.
Ganze Schiffsladungen an Handelsgütern wie Gewürzen, Stoffen aber auch Sklaven wechselten ebenso den Besitzer wie die Schiffe selbst neben Segelzeug, Takelage, Werkzeugen und Navigationsinstrumenten.
Erstere wurden weiterverkauft, letztere waren als Ersatzmaterial oder zur Reparatur des eigenen Schiffs gedacht.

Als im August 1717 die *Restoration* [17] überfallen wurde, nahmen die Piraten neben Waren und Vorräten an Bord auch Segel, Pumpenbolzen, Nähnadeln, Zwirn, Kessel und Bratpfanne mit. Oftmals ergriffen Piraten die Gelegenheit, ihr eigenes, nicht mehr ganz seetaugliches Schiff gegen ein eben gekapertes

auszutauschen oder einfach gegen ein größeres.
Sam Bellamy brachte im März 1717 die *Whydah* [18] in der Nähe der Bahamas in seine Gewalt. Das viel größere Schiff war unter anderem reichbeladen mit Elfenbein, Indigo, Zucker, Jesuitenborke (woraus Chinin hergestellt wurde), und Gold und Silber im Wert von um die 20.000 bis 30.000 Pfund. Bellamy übernahm die *Whydah* und rüstete sie mit den Kanonen von seinem eigenen Schiff zu 28 Kanonen auf.

Die erbeuteten Güter wurden unter der Crew nach den im jeweiligen Piratencodex festgelegten Regeln aufgeteilt. Meist folgte auf den Beutezug ein tagelanges Trinkgelage an Bord oder an bestimmten Orten, wo Piraten ohne Gefahr anlegen konnten und ihr neugewonnenes Geld in Tavernen und Bordellen sinnlos verprassten.
Bis die englischen Behörden gegen Ende des 17. Jahrhunderts strenge Gesetze zur Bekämpfung der Piraterie erließen, waren Port Royal in Jamaica, Nassau auf den Bahamas, Hispaniola (heute Haiti und Dominikanische Republik) und Madagaskar beliebte Anlegestätten, die Piraten bevorzugt ansteuerten, um ihre erbeuteten Waren zu verkaufen und sich an Land amüsierten. Holländische Piraten operierten von Curaçao, Saba und St. Eustacius aus, während französische Freibeuter die Virgin Inseln in Beschlag nahmen.
Mit Wein und Prostituierten brachten Piraten in kürzester Zeit ganze Vermögen durch. In Port Royal waren sie dafür bekannt, *'2 bis 3000 Pesos in einer einzigen Nacht zu verprassen; und einer gab einem Freudenmädchen sogar 500 Pesos, um sie nackt zu sehen. Sie kauften gewöhnlich ein Fass Wein, stellten es auf die Straße und nötigten jeden Passanten, davon zu trinken.'* [19]

Bedeutsamerweise kamen mehr Piraten in Bordellen und durch extremen Alkoholmissbrauch zu Tode als in Gefechten, obwohl das Leben auf See ohnehin schon gehörigen Tribut forderte.
Neben tödlichen Erkrankungen wie Malaria, Gelbfieber, Typhus und Skorbut litten insbesondere Piraten durch ihre häufigen Bordellbesuche meist an Gonorrhoe und anderen Geschlechtskrankheiten. So wie alle Matrosen liefen sie Gefahr, Wundbrand zu bekommen oder an der Ruhr zu erkranken.
Unterernährt und ausgebrannt hatten sie zudem mit Sonnenbrand, Wurmbefall und Durst zu kämpfen. Dazu kamen noch Verletzungen und Verstümmelungen, zu denen es in der täglichen Arbeit auf dem Schiff kam und der Verlust von einzelnen Gliedmaßen in Kampfeshandlungen. [20]

In der Gruppe einer Piratencrew herrschte gewöhnlich demokratische Gleichberechtigung, was in diesen Zeiten für einfache Matrosen auf Handels- oder Marineschiffen undenkbar war. Dort mussten die jeweiligen Ränge mit den dazugehörigen Privilegien strikt beachtet werden, und auf die Ernennung zum Ersten Maat oder gar Kapitän hatten einfache Matrosen keinen Einfluss.
In der Gruppe der Piraten dagegen konnte jedes Mitglied mit gleichem Stimmwert darüber abstimmen, wer Kapitän werden soll oder aber auch darüber, ihn abzusetzen, wenn die Crew mit ihm nicht zufrieden war.
So erging es Captain England [21], als seine Crew fand, dass er die Geiseln von gekaperten Schiffen zu sanft behandelte. Er wurde Anfang 1721 kurzerhand aus seiner Position enthoben und mit drei loyalen Anhängern auf einer unbewohnten Insel vor Madagaskar ausgesetzt.
Die Männer, die dort ihrem Schicksal überlassen werden sollten, erreichten zwar schließlich Madagaskar, wo sie um ihr Essen bettelten, jedoch bald darauf elend verstarben.

Die gesamte Crew entschied auch darüber, wohin die Reise ging, ob und wann ein bestimmtes Schiff oder eine Siedlung an der Küste überfallen und ausgeraubt werden sollte. Sie achteten darauf, dass der Kapitän nur wenige Privilegien genoss, *'nachdem sie früher unter der schlechten Behandlung durch ihre Offiziere gelitten hatten und sorgten tunlichst dafür, solche Übel künftig zu vermeiden.'* [22]

Viele Crewmitglieder waren Schwarze, die zweifellos entflohene Plantagensklaven gewesen waren und im Vergleich zu ihrem früheren Leben die Piraterie als Mittel sahen, ihre Freiheit zurückzugewinnen.
Dennoch macht David Cordingly in *Under the black Flag* deutlich, dass trotz demokratischer Grundhaltung in einer Piratencrew auch Piraten selbst Kinder ihrer Zeit waren. Sie teilten die gängigen Vorurteile bezüglich Sklaverei, und schwarze Crewmitglieder waren oft für die anstrengendsten oder 'Haus'-Arbeiten an Bord zuständig.
Putzen, Waschen, Holz holen und Dienstbotentätigkeiten sowie die Schiffspumpen gehörten in ihren Zuständigkeitsbereich. Überdies hinaus kaperten Piraten häufig Schiffe mit Ladungen von afrikanischen Sklaven, die sie ohne Skrupel dem nächsten Plantagenbesitzer weiterverkauften.
Piraten nahmen somit aktiv am Sklavenhandel teil und profitieren davon in großem Maße.

In unbewohnte und möglichst versteckt liegende Buchten zogen sich Piraten regelmäßig zurück, wo sie ihr Schiff am Ufer kielholten und den Rumpf von Seegras, Tang, Muscheln und Algen reinigten, während andere Crewmitglieder an Land nach Schildkröten, Affen, Schlangen und Trinkwasser suchten, um den Proviant aufzustocken.

Regelmäßige Pflege war wichtig, damit das Schiff die höchstmögliche Geschwindigkeit erreichen konnte. Sowohl auf der Flucht als auch beim Kapern erwiesen sich Piratenschiffe als äußerst wendig und schnell, während die größeren Handelsschiffe oft schwerfälliger und langsamer waren, was meist auch daran lag, dass die Schiffe weniger gepflegt und dadurch von großen Mengen Seetang am Rumpf gebremst wurden.

Piraten kaperten Schiffe auf unterschiedliche Weisen, wovon die einfachste darin bestand, das Opfer unter der Flagge einer anderen Nation in Sicherheit zu wiegen, bis die Piraten nah genug herangesegelt waren, und erst im letzten Moment die Totenkopfflagge zu hissen, wenn das andere Schiff keine Möglichkeit mehr hatte, zu entkommen.

Diese Methode der *ruse de guerre* war in Kriegszeiten auf Schiffen der Marine weitverbreitet. Als Captain Low im März 1723 auf ein spanisches Handelsschiff in der Bucht von Honduras traf, '*hissten die Piraten die spanische Flagge und segelten an das Schiff heran. Dann holten sie die spanische Flagge wieder ein und hissten ihre schwarze Flagge, feuerten eine Breitseite und enterten das Schiff.*' [23]

Manche Piraten hatten bereits eine gefürchtete Berühmtheit erworben, so dass sie unter einem eigenen Emblem segelten, das den Gegner bereits von weitem so einschüchtern sollte, dass dieser sich ohne Widerstand sofort ergab.

Gewöhnlich feuerten Piraten einen Warnschuss mit ihren Kanonen ab, wenn sie die Totenkopfflagge gehisst hatten, und der Kapitän des anderen Schiffs tat gut daran, keinen Widerstand zu leisten. Piraten lag wenig daran, das andere Schiff durch Beschuss etwa zu beschädigen und so ihre Beute zu gefährden. Doch wenn dessen Besatzung sich nicht kampflos ergab, kamen Schiffskanonen, eine Art Handgranate, befüllt mit Schrot und Schwarzpulver, und diverse andere Wurfgeschosse zum Einsatz. Meist waren die Crews auf Handelsschiffen in ihrer Anzahl den Seeräubern weit unterlegen und wagten allein schon deshalb keinen Widerstand.

Diejenigen, die dennoch kämpften, wurden nach Kapern des Schiffs zur Strafe extrem misshandelt oder getötet. Gewalt und Terror war auch immer dann

Mittel zum Zweck, um von Besatzungsmitgliedern die Verstecke der Wertsachen zu erfahren oder ein Racheakt, wenn das Schiff einer Nation angehörte, die dabei behilflich gewesen war, Piraten aufzuspüren und diese gehängt worden waren.
Bartholomew Roberts etwa quälte gnadenlos Matrosen aus Martinique oder Barbados, wenn er sie in die Finger bekam, weil die Gouverneure dieser Inseln zahlreiche Versuche gestartet hatten, ihn zu fangen. Als er 1721 Schiffe aus Martinique kaperte, wurden von der Besatzung '*manche fast zu Tode gepeitscht, anderen die Ohren abgeschnitten, andere an den Nocken aufgehängt und als Zielscheibe beschossen.*' [24]

Kapitäne oder Offiziere, die die Matrosen ihrer Besatzung schlecht behandelt hatten, bekamen von den Piraten empfindliche Strafen. In Johnson's *General History* wird von Captain Skinner berichtet, der das Pech hatte, in die Hände der Piraten unter Captain England zu fallen, unter denen sich sein ehemaliger Bootsmann befand. Dieser hatte offenbar noch immer eine Rechnung mit dem Kapitän offen und empfing ihn mit den Worten: '*Ah, Kapitän Skinner! Sind Sie das? Der einzige Mensch, den ich schon die ganze Zeit treffen wollte; ich stehe sehr in Ihrer Schuld, und nun werde ich es Ihnen mit gleicher Münze heimzahlen!*' [25]
Skinner wurde von den Piraten an der Ankerspill festgebunden und zunächst mit Scherben von zerbrochenen Glasflaschen traktiert, die als Wurfwaffen eingesetzt waren, danach über das gesamte Deck gejagt und dabei ausgepeitscht. Schließlich befanden die Piraten, dass er kein Spielverderber gewesen sei und deshalb einen leichten Tod verdient habe, worauf sie ihm eine Kugel in den Kopf jagten.

In Piratenfilmen und Piratenromanen wird unablässig eine für Piraten typische Vorgehensweise zitiert, dass sie ihre Opfer mit verbundenen Augen und gefesselt über eine Planke ins Meer laufen lassen.
Tatsächlich aber kann man in den Dokumenten zu Piraten, die das siebzehnte und frühe achtzehnte Jahrhundert abdecken, keinen einzigen Hinweis darauf finden. Einzig ein Vorfall aus dem 19. Jahrhundert ist bekannt:
1829 berichtet die *Times* am 23. Juli von einem Piratenüberfall in der Karibik, wo die holländische *Vhan Fredericka* gekapert wurde. Die Piraten schickten sämtliche Matrosen bis auf einen, den sie später auf Kuba absetzten, mit verbundenen Augen, an den Händen gefesselt und an den Füßen beschwert über die Planke ins Meer. [26]

Piraten konnten extrem grausam sein und schreckten lange nicht davor zurück, auch weibliche Gefangene in Massen zu vergewaltigen. Dass das berüchtigte Über-die-Planke-gehen in Realität wohl doch nicht die Regel gewesen war, könnte damit erklärt werden, dass Piraten ihre Opfer auch kurzerhand über Bord werfen oder ein gekapertes Schiff, das sie nicht mehr benötigten, mitsamt der Geiseln verbrennen konnten, was oft genug vorkam und viel Zeit sparender war, als Leute zunächst zu fesseln, ihnen die Augen zu verbinden und sie einen nach dem anderen über die Planke ins Meer zu befördern.

Eine andere Methode, Vergehen zu bestrafen oder aber auch Leute loszuwerden, praktizierten Piraten dagegen sehr häufig, indem sie die unglücklichen Opfer auf einer unbewohnten Insel aussetzten.
Von Captain Blackbeard ist bekannt, dass er sich so 17 Männer seiner Crew entledigte, um die erkaperte Beute nicht teilen zu müssen. Die Ausgesetzten aber hatten Glück, dass nach etwa zwei Tagen Captain Bonnet in die Gegend kam und sie auf sein Schiff aufnahm.
Andere Piraten wurden auf Inseln zurückgelassen, um Auseinandersetzungen innerhalb der Crew zu beenden. Das war bei Robert Dangerfield[27] der Fall, der 1684 mit drei weiteren Männern auf einer unbewohnten Insel abgesetzt wurde, weil die Crew sich nicht über das Fahrtziel einig werden wollte. Die vier Männer waren diejenigen, die bei der Abstimmung unterlagen und fanden sich deshalb rasch vom Schiff entfernt.

In jedem Falle aber war dies ein besonders hartes Schicksal, denn wenn die Insel kaum oder gar keine Möglichkeiten bot, zu überleben, bedeutete das in den meisten Fällen, qualvoll zu verdursten und zu verhungern. Wer auf einer Insel ausgesetzt wurde, 'bekam nur seine Seekiste, eine Pistole und einen einzigen Schuss Munition. Es kursierten viele Geschichten von Matrosen [...], die auf einer Insel an Land gingen und dort auf eine morschgewordene Truhe und ein menschliches Skelett stießen, mit zersplittertem Schädel und einer verrosteten Pistole in der Knochenhand.'[28]

Comics oder Hollywoodfilme zeigen Piraten meist farbenfroh gekleidet und deren Kapitäne in Rüschenhemden mit überquellenden Spitzen an Kragen und Hemdsärmeln unter edlen Brokatwesten und Gehrock, dazu sorgfältig lockiertes Haar, aufgezwirbelten Schnurrbart und einen Dreispitz mit großen Flaumfedern auf dem Kopf.

Alle Merkmale an dieser Figur, die ein heutiger Betrachter sofort als piratentypisch erkennen würde, trafen im 'Golden Age of Pyracy' und noch später auf ziemlich jeden Matrosen in wärmeren Gegenden als rein matrosentypisch zu.

Lebensgroße Piraten-Figur über einer Gaststätte in Wyk auf Föhr

Abgesehen davon, dass für einen Kapitän solch eine Aufmachung in tropischfeuchtwarmen Klimaregionen auf dem Schiff wohl kaum auszuhalten gewesen wäre, er hätte sich im Gefecht beim Kapern auch nur schlecht bewegen können, behindert von mehreren Schichten an Kleidungsstücken.

Piraten waren in erster Linie Seeleute, die auf ihrem Schiff dieselben anfallenden Arbeiten verrichten mussten wie vorher als Matrose auf anderen Schiffen. So trugen sie entsprechend seetaugliche und -typische Kleidung, die meist aus Kniebund- oder langer Hose mit Leinenhemd bestand sowie einem Tuch um den Hals, das den Schweiß aufnahm.

In tropischen Regionen banden Matrosen sich zum Schutz vor der Sonne Baumwolltücher um den Kopf und liefen auf dem Schiff barfuß. Schuhe trug man nur bei Landgang, um sie zu schonen; dasselbe galt für Gehröcke, Westen und insgesamt feinere Aufmachung, die aber der gängigen Mode dieser Zeit entsprach.

'Es gab zahlreiche Vorfälle, in denen Piraten für unverdächtige *privateers* oder Matrosen auf einem Sklaven- oder Handelsschiff gehalten wurden' [29], weil sie an der Kleidung nicht als Seeräuber erkannt werden konnten.

Piraten hatten gegenüber anderen Matrosen lediglich den Vorteil, durch ihre Plünderungen einen größeren Fundus an verschiedenen Kleidungsstücken zu besitzen, so dass manche bei Landgang in den Tavernen wohl ein geckenhaftes Bild an Übertreibung abgegeben haben müssen.

Der Pirat Kit Oloard trug *'schwarze Samthosen mit Jackett, purpurfarbene Socken und einen schwarzen Filzhut. Er hatte einen braunen Bart und sein Hemdkragen war mit schwarzer Seide bestickt.'* [30]

Historische Schriften über Piraten, darunter die *General History*, *Buccaneers of America* oder *The Pirates own Book* [31] enthalten viele Illustrationen zu einzelnen Piratenkapitänen und zeigen Szenen an Bord oder an Land.

Diese Illustrationen haben später zu weiteren Piratensujets angeregt und tauchen mit den älteren Varianten oft in Büchern und Artikeln zum Thema auf. Dabei handelt es sich allerdings um Bildnisse, die dem Geschmack der Zeit entsprechen und die Vorstellung des Künstlers wiedergeben. Es sind keine authentischen Portraits mit stimmigen Details, die dazu herangezogen werden können, Aussagen über Kleidung oder Aussehen zu machen.

Zeugenaussagen bestätigen, dass Piraten beim Entern bis an die Zähne bewaffnet an Deck stürmten, was zum einen eine wirksame Einschüchterungsmethode war, zum anderen aber auch überlebenswichtig, falls eine Waffe versagte oder im Getümmel verloren ging.

Auch wenn sie gerade nicht in Kampfeshandlungen steckten, trugen Piraten gewöhnlich ihre Waffen bei sich.

Robert Drury traf 1716 auf Madagaskar zwei Piraten, die auf ihren Plantagen lebten. Der eine *'war mit einem kurzen Jackett mit großen, flachen Knöpfen und auch sonst ordentlich gekleidet, jedoch ohne Schuhe oder Strümpfe. In seiner Bauchbinde steckte mit sichtbarem Griff eine Pistole, eine weitere hielt er in seiner rechten Hand. Der andere Mann war nach englischer Art gekleidet, mit zwei Pistolen in seiner Bauchbinde und hatte gleich seinem Gefährten eine in seiner Hand.'* [32]

Als immer mehr Beschwerden verschiedener Handelsmächte das englische Königshaus erreichten, weil die Übergriffe überhandnahmen und der Handel stark davon gefährdet wurde, war ab 1680 die Zeit reif, Maßnahmen gegen Piraten zu ergreifen. Wieviele Schiffe gekapert und ausgeraubt wurden, machen Dow und Edmonds in ihrem Buch *The Pirates of the New England Coast* deutlich: 'Captain Lowther überfiel in seiner 17 Monate dauernden Karriere 33 Schiffe; Edward Low kaperte 140 Schiffe in 20 Monaten [...]' und 'Captain Bartholomew Roberts brachte in drei Jahren 400 Schiffe in seine Gewalt.' [33]

Die englischen Gouverneure von Jamaica, die Jahre zuvor erst froh gewesen waren, dass Piraten gut sichtbar in Port Royal anlegten und so mit ihrer Präsenz die Spanier fern- und die Franzosen von Angriffen auf die englischen Siedlungen abhielten, stöhnten nunmehr selbst unter den Seeräuberaktivitäten:
'Mir scheint, dass die Piraten täglich mehr werden, die einen Großteil der Schiffe zu unserer Insel kapern oder plündern' [34], klagte der Vize-Kommandeur aus Jamaica in einem Schreiben vom Dezember 1717, während Gouverneur Shute aus Boston klipp und klar darlegte, dass 'die Piraten noch immer dabei sind, die Gewässer unsicher zu machen, und wenn nicht ausreichend Schiffe der Marine geschickt werden, sie davonzujagen, dann wird unser Handel eingehen.' [35]

Prekär war die Situation aber bereits 1698, als der indische Großmogul, erbost über die Verluste, die er durch Piraten im Indischen Ozean hat hinnehmen müssen, ein Handelsembargo androhte, das den gesamten einträglichen Ost-Indien-Handel von Engländern und Holländern lahmgelegt hätte. In der Folge patrouillierten Schiffe der englischen Marine in besonders gefährdeten Gegenden und zusammen mit spanischen, französischen und holländischen Schiffen wurde nun gezielt Jagd auf Piraten gemacht.
Die Piratenhochburgen Port Royal, Nassau, Hispaniola und Madagaskar wurden militärisch kontrolliert, so dass Piraten dort nicht mehr anlegen konnten.

König George I von England erließ am 5. September 1717 einen königlichen Gnadenerlass, in dem Piraten, die sich binnen eines festgesetzten Ultimatums bei der Admiralität ergaben, 'shall have our gracious Pardon, of, and for such, his or their Pyracy, or Pyracies'. [36]
Ihnen wurden darin ihre vorher begangenen Verbrechen erlassen, nachdem sie eidesstattlich versicherten, mit der Piraterie künftig Schluss zu machen.
Gleichermaßen wurden Prämien ausgesetzt, die dazu anspornen sollten, See-

räuber dingfest zu machen. Ex-Piraten erhielten einen *letter of marque*, der sie befugte, nun ihrerseits Piratenkollegen zu jagen.
Captain Vane erlitt mit seiner Crew in der Bucht von Honduras Schiffbruch und konnte sich als einziger Überlebender auf eine unbewohnte Insel retten. Seine Erleichterung war groß, als wenig später ein Schiff aus Jamaica anlegte und er auf Captain Holford stieß, den er gut kannte.
Umso ernüchternder sollte sich erweisen, dass Holford inzwischen die Seiten gewechselt hatte, Vane festnahm und in Jamaica den englischen Behörden auslieferte, wo er am 22. März 1721 am Galgen endete. [37]

Wann immer Piraten irgendwo ein Schiff überfielen, wurden sofort Aufklärungsschiffe hinterhergeschickt, die Seeräuber aufzuspüren und schließlich unschädlich zu machen.
Handelsschiffe segelten zum Schutz verstärkt in Konvois, so dass Piraten, an Schiff und Crew unterlegen, seltener wagten anzugreifen. An Land gab es nun zuhauf Schauprozesse, in denen ganze Crews von gefassten Piraten zum Tode verurteilt und bei den Docks im Hafen gehängt wurden.

Es war üblich, die Galgen bei den Flutmarken zu errichten, wo die Grenze der jeweils zuständigen Gerichtsbarkeit für Land und See verlief.
Piraten fielen in den Zuständigkeitsbereich der Admiralität, was mit dem Hinrichtungsort unterstrichen wurde. Nach der Hinrichtung blieben die Leichen drei Gezeitenwechsel am Galgen hängen, bevor man sie abnahm und in einem anonymen Grab verscharrte.
Manche wurden für medizinische Zwecke zur Sektion [38] freigegeben, während die Leichen vieler Piratenanführer geteert und in Eisengestelle gesteckt an den Hafeneinfahrten zu sehen waren, wo sie langsam verrotteten – jedem Matrosen zur Warnung.
Aus den Hinrichtungsprotokollen von 1700 bis 1730 wird ersichtlich, dass neun Piraten post mortem zur Abschreckung in Eisengestellen aufgehängt wurden, darunter Captain Kidd, Captain Rackham und Captain Vane. [39]
Um 1720 waren noch zweitausend Piraten aktiv, während 1723 etwa tausend und 1726 nicht mehr als 200 von ihnen übrig waren. [40] Zwischen 1716 und 1726 endeten mehr als 400 Männer wegen Piraterie am Galgen, 1732 waren es mindestens 82. [41]

Der Tenor dieser Prozesse und Hinrichtungen sollte selbstverständlich den Zweck erfüllen, dass das Publikum und vor allem Matrosen aller Ränge ein so unvorteilhaftes Bild wie nur möglich von Piraten erhielten. Die Betonung lag darauf, Piraten wie niedrige und *'sprachlose Straßenköter'* [42] darzustellen und ihnen jeglichen menschlichen Wert abzusprechen. Das ist der Grund, dass es wenige Quellen zu Piraten gibt, die ihre Lebensgeschichte näher beleuchten. Was heute von ihnen bekannt ist, stützt sich vor allem auf Zeugenaussagen zu Überfällen, Gerichtsprotokolle und Berichte Dritter, wie etwa Captain Johnson's *General History*, die einige wenige Einblicke in ihr Leben erlaubt und dabei im Ton milder ist.

Der Boom an Piratenaktivität konnte bis 1730 zwar bedeutend eingedämmt werden, dennoch gab es immer wieder neue Crews unter schwarzer Flagge, die weiterhin auf den bekannten Seerouten Schiffen auflauerten und sie ausraubten.

Mary Read – nach einem Kupferstich aus Captain Johnson's "History of the Pyrates"

Anne Bonny und Mary Read

In Bereichen, die offiziell nur Männern vorbehalten waren, überrascht es zunächst, zu erfahren, dass darin auch Frauen Zutritt gefunden hatten.
Historischen Dokumenten kann man entnehmen, dass zwischen 1550 und 1830 zahlreiche als Männer verkleidete Frauen zur See gingen, wo sie sogar als Bootsmann oder Schiffszimmermann arbeiteten. [1]
Die englische Autorin Jo Stanley, die mit weiteren Verfasserinnen eine Studie zu weiblichen Piraten im Lauf der Geschichte verfasst hat, kommt zu dem Schluss: Wenn Frauen als Piratinnen in Bereichen agierten, die traditionell von Männern bestimmt waren, dann taten sie dies, weil es für sie sonst nicht mehr viele Alternativen gab. Aus Entbehrung und Not suchten sie einen Weg zu überleben und holten sich, was sie bekommen konnten, wo und solange dies möglich war. Dahinter steckte keine innere Berufung, zu der sie sich hingezogen fühlten, sondern der Zwang der Umstände.

Das gleiche gilt für zahllose verkleidete Frauen, die als Matrose zur See gingen oder als Soldat in den Krieg zogen, was vor allem viele Frauen in den großen Soldaten- und Seefahrernationen England und Holland taten.[2]

Wenn schon viele Matrosen keinen anderen Ausweg mehr gesehen hatten, ihr Leben angenehmer zu gestalten, als kriminelle Wege (als Pirat) einzuschlagen, so galt dies für Frauen aus den untersten gesellschaftlichen Klassen erst recht: sie hatten noch geringere Chancen als Männer dieser Stände, ausreichend Mittel zum Überleben aufzutreiben.
Meist waren von ihnen auch Kinder oder Verwandte abhängig. So gab es neben geringbezahlten Handlangerarbeiten und kleinkriminellen Aktionen wie Diebstahl nur noch Prostitution.
Oder eben die Möglichkeit, sich Hosen anzuziehen und als Mann verkleidet in den Genuss von wenigstens etwas höherem Lohn zu kommen und dabei gesellschaftlich einzwängenden Rollenbildern zu entfliehen.

Mary Read betonte oft, *'das Leben als Pirat hatte sie immer verabscheut und war dort nur aus Bedrängnis hineingeraten [...] mit der festen Absicht, damit aufzuhören, sobald sich eine faire Möglichkeit bieten sollte.'* [3]
Von mindestens zehn Piratinnen, die über die Jahrhunderte auszumachen sind, haben Anne Bonny und Mary Read das größte Aufsehen erregt, als sie Ende

Oktober 1720 nach Gefangennahme der Piraten um 'Calico' Jack Rackham unter seinen Crewmitgliedern entdeckt wurden.

Die Geschichte beider Frauen wird erstmals 1724 in Captain Johnson's *General History of the Robberies and Murders of the most notorious Pyrates* geschildert. So gelangte Captain Rackham durch den Umstand, dass er zwei weibliche Crewmitglieder hatte, in den Bekanntheitsgrad eines Captain Kidd oder eines Captain Blackbeard.[4]

Mary Read stammte aus England. Ihre Mutter hatte sich sehr jung mit einem Seemann verheiratet, dem sie einen Sohn gebar. Der Matrose ging wieder zur See und war seitdem verschollen. Inzwischen hatte die junge Witwe sich mit einem anderen Mann punktuell eingelassen, was nicht ohne Folgen blieb.
Noch bevor sie das zweite Kind, Mary, zur Welt brachte, starb ihr kleiner Sohn. In ernste Geldnot geraten, wandte sich Marys Mutter an die Schwiegermutter in London, mit der Bitte ihr für den 'Enkel' mit etwas Unterhalt auszuhelfen. Mary wurde kurzerhand als Junge verkleidet der Schwiegermutter präsentiert und auch weiterhin wie ein Junge aufgezogen. Einige Jahre lebten Mary und ihre Mutter von diesem Einkommen, bis die Schwiegermutter verstarb und erneut Geldsorgen drohten.
Inzwischen war Mary dreizehn Jahre alt und wurde von ihrer Mutter als Laufbursche in den Dienst einer französischen Dame gegeben, wo sie jedoch bald weglief und bei der Marine auf einem Kriegsschiff anheuerte.
Einige Zeit später leistete sie erfolgreich Söldnerdienste in Flandern, zunächst als Kadett, dann bei der Kavallerie. Dort verliebte sie sich in einen Kameraden, dem sie ihr Geheimnis enthüllte. Die beiden heirateten und zogen sich aus der Armee zurück.
Sie eröffneten ein Wirtshaus, das von vielen Soldaten frequentiert wurde und ihren Lebensunterhalt sicherte. Doch mit dem Ende des Spanischen Erbfolgekriegs 1713 verschwanden die Militärgarnisonen und die Einnahmen wurden immer geringer. Marys flämischer Ehemann starb kurze Zeit später; so musste sie das unrentabel gewordene Wirtshaus schließen und eine neue Möglichkeit auftun, ihren Lebensunterhalt zu bestreiten.
Read verkleidete sich wieder als Mann und ging nach Holland, wo sie auf einem Schiff in Richtung Karibik anheuerte.
Dieses Schiff fiel in die Hände englischer Piraten, die es vollständig plünderten und Mary als einzigen 'Engländer' an Bord in ihrer Crew behielten, während sie die Holländer wieder weitersegeln ließen.

In derselben Crew befand sich bereits, ebenfalls als Mann verkleidet, Anne Bonny.
Sie war die uneheliche Tochter eines verheirateten irischen Anwalts und seines Dienstmädchens. In der Gegend um Cork geboren, sahen sich die Eltern wegen des Skandals um Annes Herkunft und ihrer offengelebten Beziehung bald gezwungen, zusammen in die englischen Kolonien Nordamerikas auszuwandern, wo sie sich in Carolina niederließen.
Annes Mutter verstarb bald darauf, so dass Anne nun dem gesamten Haushalt ihres Vaters vorstand. Es kam zu einem Zerwürfnis zwischen beiden, als Anne auf eigene Faust einen mittellosen Matrosen heiratete, den ihr Vater nicht als Schwiegersohn akzeptieren wollte. Das junge Paar zog nach New Providence, wo der Matrose hoffte, Heuer zu finden.
Dort lernte Anne Bonny 1719 den Piraten Rackham kennen, von dem aus Johnson's *General History* zu entnehmen ist, dass er ein großer Frauenheld gewesen sein muss. Bonny verließ kurze Zeit später ihren Ehemann und fuhr als Rackhams Geliebte und Crewmitglied in Männerkleidern auf seinem Schiff zur See.
Anne wurde bald darauf von ihm schwanger, so dass Rackham sie bei Freunden auf Kuba absetzte, wo sie das Kind zur Welt brachte. Danach kam sie wieder an Bord von Rackhams Schiff zurück.
Inzwischen war Mary Read als neues Crewmitglied an Bord gekommen, die Anne Bonny wohlwollend ins Auge fiel. Sie dachte, einen jungen Mann vor sich zu haben und verliebte sich in 'ihn'. Als sie Mary davon in Kenntnis setzte, enthüllten beide Frauen voreinander ihr Geheimnis und steckten daraufhin so eng zusammen, dass Rackham, der Mary Read bis jetzt nicht als Frau erkannt hatte, eifersüchtig wurde und Read angreifen wollte. Er wurde ebenfalls eingeweiht und soll dies laut Johnson's Bericht vor den anderen Crewmitgliedern verheimlicht haben.

Unter den Zeugenaussagen der Gerichtsverhandlungen befindet sich jedoch die von John Bessneck und Peter Cornelian, die schilderten, *'wenn sie ein Schiff entdeckten, zur Jagd darauf aufriefen oder angriffen, trugen sie Männerkleider; und bei anderen Gelegenheiten trugen sie Frauenkleider.'* [5]

Aus den Quellen, die über die beiden Frauen berichten, wird leider nicht ersichtlich, welchen Status genau sie unter Rackhams Crew gehabt hatten, vor allem, wenn offenbar doch jedes Crewmitglied wusste, dass sie Frauen waren. Allgemein herrschte unter Seeleuten der Glaube, dass Frauen an Bord eines

Anne Bonny – nach einem Kupferstich aus Captain Johnson's "History of the Pyrates"

Schiffes Unglück brächten, umso erstaunlicher also ist zunächst der Umstand, mit welcher Selbstverständlichkeit offensichtlich hier gleich zwei Frauen als aktive Piratinnen in einer Crew lebten.

Weitere Zeugenaussagen machen deutlich, dass sowohl Anne Bonny als auch Mary Read in keiner Weise ihren männlichen Kollegen nachstanden, wenn es ans Kapern und Kämpfen ging. Dorothy Thomas gab zu Protokoll, dass die beiden auf dem Schiff *'Männerjacketts und lange Hosen trugen, und Tücher um ihre Köpfe gebunden hatten: und dass jede von ihnen eine Machete und eine Pistole in den Händen hielt und sie die Männer verfluchten und beschimpften, sie würden sie (die Zeugin) töten; und dass sie sie (die Zeugin) töten sollten, damit sie später nicht gegen sie aussagen könne; und (die Zeugin) sagte weiter, dass der Grund, warum sie wusste, dass dies Frauen seien, die Größe ihrer Brüste war.'* [6]

Bessneck und Cornelian erklärten außerdem, *'sie waren sehr aktiv an Bord und bereit, alles zu tun; [...] Ann Bonny teilte den Männern das Schießpulver aus, und [...] dass sie nicht den Eindruck erweckten, mit Gewalt unterdrückt oder an Bord gehalten zu werden, sondern aus freiem Willen und Einverständnis'* [7] sich dort aufhielten.

Die Erklärung dafür liegt sicherlich darin, dass beide Frauen sich in der Gesellschaft männlicher Piraten als gleichwertiges Mitglied behaupten und in jedem Falle vermeiden mussten, zimperlich oder gar weiblich zu erscheinen, was sie angreifbar gemacht hätte. Stanley untermauert dies damit, dass das betont männliche Verhalten der beiden Frauen ihnen den Respekt der Männer einbrachte und zugleich Schutzfunktion vor Übergriffen war.

Nachdem Captain Rackham und seine Crew auf Jamaica den englischen Behörden übergeben worden waren, begannen am 17. und 18. November die Prozesse der männlichen Besatzungsmitglieder und am 28. November gegen Anne Bonny und Mary Read. Alle wurden zum Tode verurteilt und die Männer am Gallows Point vor Port Royal gehängt, während Anne Bonny und Mary Read ihren Kopf aus der Schlinge ziehen konnten, weil sie in letzter Minute enthüllten, schwanger zu sein.

Die Hinrichtung wurde verschoben, um zu überprüfen, ob dies zutraf, was dann auch der Fall war, so dass beide Frauen ins Gefängnis gebracht wurden. Schwangere Delinquentinnen durften nicht gehängt werden, weil das ungeborene Kind unschuldig war.

Mary Read zog sich bald darauf schweres Fieber zu und starb [8], während Anne Bonny später ihr Kind auf die Welt brachte und am Leben blieb, doch was aus ihr und dem Kind wurde, ist nicht bekannt.

In der Zeit, als Anne Bonny und Mary Read der Prozess gemacht wurde, war bereits eine Welle an Piratenprozessen im Gange, in deren Verlauf Piraten bewusst so negativ wie möglich als *'Monster in menschlicher Gestalt'* [9] dargestellt wurden.

Im Falle der beiden Frauen war die Sache noch schlimmer: Sie hatten neben allen Anklagepunkten auch gegen geforderte Rollenbilder verstoßen, was von einer männlich-orientierten Gesellschaft nicht wohlwollend aufgenommen werden konnte. Stanley macht deutlich, so wie 'Hexen beschuldigt wurden, mit dem Teufel zu verkehren, dürfte der Vorwurf lesbischer Neigungen, der Read und Bonny' obendrein 'auferlegt wurde, ein weiterer Weg gewesen sein, sie noch mehr zu entwerten, wenngleich diese Neigungen auch tatsächlich bestanden haben könnten und daher einen zusätzlichen Grund hergaben, sie auf die Anklagebank zu zerren.' [10]

Dem damaligen Gesellschaftsverständnis nach gehörten weibliche Piraten zu 'einer Kategorie ungezügelter Charaktere, einschließlich Wegelagerinnen, Mörderinnen und Prostituierter, die allesamt überwacht und für ihre Nichtanpassung bestraft werden mussten'. [11]

Allein der Umstand, dass beide Frauen nicht zusammen mit den anderen Mitgliedern der Crew im gleichen Prozess vor Gericht standen, sondern einen gesonderten Termin bekamen, bei dem ihr Fall getrennt verhandelt wurde, macht deutlich, welchem Spießrutenlaufen sie ausgesetzt waren und im Falle ihrer Hinrichtung noch ausgesetzt werden sollten.

Jolly Roger und Piraten-Codex

Die schwarze Totenkopf-Flagge der Piraten wird gewöhnlich als *Jolly Roger* bezeichnet. Zum Ursprung dieser Bezeichnung gibt es mehrere Theorien, wonach der Name sich vom französischen *jolie rouge*, ironisch für 'hübsches' Rot ableiten könnte oder aber vom englischen *Old Roger*, einem Synonym für den Teufel.

Bevor sich der schwarze Jolly Roger mit Totenkopf und gekreuzten Knochen um 1730 durchgesetzt hat, gab es verschiedene Varianten, die nebeneinander in Gebrauch waren. Älteste Flaggen waren rot und ohne weiteren Dekor, was von der Marine übernommen wurde, die zum Angriff rote Flaggen hisste. Sie tauchen in diversen Quellen immer wieder neben schwarzen Varianten auf. Die Farbe Schwarz bedeutete Tod, Rot bedeutete Kampf. Daher also der Bezug zum französischen *rouge*.

Eine rote Fahne zusätzlich zu einem schwarzen Jolly Roger bedeutete, dass Piraten dem Gegner keine Gnade gewährten. Captain Richard Hawkins der 1724 von Piraten gefangengenommen wurde, schilderte später, wie *'sie alle an Deck kamen und den Jolly Roger hissten (denn so nennen sie ihr schwarzes Emblem, in dessen Mitte sich ein großes schwarzes Skelett befindet, mit einem Pfeil in der einen Hand, der durch ein blutendes Herz geht und in der anderen ein Stundenglas). Wenn sie unter dem Jolly Roger kämpfen, gewähren sie Gnade, was sie nicht tun, wenn sie unter der roten oder blutigen Flagge kämpfen.'* [1]

Totenkopf und gekreuzte Kochen waren seit dem Mittelalter ein gängiges Symbol für den Tod, das auf Grabsteinen und oft in Logbüchern hinter verstorbenen Crewmitgliedern auftaucht. [2]

Piraten übernahmen dieses Symbol, um dem Gegner damit schon von weitem zu signalisieren, dass es um Leben und Tod geht und man gut daran tat, keinen Widerstand zu leisten. Viele Piratencrews gestalteten ihr eigenes Emblem, das wie eine Art Erkennungszeichen fungieren und im Hauptzweck wie alle anderen Varianten den Gegner schon beim bloßen Anblick einschüchtern sollte.

Auf seiner Fahne hatte Captain Bartholomew Roberts sein bedrohliches Motto deutlich stehen: ein bewaffneter Pirat, der auf zwei Totenschädeln steht, unter denen die Buchstaben ABH (für *A Barbadian's Head*) und AMH (für *A Martinican's Head*) zu lesen waren. Der Hintergrund dabei war, dass die Gouver-

Christopher Condent

Jack Rackham

Richard Worley

Thomas Tew

Emanuel Wynne

Edward England

Einige Variationen des Jolly-Roger-Motivs

neure beider Inseln versucht hatten, Roberts zu fangen, so dass er sich an Bewohnern dieser Inseln rächte, wenn sie in seine Hände fielen.

Dem *Boston News Letter* vom 12. August 1717 ist zu entnehmen, wie Captain Brooker auf der *Restoration* von zwei Piratencrews überfallen wurde, wovon eines der Schiffe 'auf seiner Flagge einen Totenkopf und ein Stundenglas' [3] hatte, das andere 'einen Pfeil und ein blutendes Herz'. [4]

Neben Totenkopf und gekreuzten Knochen wurden auch andere weithin geläufige Symbole dieser Zeit verwendet, die den Ernst der Lage verdeutlichen sollten: das Stundenglas für die Zeit, die abläuft; ein Schwert oder gekreuzte Klingen für erbitterten Kampf und Blutvergießen. [5]

Auf der Fahne von 'Calico' Jack Rackham befand sich ein Totenkopf über gekreuzten Entersäbeln; der Pirat Emanuel Wynne segelte mit seiner Crew unter Totenkopf auf gekreuzten Knochen über einem Stundenglas.

Die Vielfalt der individuellen Jolly Roger Variationen wurde um 1730 vom heute bekannten Motiv aus Totenkopf und gekreuzten Knochen auf schwarzem Hintergrund abgelöst, als englische, französische und spanische Piraten vermehrt dieses Flaggenmotiv übernahmen.

Wenn eine Piratencrew darüber abgestimmt hatte, wer ihr Kapitän sein sollte, standen als nächster Punkt die einzelnen Artikel ihres Piraten-Codex an, die für alle Crewmitglieder bindend waren und nach Niederschrift von jedem einzelnen unterschrieben werden mussten.

Diese Regeln setzten unter anderem fest, in welchen Anteilen die Beute unter den Mitgliedern aufgeteilt werden sollte, welche Strafen für diverse Vergehen verhängt wurden, und manche enthielten sogar eine Regelung, von jeder Beute einen Anteil als Rücklage aufzuheben, falls Mitglieder Körperteile verloren und so arbeitsunfähig wurden.

In Alexander Exquemelins *Buccaneers of America* von 1678 lässt sich eine der frühesten Beschreibungen eines solchen Codex [6] finden. Dort schildert der Autor, wie sich die Piraten berieten, bevor sie zum Beutezug lossegelten, wie die täglichen Essensrationen auf See bestimmt wurden und welche Verhaltensregeln für jedes Crewmitglied galten.

Captain Ringrose kaperte im Juli 1681 die spanische *San Pedro* vor der chilenischen Küste. Das Schiff hatte unter anderem 37.000 Pesos in Truhen und Säcken geladen. Ringrose hielt in seinem Journal fest: '*Wir teilten unsere Beute unter uns auf. Unser Anteil belief sich auf die Summe von 234 Pesos pro Mann.*' [7]

Typisches Symbol für irdische Vergänglichkeit und Tod auf historischen Grabsteinen.

Detail der Grabplatte Hark Rörden und Jung Marret Harcken aus dem frühen 18. Jh. auf dem Friedhof der St.-Clemens-Kirche in Nebel auf Amrum

Die Regeln unter Captain Bartholomew Roberts [8] geben einen guten Eindruck davon, wie neben grundlegenden Punkten, die Streitereien von vornherein vermeiden sollten, oder solchen, die für eine funktionierende Gemeinschaft notwendig waren, auch persönlichgefärbte Anliegen des Kapitäns Einzug fanden. Die Regeln lauteten wie folgt:

I: Jeder hat Stimmrecht bei anstehenden Angelegenheiten; hat gleiches Anrecht auf die frischen Vorräte oder Alkoholika, die erkapert wurden & darf sich nach Belieben davon nehmen, solange kein Mangel [*nichts ungewöhnliches unter ihnen*] es im Interesse aller notwendig macht zu rationieren.

II: Jeder hat das Recht, gerecht der Reihe nach an Bord eines gekaperten Schiffs zu kommen und erhält (zusätzlich zum zustehenden Anteil der Beute) andere Kleidungsstücke. Doch sollte jemand die Anderen um Gegenstände ab einem Wert von einem Dollar betrügen, seien es Waffen, Schmuck oder Geld, ist die Strafe dafür AUSSETZEN. [*Das war ein barbarischer Brauch, bei dem der Missetäter auf irgendeiner unbewohnten Insel oder einem Kap an Land gebracht wurde, mit einer Pistole, einigen Schuss Munition, einer Flasche Wasser und einer Flasche*

Schwarzpulver, davon zu leben, oder zu verhungern. Wenn der Raub nur untereinander geschah, gaben sie sich damit zufrieden, die Ohrläppchen und die Nase des Schuldigen aufzuschlitzen, ihn am Ufer abzusetzen; jedoch nicht in einer unbewohnten Gegend, sondern dort, wo derjenige in jedem Falle Unannehmlichkeiten ausgesetzt sein würde.]

III: Keiner spielt um Geld bei Karten- oder Würfelspielen.

IV: Die Lampen & Kerzen müssen um acht Uhr abends ausgemacht werden. Sollte jemand von der Crew nach dieser Uhrzeit dazu geneigt sein, weiter zu trinken, soll er das auf dem offenen Deck tun; [*wovon Roberts dachte, es würde ihren Gelagen Einhalt gebieten, denn er selbst war ein nüchterner Mann, doch er musste langfristig feststellen, dass alle seine Bemühungen, diese Gelage zu stoppen, sich als wirkungslos erwiesen*].

V: Die Waffen, Pistolen & Entersäbel müssen gepflegt & funktionstüchtig gehalten werden. [*Darin waren sie ganz besonders gut, darum bemüht, sich gegenseitig durch ihre schönen und wertvollen Waffen auszustechen, für die sie manchmal auf einer Auktion (am Masten) dreißig oder vierzig Pfund pro Paar Pistolen ausgaben. Diese banden sie sich beim Angriff, mit verschiedenfarbigen Bändern seitlich schräg über ihre Schultern, so wie es diese Kerle typischerweise tun und es ihnen sehr gefällt.*]

VI: Keine Jungen oder Frauen sind in der Crew erlaubt. Sollte irgendeiner eine Frau verführen und sie verkleidet zur See mitnehmen, muss er dafür sterben. [*So dass, wenn eine in ihre Hände geriet, wie es auf der Onslow geschah, sie ihr sofort eine Wache zur Seite stellten, um böse Folgen von solch' einem Instrument der Entzweiung und Streiterei zu verhindern; doch hier liegt die Tücke; sie stimmen ab, wer die Wache sein soll, was gewöhnlich einen der schlimmsten Rüpel trifft, der, um die Tugend der Dame zu schützen, niemanden mit ihr schlafen lässt als sich selbst.]*

VII: Wer vom Schiff oder seinem Posten beim Kämpfen desertiert, wird mit dem Tod oder Aussetzen bestraft.

VIII: An Bord des Schiffs wird untereinander nicht gekämpft; sondern jedermanns Streitigkeiten werden an Land ausgetragen, mit Klinge oder Pistole; der Steuermann des Schiffs begleitet sie ans Ufer, wenn die Parteien sich nicht einigen können, mit der Unterstützung, die er für richtig hält, & lässt die Disputanten sich Rücken an Rücken eine bestimmte Anzahl von Schritten voneinander entfernen. Auf Kommando drehen sie sich um und schießen sofort (oder die Waffe wird ihnen aus der Hand geschlagen). Wenn beide nicht treffen, wechseln sie zu ihren Säbeln, und dann ist derjenige Sieger, der die erste blutende Wunde zufügt.

IX: Keiner bricht mit seiner Lebensweise, solange nicht jeder 1000 Pfund besitzt. Sollte, bis es soweit ist, jemand ein Körperteil verlieren oder im Dienst zum Krüppel werden, so bekommt derjenige 800 Dollar aus der gemeinsamen Rücklage, und für kleinere Verwundungen eine entsprechende Summe.

X: Der Kapitän und der Steuermann erhalten je zwei Anteile von der Beute; der Schiffsmeister, Bootsmann, & Kanonier eineinhalb Anteile und andere Maate eineinviertel.

XI: Die Musikanten haben am Sabbat Ruhetag, aber während der anderen sechs Tage & Abende keinen ohne besondere Erlaubnis.

Captain Johnson erläutert zu diesen Artikeln, dass sie jedem neuen Mitglied vorgelegt wurden, worauf derjenige mit einem Eid auf die Bibel im Beisein von Captain Roberts schwören musste, sie einzuhalten.
Wenn Crewmitglieder sich nicht darüber einigen konnten, ob diese Artikel in Streitfällen zutrafen, wurde darüber beraten und gemeinsam eine Entscheidung getroffen.

Piraten in europäischen Gewässern

Schon vor und auch noch während des goldenen Zeitalters der Piraten sind bereits der Ärmelkanal, die Küsten von England, Schottland und Irland zu einem Tummelbecken für englische, dänische und französische Seeräuber geworden. Die Ursachen hierfür waren die gleichen, die gegen Mitte des 17. Jahrhunderts den Boom in der Karibik ausgelöst hatten:
Hungernde Matrosen, Armut und Not auf der einen Seite; Gier nach Macht und Reichtum auf der anderen Seite – vor allem, wenn bis in höchste Staatsämter einflussreiche Familienclans ganze Küstenstriche kontrollierten, wo sie durch Verwandte oder Familienmitglieder, die offen der Piraterie nachgingen, sich sehr profitabel am Geschäft unter der schwarzen Flagge beteiligten.
Der englische Seehistoriker Philip Gosse macht in seiner *History of Piracy* deutlich, dass auf diese Weise viele englische, schottische und irische Familien den Grundstein zu ihrem späteren Vermögen legten.
Wurden verwandte Piraten auf frischer Tat geschnappt, entgingen sie meist dem Galgen, weil Einfluss und Bestechungsgelder selbst die dicksten Gefängnistore öffneten.
Zwischen dem sechzehnten und neunzehnten Jahrhundert kam es zudem immer wieder zu Kriegen zwischen einzelnen europäischen Mächten, so dass das Geschäft auch durch die *letter of marque* florierte.
Französische Piraten lauerten von Dünkirchen und Saint Malo englischen Schiffen auf; Engländer und Holländer überfielen sich gegenseitig, als ihre Nationen sich gleich dreimal kurz hintereinander bekriegten; Franzosen, Holländer und Engländer plünderten mit nationaler Rückendeckung spanische und portugiesische Schiffe aus, denen sie das Vorrecht auf amerikanisches Gold streitig machten.
Zuhause wurden sie als Helden gefeiert, von ihren Gegnern jedoch klipp und klar als Piraten verteufelt. Francis Drake gelangte vor den Augen des erbosten spanischen Botschafters in Ritterehren, Jean Bart wird noch heute mit einem Denkmal in Dünkirchen geehrt.

Piratencrews, die auf keine Unterstützung von einflussreichen Verwandten zählen konnten, wurden zum Sündenbock für alle und sofort gehängt, waren sie erst einmal gefasst. Das war mit ein Grund dafür, dass viele Crews in die Karibik, den Indischen Ozean oder ins Mittelmeer auswichen, wo sie zunächst außer Reichweite der heimischen Justiz ihren Geschäften nachgehen konnten. [1]

Ziemlich schlimm sah es im Mittelmeerraum aus. Von der nordafrikanischen Küste Marokkos, Tunesiens bis hin zum heutigen Libyen operierten die so genannten Korsaren, die für die Küstenbewohner um Gibraltar bis nach Portugal, in Süditalien, der griechischen, italienischen und spanischen Mittelmeerinseln und für die gesamte Schiff-Fahrt im Mittelmeer selbst eine ständige Bedrohung darstellten.

Zunächst waren dies muslimische Piraten, die unter der Obhut ihrer jeweiligen türkischen, marokkanischen oder tunesischen Herrscher agierten. Diese bekamen bald Zulauf von Griechen und Italienern, die zum Islam konvertierten sowie von dänischen, holländischen und englischen Piraten, die ihnen beibrachten, wie neuere Schiffstypen gebaut und navigiert werden, so dass sie schließlich erfolgreich den gesamten Mittelmeerraum terrorisieren konnten, was mit den altertümlichen Galeeren von einst nicht funktionierte.

Wer in diesen Zeiten etwa von Marseille, Genua, Neapel oder Venedig auf einem Schiff in See stach oder auch nur zum Fischen aufs Meer hinausfuhr, musste sich darauf gefasst machen, von diesen Piraten überfallen zu werden.

Die europäischen Mächte trugen dazu auch noch bei, indem sie sich mit den muslimischen Herrschern verbündeten und je nachdem, mit wem sie sich im Kriegszustand befanden, die Schiffe dieser Nation verstärkt angreifen ließen.

Ein besonders schlimmes Kapitel dabei war der höchst einträgliche Sklavenhandel mit Besatzungsmitgliedern oder Passagieren, die auf den Schiffen unterwegs waren, wenn sie von den Korsaren gekapert wurden.

Doch auch regelmäßige Überfälle an den Küsten füllten die Schiffe unter anderem mit Menschen, die bares Geld einbrachten.

Jährlich verschwanden Tausende von Europäern auf den Sklavenmärkten von Algiers, Tripolis und Tunis. Im Jahr 1634 sollen sich allein in Algiers 25.000 Sklaven christlichen Glaubens befunden haben, neben achttausend zum Islam konvertierten Sklaven. [2]

Wer wohlhabende Verwandte hatte, konnte hoffen, gegen hohe Lösegelder freigekauft zu werden; junge Frauen verschwanden in die Harems reicher Moslems, ältere Frauen wurden als Hausbedienstete verkauft.

Handwerker, Buchhalter oder Ärzte wurden meist in ihrem Berufsfeld eingesetzt und hatten insgesamt ein eher angenehmes Leben als Sklave zu erwarten.

Für alle diejenigen, die weder gelehrt waren noch freigekauft wurden, wartete

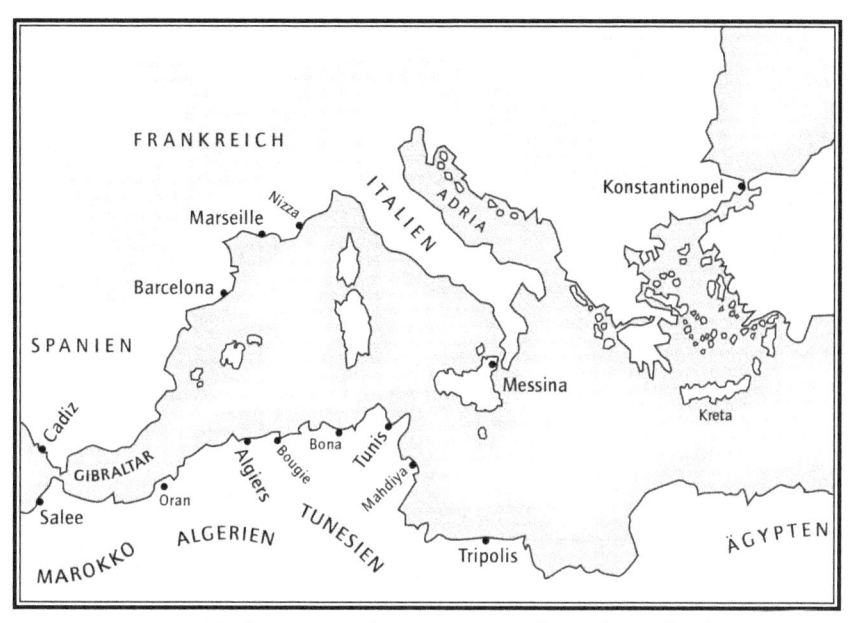

Mittelmeerraum und Korsarenstützpunkte an der nordafrikanischen Küste

im schlimmsten Fall eine kurze Überlebensspanne mit knochenharter Zwangsarbeit in Steinbrüchen oder auf Galeeren.

Die Schiffstypen im Mittelmeer hatten neben Segeln immer auch Ruder, um diese Schiffe bei Flauten oder in Angriffssituationen beweglich und schnell zu machen.

Jean Marteille de Bergerac [3] beschrieb 1707 seine Erfahrung als Sklave am Ruder: *'Man stelle sich sechs an einer Bank festgekettete Männer vor, nackt wie sie geboren wurden [...] wie sie ein furchtbar schweres Ruder bewegen (etwa viereinhalb Meter lang), indem sie sich mit voll ausgestreckten Armen nach vorne beugen, bis zu den Rücken ihrer Vordermänner, die gerade genauso nach vorne ausholen, um dann das Ruderblatt ins Wasser zu tauchen und sich daraufhin mit ihren Oberkörpern auf den ächzenden Bänken wieder nach hinten stemmen.*

So werden die Ruder manchmal zehn oder sogar zwanzig Stunden unablässig bedient, ohne einen Moment Rast. Der Bootsmann oder ein anderer Matrose stopft den armen Teufeln am Ruder eiligst ein in Wein getränktes Stück Brot in die Münder, um zu verhindern, dass sie bewusstlos werden. Dann ruft der Kapitän den Befehl, das Tempo zu

verdoppeln. Wenn ein Sklave erschöpft über seinem Ruder zusammenbricht (was oft vorkommt), wird er solange ausgepeitscht, bis er für tot gilt und anschließend ohne großes Aufheben ins Meer geworfen.'
Allein in England versammelten sich ständig ganze Trauben verzweifelter Familien, von denen Angehörige in die Sklaverei verkauft worden waren, vor den Gebäuden der Admiralität und baten händeringend um Hilfe.
1624 beschloss das englische Oberhaus Gelder zu sammeln, um britische Geiseln aus den nordafrikanischen Gebieten freizukaufen. Doch bereits 1651 war ersichtlich, dass die erwirtschafteten Summen auch anderen Zwecken zugute kamen: von 69.296 Pfund wurden nur 11.109 Pfund für Lösegeldforderungen ausgegeben; der Rest ging in die leeren Kassen der Marine, damit ausstehende Schulden bezahlt werden konnten. [4]

Im Wesentlichen änderte sich kaum etwas an der unglücklichen Situation, in der die Verschleppten sich befanden, und je länger der Zustand andauerte – nach mehreren Jahrzehnten hatte man sich daran gewöhnt, dass es im Mittelmeerraum immer wieder zu solchen Vorfällen kam – desto gleichgültiger reagierten die Leute zuhause auf das Unglück der betroffenen Mitmenschen. Reiche Bürger kauften ihre Verwandten mit Lösegeld frei; ärmere Leute mussten sich damit abfinden, dass ihre Angehörigen höchstwahrscheinlich in muslimischer Gefangenschaft zu Tode kamen.

Einer der berühmtesten Zeitgenossen, der den Korsaren des Mittelmeers in die Hände fiel, ist Miguel de Cervantes. [5]
Am 26. September 1575 war er mit seinem Bruder Roderigo von Neapel nach Spanien unterwegs, als das Schiff von albanischen Piraten gekapert wurde. Beide Brüder landeten in Algiers auf dem Sklavenmarkt, wo Miguel einem wohlhabenden Griechen verkauft wurde. Dieser durchsuchte ihn und fand ein Empfehlungsschreiben von Don Juan d'Austria, in dessen Diensten Cervantes gestanden hatte.
Don Juan d'Austria war in dieser Zeit Gouverneur der Niederlanden und Halbbruder des spanischen Königs – einer der bedeutendsten Männer Europas. Im Oktober 1571 hatte er die Christliche Liga in der Seeschlacht bei Lepanto erfolgreich gegen die Osmanische Flotte angeführt.
Davon überzeugt, dass er hier eine wichtige Person vor sich hatte, setzte der Grieche eine sehr hohe Lösegeldsumme fest, ließ den Spanier in Ketten legen und aufs Schärfste bewachen.

Cervantes versuchte dennoch mehrmals zu fliehen, wovon zwei Fluchtversuche im allerletzten Moment scheiterten.

Selbst unter schwerer Folter verriet der künftige Verfasser des *Don Quixote* keine Hintermänner, die ihm bei seinen Fluchtplänen behilflich gewesen waren, was den regierenden Statthalter Hassan so beeindruckte, dass er dem Griechen seinen Sklaven für 500 Pfund abkaufte.

Nach insgesamt fünf Jahren Gefangenschaft hatte Cervantes' Familie derweil die Lösegeldsumme zusammengetragen und Pater Juan Gil übergeben, der damit nach Algiers reiste und den Spanier schließlich freikaufte.

Auf dem Friedhof der St.-Clemens-Kirche in Nebel befinden sich unter den historischen Seefahrergrabsteinen diejenigen von Oluf Jensen und seinem Sohn Harck Olufs. Aus den Inschriften der Steine erfährt der Betrachter, dass Harck Olufs in Gefangenschaft türkischer Piraten geriet, die ihn in die Sklaverei verkauften:

'[...] *HARCK OLUFS / So daselbst gebohren auf / AMRUM. Anno 1708 den 19. July. Bald / darauf in seinen Jungen Jahren von den TÜR- / KISCHEN SEE-RÄUBERN ZU ALGIER IST / ER Ao. 1724 d. 24. MARTY GEFANGEN / genommen worden. In solcher Gefangen- / SCHAFT ABER HAT ER DEM TÜRKISCHEN BEY / ZU CONSTANTINE ALS CASNADAJE 11 und ein / viertel Jahr gedinet, bis Ihm endlich dieser Bey / Ao. 1735 d. 31 OCTOBER aus gewogenheit / zu ihm Seine Freyheit geschenket, da er denn / DAS FOLGENDE JAHR DARAUF ALS Ao. 1736 / d. 25. APRIL glücklich wieder um alhier auf / Seinem Vaterland angelanget ist. [...]*' [6]

Der sechzehnjährige Olufs war auf der *Hoffnung*, einem Handelsschiff seines Vaters unterwegs, auf dem auch zwei seiner Cousins mitsegelten, als das Schiff von Korsaren aufgebracht und die gesamte Mannschaft, bestehend aus Amrumer und Föhrer Seeleuten, in Algiers auf dem Sklavenmarkt landete.

Während zuhause Oluf Jensen, Harcks Vater [7], täglich zu einer hohen Aussichtsdüne nahe dem heutigen Wittdün wanderte, um über das Meer zu blicken und hoffnungsvoll auf die Rückkehr seines gefangengenommenen Sohnes wartete, gewann Olufs derweil die Achtung des Beys, der ihn gekauft hatte. Er zeigte offenbar großen Mut und Geschicklichkeit bei den Aufgaben, mit denen er betraut wurde, so dass er zum Schatzmeister und Anführer der Reiterei aufstieg. Schließlich gab ihn sein türkischer Herr reichentlohnt im Oktober 1735 wieder frei.

Der Amrumer kehrte zu seiner Familie zurück. Seine Heimkehr in türkischer Uniform und mit ansehnlichem Reichtum ausgestattet, verursachte in der Folge ein solches Aufheben, dass er in Tondern sogar dem dänischen König Christian VI vorgestellt wurde, *'der wünschte, von den Dingen zu erfahren, die sich mit mir zugetragen hatten.'* [8]
Später ließ der Nordfriese seine Erlebnisse niederschreiben: *'Hark Olufs besondere Aventüren und wunderbares Schicksal im Türkenlande und seine glückliche Zuhausekunft davon nach seinem Vaterlande, der Insel Amrum. Nach seiner mündlichen Aussage aufgezeichnet.'* [9]
Am 13. Oktober 1754, als seine Ehefrau und die fünf Kinder vom Gottesdienst nachhausekamen, fanden sie Harck Olufs tot im Sessel sitzend vor. Er war im Alter von 46 Jahren vermutlich an einem Herzschlag gestorben.

Vereinzelte Angriffe auf die nordafrikanischen Häfen brachten keinen dauerhaften Erfolg, die Korsarenaktivitäten ein für allemal zu stoppen.
Selbst Friedensabkommen mit den jeweiligen muslimischen Herrschern zeigten keine Besserung der Zustände.
Es sollte noch bis zum neunzehnten Jahrhundert dauern, dass den Korsaren endgültig das Handwerk gelegt werden konnte.
In Frankreich wurde der entscheidende Schritt dazu veranlasst, nachdem man dort nach Jahrhunderten fruchtloser diplomatischer Bemühungen schließlich am Ende jeglicher Geduld angekommen war.

Am 26. Mai 1820 stach von Toulon aus eine große französische Kriegsflotte unter dem Kommando von Admiral Duperré in See. Sie bestand aus einer Armee von 37 Tausend Soldaten, mit Kavallerie und Artillerie, die an der nordafrikanischen Küste eine Stadt nach der anderen einnahm, bis am Ende die gesamte Region unterworfen und besetzt war. Damit endete schließlich das Verschleppen von Europäern auf orientalische Sklavenmärkte endgültig.

Bedenkt man nun, durch wieviele gefährdete Gegenden Schiffe segeln mussten, ist es erstaunlich, wie in diesen Zeiten überhaupt noch Handel über Seewege aufrechterhalten werden konnte.
Schiffe, die etwa von England oder Holland aus im Dienst der Ost-Indien-Kompanien in Richtung Indischer Ozean unterwegs waren, mussten zunächst den Ärmelkanal passieren und englischen oder französischen Piraten aus dem

Korsaren-Galeere im 17. Jahrhundert

Weg gehen. Hatten sie dies unbeschadet überstanden, ging es Richtung Gibraltar weiter, wo die Korsaren des Mittelmeers bis zu den Gewässern um St. Helena operierten. Danach kam die afrikanische Westküste, wo man bis zum Kap der Guten Hoffnung und noch weit über Madagaskar hinaus auf Piraten aus der Karibik stoßen konnte.

Ab dem siebzehnten Jahrhundert kam noch kurz vor dem Ziel die potenzielle Bedrohung durch Malabar-Piraten der indischen Westküste hinzu.

Waren Passagiere und Handelsgüter dann schließlich im Hafen angekommen, wurden neue Waren geladen und andere Passagiere kamen an Bord, die wieder nach Europa gebracht werden sollten, worauf der Wettlauf gegen Piratenüberfälle erneut begann.

Teil IV

Gestrandet

'*...es wäre müßig, aufzuzählen, wie oft ich angestrengt Ausschau gehalten habe, in die Irre geführt von fernen Objekten, die der tiefe Wunsch [...] mich glauben machte, es seien sich nähernde Schiffe. [...] jede Wolke erschien mir wie ein rettendes Segel.*
Aber wie schrecklich war die Ernüchterung, wenn das Objekt sich vor meinen schmerzenden Augen in Nichts auflöste und traurigen Anlass zu schwärzester Verzweiflung zurückließ.'

Tagebucheintrag eines unbekannten Holländers auf Ascension-Island, Anfang Juni 1725 [1]

Die Gefahren auf hoher See brachten Seenot oder Schiffbruch als begleitendes Berufsrisiko für Schiffsbesatzungen mit.
Dies kam öfter vor, als man gemeinhin annehmen möchte – es war nicht ungewöhnlich, dass Seeleute sogar mehrmals gerade noch mit ihrem nackten Leben aus einem sinkenden Schiffswrack davongekommen waren.
'*Ik heff nich mihr as vier Schääp verloren,*' [2] erklärte ein Matrose, der im 19. Jahrhundert auf Großseglern unterwegs gewesen war.

[Ich habe nicht mehr als vier Schiffe verloren – also vier Mal Schiffbruch überlebt]

Im sechzehnten Jahrhundert verglich der Spanier Escalante de Mendoza ein Segelschiff mit '*einem* [fragilen] *Wasserflakon, den bereits ein kleiner Hieb in Stücke brechen könnte.*' [3]
Nie wurde dies deutlicher, als wenn inmitten eines wütenden Sturmes gewaltige Wellenbrecher gegen die Holzplanken der Schiffshaut krachten, mit ungebremsten Kräften über Deck spülten und dabei baumdicke Masten umknickten wie dünne Streichhölzer.
Gerade bei Stürmen drang verstärkt Wasser ins Schiffsinnere, so dass die Schiffspumpen Tag und Nacht bedient werden mussten, um diese Wassermengen wieder loszuwerden.

Während andere Matrosen auf dem stark hin- und herschwankenden Schiff in der Takelage zugange waren, der ständigen Gefahr ausgesetzt, jeden Moment den Tritt oder Halt in den glitschig-nassen, manchmal sogar vereisten Tauen zu verlieren und aufs Deck oder ins tobende Wasser hinabzustürzen, von herabgerissenen Takelageteilen oder einem Blitz erschlagen zu werden, waren im Schiffsinneren andere Männer damit beschäftigt, unter größtem Krafteinsatz rund um die Uhr Wasser abzupumpen. Dabei ging es um Leben und Tod:
'Wi pumpten ümmer düller. Dat Läben is eenen jo leef, man will jo nich versupen.' [4]
[Wir pumpten immer fester. Das Leben ist einem ja lieb, man will ja nicht ertrinken.]

Je nachdem, wie lange ein Sturm anhielt – das konnte sich über Stunden aber auch Tage hinziehen – verlangte dies den Männern nervenaufreibenden Einsatz ohne Ruhepausen ab, der bis zur absoluten Erschöpfung und noch darüber hinaus reichte.
Andrés de Urdaneta berichtete von der Mühsal an den Schiffspumpen: *'Bei dem hohen Seegang, den wir hatten, wurde das Schiff an verschiedenen Stellen undicht. Nachdem es so stürmisch war, sammelte sich so viel Wasser an, dass wir nicht einmal mit zwei Pumpen, die wir unter größter Anstrengung bedienten, noch etwas ausrichten konnten. Jeden Tag glaubten wir, wir müssten schließlich doch ertrinken, [...] und viele starben an Überanstrengung.'* [5]
Blieb selbst Pumpen wirkungslos, so war geistesgegenwärtiger Einfallsreichtum gefragt, Schiff und Überleben zu sichern.
Juan Rodríguez de Noriega schilderte einen solchen Ernstfall, den er im Jahre 1560 mitten auf dem Atlantik überlebt hatte: *'Wir gerieten in einen wirklich furchtbaren Sturm [...] und der Sturm ließ das Schiff so leck werden, dass wir das Wasser, das eindrang, mit zwei Schiffspumpen nicht loswerden konnten. Wir fällten den Großmast, weil er das Schiff durch sein Hin- und Herruckeln beschädigte; wir rissen die Kommandobrücke heraus und warfen Ballast über Bord und umwickelten den Schiffsrumpf mit Tauen* [damit er zusammengehalten wurde] *und wandten alle nur menschenmöglichen Rettungsmaßnahmen an.'* [6]
Die in Seenot geratene Besatzung hatte Glück und konnte das Schiff über Wasser halten, bis etwas später ein anderer Großsegler ihren Weg kreuzte und die Männer gerettet wurden.

Wenngleich auch zahlreiche Schiffe auf hoher See zu Schaden kamen, die meisten Segelschiffe gerieten in küstennahen Gewässern in fatale Situationen:

Gefährliche Strömungen, Unterwassersandbänke, Nebel, Dunkelheit, weitreichende Riffe – all dies hat manch' gutes Schiff zum Wrack gemacht.
Für den Zeitraum von 1878 bis 1887 verzeichnet eine Statistik der Kaiserlichen Behörden von 1888 eine Anzahl von 2.443 Schiffsunfällen vor den deutschen Küsten. Davon mussten 643 Schiffe als Totalschaden abgeschrieben werden, 406 Menschen verloren ihr Leben. Der Versicherungsschaden, der bei diesen Seeunfällen entstanden war, belief sich auf 3.514.440 Reichsmark. [7]

Ein besonders tragisches Unglück ereignete sich im sechzehnten Jahrhundert unweit der spanischen Küste, als die *La Buitrona*, von einer langen Überfahrt heimkehrend, in einen Sturm geriet, der das Schiff in Richtung Küste abdrängte, so dass der Kapitän alle Anker setzen ließ, um ein Auflaufen zu verhindern. Die Passagiere an Bord, die nicht verstehen konnten, warum sie in Sichtweite der Küste den Sturm auf dem offenen Meer aussitzen sollten und folglich auch keine Ahnung davon hatten, wie gefährlich es war, unter den gegebenen Umständen zu nah an die Küste zu segeln, zettelten eine Meuterei an.
In ihrer Panik, endlich an Land zu gelangen, schnitten sie alle Ankerseile durch, so dass der Sturm die *La Buitrona* nun fernab der spanischen Küste auf eine Sandbank drückte, wo sie auflief und leckschlug. Das geschah, als die Flut gerade den höchsten Stand erreicht hatte und Ebbe einsetzte. Durch den Sog unter dem Kiel wurde das Schiff auf das offene Meer hinausgezogen, wo 180 Menschen mit der sinkenden *La Buitrona* ertranken. [8]

Eine französische Kriegsflotte lief unter vollen Segeln in der Nacht des 11. Mai 1678 auf ein Korallenriff vor der Insel Aves, weitab der Küste Venezuelas. Ein Schiff nach dem anderen geriet fatal auf Grund und wurde am Rumpf aufgerissen. Verschiedenen Berichten zufolge kamen allein zwischen 300 bis 500 Menschen beim Schiffbruch zu Tode; mehr als 1500 Überlebende konnten sich auf die Insel retten, wo sie nun einige Zeit ausharren mussten, bis Hilfe kam.
Von diesen Gestrandeten starben nacheinander mehr als 1000 vor Erschöpfung, an Hunger oder an den Folgen von Verletzungen, die sie sich an den scharfkantigen Korallenriffen zugezogen hatten, als sie nach dem Schiffbruch versuchten, sich ans Inselufer zu retten. [9]

Eine große Gefahr auf Segelschiffen war offenes Feuer. Viele Schiffe fielen einer Feuersbrunst zum Opfer, die durch gefährliche Schiffsladungen, unachtsamen Umgang mit Laternen, Kerzen oder der Glut von Pfeifen ausgelöst worden war.

Im September 1561 brannten im Hafen von Sevilla 23 Schiffe nieder, weil ein gelangweilter Matrose zum Zeitvertreib Katzen anzündete, wovon ein Tier in seiner Panik mit brennendem Fell auf eines der Schiffe flüchtete und so die Funken für einen verheerenden Großbrand verteilte. [10]

Schwelbrände, die sich zunächst unbemerkt im Laderaum eines Schiffes entwickelten, wurden oft so schlimm, dass sie mit größten Mühen nicht mehr unter Kontrolle gebracht werden konnten. Aber auch explosive oder leichtentzündliche Güter im Frachtraum stellten ein großes Risiko dar, einen fatalen Brandherd im Schiffsinneren zu entfachen.
Rainer Däbritz hat in *Stumm blieb der Ozean* eine Vielzahl solcher Vorfälle aus amtlichen Dokumenten des 19. Jahrhunderts recherchiert, aus denen rasch deutlich wird, mit welch' großem Risiko Passagier- und Frachtschiffe auf hoher See unterwegs waren: und das mit zum Teil geradezu fahrlässig einkalkulierter Beladung.
So war die Rostocker Bark *J.H.Jessen*, die Ende 1883 von Hamburg nach Port Elizabeth in Australien segelte, neben anderen Frachtgütern mit großen Mengen an Steinkohle und 1.266 Kisten Dynamit beladen.
Allein die Ladung Steinkohle war schon gefährlich genug — es kam oft vor, dass sich in der Kohle Schwelbrände entfachten, wenn Salzwasser die Fracht kontaminiert hatte. Unter solchen Umständen kann man von Glück reden, dass bei der langen Überfahrt mit Sprengstoff und Steinkohle im Laderaum niemand zu Schaden kam, wenngleich 386 Dynamitkisten nass geworden waren und auf Anweisung der australischen Behörden außerhalb der 10-Faden-Wasserlinie im Meer versenkt werden mussten, bevor die *J.H.Jessen* im Zielhafen anlegen durfte. [11]

Weniger glücklich verlief die Überfahrt der *Arracan*, die im Januar 1874 mit einer Kohleladung vom englischen Shields nach Bombay in See stach. Nach einem Monat auf See entdeckte der Bootsmann bei einer Laderaumkontrolle, dass Gase und Rauch aus der Kohleladung aufstiegen.
Zwar versuchte die Mannschaft der Bark, den Brandherd zu lokalisieren, um ihn einzudämmen, doch es war bald klar, dass dieser dicht über dem Kiel lag.
So konnten die Männer nichts tun, als sämtliche Ladeluken zu verschließen, so dicht dies nur irgend möglich war und hoffen, dass dies den Brand ersticke.
Das Feuer ließ sich jedoch auch damit nicht unter Kontrolle bringen und breitete sich weiter aus.
Schließlich wurde dem Kapitän klar, dass es zu gefährlich sei, noch länger auf

dem Schiff zu bleiben. Es könnte jeden Moment explodieren oder das Feuer im Laderaum würde sich nach außen arbeiten.
Drei Rettungsboote wurden zu Wasser gelassen und die Besatzung darauf verteilt. Die *Arracan* befand sich bereits im Indischen Ozean, so war das nächstgelegene Ziel, das die Schiffbrüchigen im Konvoi anzusteuern versuchten, die Malediven.
Noch am selben Abend konnten die Bootsinsassen aus weiter Entfernung beobachten, wie eine knallende Explosion das verlassene Schiff am Horizont vollends lichterloh in Brand steckte. [12]

Katastrophale Folgen brachte die Schiffsladung der *L.J.Bager* mit sich:
Im Oktober 1875 waren im Ausgangshafen Lübeck 51 mit Benzin gefüllte Glasballons, 2 Ballons Äther und ein Ballon Essigsäure im Laderaum verstaut worden. An Bord hatten sich inzwischen mehrere Passagiere eingefunden, die zu einem der Zielhäfen Kopenhagen – Malmö – Helsingborg – Gothenborg unterwegs waren.
Während der Überfahrt geriet Äther oder Benzin in den Maschinenschacht des Dampfers, wodurch ein rasch um sich greifender Brand mit nachfolgend schweren Explosionen ausgelöst wurde.
Dieses Inferno auf hoher See kostete 37 Menschen das Leben; nur sechs hatten sich vor den Flammen auf dem sinkenden Schiff noch rechtzeitig in einem Rettungsboot in Sicherheit bringen können. [13]

Gab es Überlebende eines Schiffbruchs, die sich auf eine Insel oder an einen fernen Küstenstrich retten konnten, so waren Überlebenswille, schnelle Anpassungsgabe und Erfinderreichtum nicht zu unterschätzende Eigenschaften, die ein Gestrandeter aufbringen musste, um sein Überleben zu sichern.
Nicht jeder Schiffbrüchige hatte das Glück, irgendwo an Land gespült zu werden, wo ideale Bedingungen herrschten um zu überleben und baldmöglichst gerettet zu werden.
Aus den Jahrhunderten der großen Segelschiff-Fahrt sind zahlreiche Einzelschicksale überliefert, die höchst unterschiedliche Einblicke in Inselleben von Gestrandeten geben.

Der spanische Historiker Garcilaso de la Vega hatte von einem Bekannten den Überlebensbericht eines Zeitgenossen gehört, der ihn dermaßen beeindruckte, dass er das Ganze für die Nachwelt niederschrieb.

Im Jahr 1540 sank ein spanisches Schiff in der Westkaribik, weitab der Nordostküste Nicaraguas. Der einzige Überlebende der Havarie, Pedro Serrano, wurde an eine Insel angespült, die heute mit der ihr zugehörigen Sandbank nach ihm benannt ist: die Serrana Bank.

Der Gestrandete schleppte sich entkräftet an den Strand. Alles, was er bei sich trug, war ein Hemd am Leib und ein Messer, das er in seinem Gürtel stecken hatte.

Auf der Insel, die um die sieben bis zehn Kilometer [14] im Umfang maß, gab es weder Vegetation noch Süßwasser – nur trockenen Sand, soweit das Auge reichte. Der Spanier wollte angesichts dieser aussichtslosen Lage schier verzweifeln. Er würde verhungern oder was noch schlimmer war: qualvoll verdursten.

Der blanke Überlebenswille jedoch gewann bald Oberhand. Serrano erkannte schnell, dass nur das Meer ihn erhalten konnte. Er suchte den Strand ab und sammelte Krebse, Muscheln und kleinere Fische, die dort angespült wurden. Diese aß er roh. Etwas weiter draußen im Meer bemerkte er Seeschildkröten. Ihre Panzer schienen als Gefäße gut geeignet, Regenwasser zu sammeln. Der Spanier fing mehrere Tiere, tötete sie mit seinem Messer und löschte seinen brennenden Durst mit ihrem Blut. Danach löste er das Fleisch säuberlich aus den Panzern, schnitt es in Streifen und legte diese zum Trocknen auf der Insel aus. In den folgenden Tagen tötete er so viele Schildkröten wie er fangen konnte, um sich zu ernähren. Mit den Panzern als Gefäße legte er Regenwasservorräte an.

Als nächstes konzentrierte sich Serrano darauf, ein Feuer zu entfachen. Damit könnte er nicht nur sein Essen garen, sondern auch vorbeisegelnde Schiffe auf sich aufmerksam machen. Im Meer fand er reichlich Seegras, und am Strand wurde gelegentlich Treibholz von anderen Schiffswracks angespült. Der Spanier tauchte im Wasser erfolgreich nach Steinen, mit deren Funken er sein getrocknetes Seegras in Brand stecken konnte.

Mit solchen Tagesaufgaben beschäftigt, hielt Serrano sich am Leben. Es verstrichen drei Jahre. In der Ferne zogen zwar einige Segelschiffe vorbei, doch Serranos Feuer wurden nicht bemerkt. Pedro verlor fast allen Lebensmut und dachte, er müsse auf seiner Insel sterben.

Da wurde unvermutet ein weiterer Schiffbrüchiger auf einer Planke an den Strand gespült. Der erschrak zunächst, wie er den Spanier erblickte: mit bodenlangem, verfilztem Bart und verbrannter, ledriger Haut, behaart am ganzen Körper und ohne Kleidung, glaubte er dem Teufel persönlich gegenüber zu stehen. Erst als Serrano das Apostolische Glaubensbekenntnis zitierte, beruhigte sich der Neuankömmling.
Er beteiligte sich an den täglichen Aufgaben, die ihnen beiden das Überleben sicherten. Einmal kam es zu einem erbitterten Streit zwischen beiden Männern, den jeder für sich am entgegengesetzten Ende der Insel schmollend aussaß; nach einiger Zeit vertrugen sie sich wieder und folgten erneut gemeinsam dem Rhythmus ihrer Tätigkeiten.

Die Jahre vergingen und der Neuankömmling sah schließlich genauso aus wie Pedro Serrano. Beide hielten beständig Ausschau nach Rettung.
Endlich, nach insgesamt sieben entbehrungsreichen Jahren, segelte ein Schiff etwas näher an der Insel vorbei. Serrano und sein Leidensgefährte konnten erfolgreich auf sich aufmerksam machen und wieder war es das Apostolische Glaubensbekenntnis, das die entscheidende Wende brachte: als die Matrosen im Boot sich der Insel näherten und die Unglücklichen sahen, dachten auch sie zuerst, teuflische Kreaturen vor sich zu haben und wollten sofort wieder zum Schiff umkehren. Der vertraut fromme Wortlaut jedoch war die Rettung der beiden Gestrandeten.

War schon Pedro Serranos Schicksal alles andere als günstig, so hatte er zumindest nicht mit extremen Witterungsverhältnissen zu kämpfen.
Schiffe gerieten nicht nur in südlichen Gewässern mit mildem Klima in Seenot – es konnte einen auch so unglücklich treffen, wie die Geschichte des namenlosen Engländers [15] zeigt.
Weitab der schottischen Küste waren im Jahre 1615 zwei Passagiere auf einer steinigen, von Sturmwinden umtobten Insel gestrandet.
Blanker Fels ohne jegliche Vegetation, kein Süßwasser zum Trinken und nur eine tischähnliche Steinformation diente als Schutz vor dem rauen Klima des Nordatlantiks. Beide Männer hatten ein Messer, einige mit Nägeln bestückte Holzplanken und ihre Kleider am Leib. Das war alles, was die französischen Piraten den Männern zugestanden hatten, bevor sie sie mitten auf hoher See in einem Boot aussetzten.

Die Männer tranken ihren Urin, um nicht zu verdursten und fingen Möwen, die sie sofort roh verzehrten, oder deren Fleisch sie auf den Steinen in der Sonne dörrten. In den Felsklüften fanden sie gelegentlich Eier von Seevögeln oder Wasserpfützen von Regenfällen. Meist hatten diese aber von den gischtumtosten Felsen das Salz bereits aufgenommen, so dass das Wasser ungenießbar war.

Die Männer ertrugen Hunger, Durst und schneidende Kälte. In der Nacht schliefen sie unter dem Steintischgebilde.

Nach etwa sechs Wochen erwachte der Engländer in der Früh und entdeckte, dass sein Gefährte über Nacht spurlos verschwunden war.

Möglicherweise war der Mann aus Verzweiflung in den Ozean gesprungen.

Dieser bestürzende Vorfall entmutigte den Engländer dermaßen, dass er selbst daran dachte, seiner Not ein rasches Ende zu bereiten. Letztlich siegte sein Überlebenswille. Er betete inständig zu Gott um Beistand und kämpfte Tag für Tag weiter ums nackte Überleben. Mittlerweile ernährte er sich auch von Robben, die zu der Insel schwammen.

Da verlor er eines Tages sein Messer, das für ihn überlebensnotwendig war. Er suchte die ganze Insel erfolglos danach ab. Aus einem der Nägel von den Planken musste er sich notgedrungen ein Ersatzmesser fertigen, indem er den Nagel an den Klippen mühsam zu einer Klinge schliff.

Der Winter kam mit Schnee und bitterer Kälte, die Kleidung des Engländers bestand nur noch aus losen, verfaulenden Fetzen um seinen ausgemergelten Körper.

Erneut dem Hungertod sehr nahe, hatte er die Idee, ein mit Robbenfett beschmiertes Holzstöckchen als Köder für Seevögel zu benutzen. So steckte er, unter seinem Steintisch verborgen, das präparierte Stöckchen heraus, bis ein Vogel sich näherte, um diesen blitzschnell mit der anderen Hand zu fangen und roh zu verspeisen.

Fast ein ganzes Jahr hielt sich der Gestrandete nun schon auf diese mühsame Art am Leben, als zufällig ein flämisches Schiff in die Gegend kam, das durch starke Winde von der Route abgekommen war. Der Kapitän schickte einige Matrosen in einem Boot zur Insel, damit sie dort Vogeleier sammelten. Kurz bevor sie die Insel erreichten, konnten die Matrosen den vollkommen ausgemergelten Engländer sehen, wie er schon verzweifelt zu ihnen hinüberwinkte, abwechselnd auf die Knie fiel und sie händeringend um Hilfe anflehte. So kam der namenlose Engländer schließlich wieder zu seiner Familie zurück, die ihn bereits für tot gehalten hatte.

Auf Segelschiffen wurden Verfehlungen der Matrosen mit drakonischen Strafen geahndet. In besonderen Fällen fand der Delinquent sich einfach auf der nächsterreichbaren Insel ausgesetzt und seinem Schicksal überlassen. Davon berichtet das Tagebuch eines holländischen Matrosen [16], dessen Name nicht bekannt ist.

Am Sonntag, den 5. Mai 1725 wurde er aus disziplinarischen Gründen auf Ascension-Island (in den Gewässern um St. Helena) abgesetzt. Er bekam ein Zelt, verschiedene Gerätschaften und etwas Proviant, so dass er eigentlich eine gute Ausgangsbasis gehabt hätte, auf seiner überdies vorteilhaft bestückten Insel zu überleben, bis ein Schiff zur Rettung käme.

Was aber im Verlauf seines Journals deutlich zutagetritt, ist entscheidend: der Mann war so zerfressen von Scham und Verzweiflung, dass er wertvolle Zeit und Kraft mit entmutigendem Bejammern seines Schicksals vergeudete.

Er konnte keinen Überlebenswillen entwickeln.

Wie sich die Lage schließlich immer mehr zuspitzte, fehlte ihm jegliches Selbstvertrauen. Alles, zu dem er sich endlich aufraffte, um sein Leben doch noch zu erhalten, ging schief.

Der Mann verfiel zunehmend in hysterische Halluzinationen und starb am Ende gepeinigt und vollkommen geschwächt.

Sein Vergehen, für das er auf der Insel ausgesetzt worden war, kommt schließlich zwischen den Zeilen in seinem Tagebuch zutage: der unglückliche Matrose war homosexuell veranlagt. Wohl aus Scham darüber hat sich der Schreiber nirgends in seinem Bericht namentlich kenntlichgemacht.

Einige Zeit später kamen Matrosen der *Compton* auf die Insel. Neben dem Skelett fanden sie das Tagebuch des Unbekannten, dessen letzter Eintrag um den 15. September 1725 unvermittelt abbricht: ' *Ich bin zu einem wandelnden Skelett geworden, meine Kraft ist vollständig versiegt, ich kann nicht mehr länger schreiben. Ich bereue zutiefst alle Sünden, die ich begangen habe und bete, dass künftig niemand je diese Not erleide, die ich ertragen musste. Um dieser Not Willen lasse ich dies Geschriebene zurück, die Menschen davon abzuhalten, solch' teuflischen Verlockungen zu folgen. Ich übergebe Ihm mein Seelenheil nun in der Hoffnung auf Gnade, dass Er sie in...*' [17]

Alles andere als die feine englische Art bescherte dem New Yorker Captain Charles H. Barnard fast zwei Jahre beschwerliches Inseldasein auf den Falklandinseln.

Der Mann war am 6. April 1812 mit seiner Crew auf der *Nanina* von New York aus in See gestochen, um bei den Falklandinseln auf Robbenschlag zu gehen. Man erreichte die Robbengründe verhältnismäßig flott, so dass jedermann bald zügig seiner Arbeit nachgehen konnte.

Im Januar 1813 legte ein anderes amerikanisches Schiff an und Barnard erfuhr, dass zwischen England und den Vereinigten Staaten Krieg erklärt worden war. Daraufhin beschlossen die Männer der *Nanina*, sich zu beeilen, nachdem die Falklandinseln britisches Territorium waren und niemand große Lust darauf verspürte, mit eintreffenden britischen Schiffen in feindliche Auseinandersetzungen zu geraten.

Wie Barnards Leute auf dem Schiff die Ufer der weitläufigen Inselgruppe nach Robben absuchten, bemerkten sie in der Ferne auf einer der zahlreichen Nachbarinseln Rauchsäulen emporsteigen.

Da die Falklandinseln nicht bewohnt waren und an jener Stelle nicht der Hauptanlegeplatz für Robbenfänger war, wollten die Männer der Sache auf den Grund gehen. Es stellte sich heraus, dass die gesamte Crew eines britischen Marineschiffs kurz zuvor, in der Nacht zum 9. Februar 1813, dort gestrandet war; das unbrauchbar gewordene Wrack lag noch sichtbar im Riff vor der Insel. Für Captain Barnard stellte sich die Frage erst gar nicht – ob Krieg hin oder her: den Schiffbrüchigen musste selbstverständlich geholfen werden.

Zudem rückten in den südlichen Breiten allmählich die Wintermonate heran. Eile war also geboten. Barnard informierte die Gestrandeten lediglich der Form halber, dass beide Länder sich in politischen Auseinandersetzungen befanden – dies schien für die Briten kein Problem darzustellen. Zunächst jedenfalls.

Nachdem alle an Bord der *Nanina* waren, zeigte sich, dass die Essensvorräte für die Rückfahrt nicht ausreichen würden. Daher ordnete Barnard an, alle eingelagerten Robbenfelle zu entladen, um Platz für zusätzlichen Proviant zu schaffen, um den er sich inzwischen kümmern wollte. Der Captain machte sich mit vier Männern und seinem Hund in einem Beiboot auf den Weg, die steppebewachsenen Inseln nach frischen Vorräten abzuklappern.

Als die Männer von der Jagd zurückkehrten, mussten sie zu ihrem blanken Entsetzen feststellen, dass die Briten sich inzwischen mit dem Schiff aus dem Staub gemacht hatten!

Captain Barnard reagierte bestürzt: *'Sich in einem solch' niederschmetternden und fast hoffnungslosen Zustand von Not wiederzufinden, verursacht durch den Betrug und die Undankbarkeit derjenigen, für deren Wohl ich so lange hart gearbeitet hatte, und die erst durch uns aus den tiefsten Abgründen der Verzweiflung gerettet wurden, um überhaupt erst zu einer Aussicht auf all' die Annehmlichkeiten von Land und Heim zu gelangen – das war außerordentlich schlimm.'* [18]

Während der Rettungsaktion waren ja mehrere Wochen verstrichen, so dass nun bereits erste Schneefälle und Frost einsetzten.
Dementsprechend übel war die erste Nacht im Freien, die die Männer eng zusammengekauert und bitter frierend unter dem umgedrehten Boot verbringen mussten. Barnard schilderte dies später: *'Die Männer litten sehr unter der Kälte, nachdem sie keine trockene Ersatzkleidung oder Strümpfe hatten. Weil ihre Kleider schon fadenscheinig waren, bedeckten sie zwar ihre nackten Körper, spendeten aber kaum Wärme oder Schutz vor dem harten Wetter.'* [19]

Die folgenden Monate kämpften die fünf Gestrandeten sehr hart um ihr Überleben. Auf den Inseln herrschte überwiegend karge Tundra-Steppe ohne Waldbewuchs vor. Das Klima in den Sommermonaten war kaum wärmer als durchschnittliche Frühlings- oder Herbsttemperaturen in New York.
Glücklicherweise hatten die Männer diverse Messer und Jagdgerät, womit sie Wildschweine, Robben oder Seelöwen erlegen konnten, die es auf den Inseln zu erjagen gab. Schon bald nähten sie sich aus Robbenfellen wärmende Kleidungsstücke und Mokassins.
Die Männer folgten bestimmten Tagesaufgaben, die reihum abwechselten: *'Unsere Pflichten und Aufgaben wurden deshalb so festgelegt, dass einer fürs Kochen zuständig war und dabei gleichzeitig Ausschau halten sollte, nachdem der [natürliche] Hafen und dessen Becken [...] vollständig vom Ort, wo das Feuer brannte, zu überblicken waren. Zwei andere sollten sich mit dem Hund um Verpflegung kümmern; und die anderen beiden mussten Robbenfelle beschaffen, um daraus Kleidung anzufertigen.'* [20]
Robbenfett war hochwillkommen, Feuer am Brennen zu halten.
Gerade die Schweinejagd erwies sich allerdings als besonders kräftezehrend, weil die Jäger oft mehr als acht Meilen in Winterstürmen und bei klirrendem Frost den Fährten folgen mussten, bis sie endlich Beute machen konnten. Anschließend hieß es, die erlegten Tiere den gesamten Weg geschultert zurückzuschleppen, wobei es bergauf und bergab ging, durch Schneewehen und knietiefe Bäche – beständig mit nassen Füßen und Beinen.

Weitere Monate vergingen und noch immer hatte kein Robbenfänger die Inseln angesteuert. Captain Barnard mutmaßte, dass es bereits Anfang Oktober geworden sein musste, denn er konnte Albatrosse beobachten, die sich anschickten, Eier zu legen und Jungvögel aufzuziehen.
Wieder standen die Tagesaufgaben an, als zunächst der Hund unauffindbar war, den Barnard zur Robbenjagd mitnehmen wollte. Der Captain machte sich schließlich nur mit einem der Männer auf den Weg zu den Robbenriffen, als er nach einer Weile das Gefühl hatte, plötzlich alleine zu sein.
Der Verdacht bestätigte sich, wie auch nach längerem Warten und Rufen kein Lebenszeichen seines Begleiters kam.
Barnard hastete zum Lager zurück und konnte bereits auf halbem Wege beobachten, wie die vier Gefährten mit dem Boot aus der Bucht ruderten.

Beim Lager angekommen musste er feststellen, dass man ihn nicht nur ausgetrickst hatte, man hatte ihn obendrein mit der Absicht zurückgelassen, allein auf sich gestellt umzukommen: sämtliche Nahrungsvorräte, alle Ausrüstungsgegenstände und auch die Robbenfelle waren verschwunden. Man hatte ihm nichts zurückgelassen!
Alles, was Barnard in diesem Augenblick noch besaß, waren seine Kleidung, ein Messer, eine Holzkeule zum Robbenschlag und seinen Hut auf dem Kopf. Der Captain war fassungslos.
Er konnte sich das Ganze überhaupt nicht erklären.
Doch er versuchte, angesichts dieser ausweglosen Lage einen kühlen Kopf zu bewahren und überlegte scharf, wie er unter diesen erschwerten Bedingungen sein Überleben sichern könne.
Ziemlich große Sorge machte ihm, dass das Feuer ausgehen könnte und er künftig außerstande sei, ein neues zu entfachen, nachdem er nun keinen Flintstein mehr besaß.
Da entdeckte er durch einen glücklichen Zufall, dass trockene Grasklumpen, die sich an manchen Stellen der Insel zu meterhohem Torf verdichtet hatten, eine Glut dauerhaft am Brennen hielten.
Barnard plagte sich die nächste Zeit damit ab, mühsam größere Torfklumpen zu stechen, aus denen er sich einen dämmenden Unterschlupf baute.
An den Klippen und Riffen nisteten nun zahlreiche Seevögel, aus deren Nestern sich der Mann Eier holte. Mangels Jagdgerät war dies für einige Monate sein einziges Nahrungsmittel.

Am 25. Oktober 1813 verbrachte Barnard seinen 32. Geburtstag mit eher gemischten Gefühlen – zwar war er noch am Leben, aber noch immer hatte kein Schiff die Gewässer gekreuzt. Die ungewisse Zukunft machte ihm Sorgen.

Wie die Wochen vergingen, hatte der Mann sich diszipliniert von morgens bis abends beschäftigt gehalten und dabei bereits einen ansehnlichen Vorrat an Torfklumpen zu seiner Behausung geschafft, um für die nächsten Wintermonate gerüstet zu sein.
Mitte Dezember kehrten unvermutet drei der alten Gefährten mitsamt Boot und Hund zurück. Barnard zeigte sich nicht nachtragend und hieß die Männer willkommen.
Erneut wurden unter ihnen die Tagesaufgaben festgelegt und abwechselnd erledigt.

Weitere Monate verstrichen, in denen jede Ausschau nach Schiffen erfolglos blieb, während die Männer weiterhin jeden Tag hart arbeiteten, ihr Überleben zu sichern. Im November 1814, als zwei der Gestrandeten beim Kräutersuchen auf einer Anhöhe waren, kam mit einem Mal der lang ersehnte Freudenruf: *'Zwei Schiffe! Zwei Schiffe!'* [21]

Die Männer brachen in Freudentränen aus und fielen sich hysterisch in die Arme. Sie rannten sogleich auf die Anhöhe, um zu sehen, wo die beiden Schiffe vor Anker gingen.
Wegen der starken Strömungen zwischen den Inseln musste ein günstiger Zeitpunkt abgewartet werden, bevor die Männer mit dem Boot übersetzen konnten. Sobald die Ebbe weit fortgeschritten war, hüpften sie aufgeregt in ihr Boot und ruderten fieberhaft zu der Stelle, an der die rettenden Schiffe ankerten.
Gegen sechs Uhr abends schließlich waren die Männer an Bord des englischen Walfängers *Indispensable*.

Nach längeren Segelfahrten im Pazifik traf Charles Barnard Ende Oktober 1816 wieder in New York ein, wo er sich als erstes nach dem Verbleib seines so unverfroren entwendeten Schiffes erkundigte. Dabei erfuhr er, dass *'das britische Ministerium [...] diesen beispiellosen Akt an Niederträchtigkeit insofern sanktionierte, dass die Verbrecher auch noch belohnt wurden, indem die Nanina nach Ankunft in London zu einer guten Prise erklärt wurde.'* [22]

Großes seemännisches Können und viel Erfindungsreichtum stellen Captain Joshua Slocums Bau und die Überfahrt mit der *Liberdade* nach einem Schiffbruch unter Beweis.

Berühmt wurde der Amerikaner, als ihm 1898 als ersten gelang, den gesamten Globus alleine zu umsegeln. Zuvor hatte dieser erfahrene Seemann allerdings noch andere Fahrten gemacht, die nicht minder spektakulär waren.

In den Jahren 1886 – 1887 war Slocum als Frachtschiffer entlang der Ostküste Südamerikas unterwegs, als gegen Ende Dezember 1887 sein Schiff, die *Aquidneck*, in einem starken Sturm an die Küste gedrückt wurde und auf Grund lief. Der Kapitän, seine Ehefrau, seine beiden Söhne und zehn Mann Besatzung waren mit einem Mal fern der Heimat zu Schiffbrüchigen geworden.

Glücklicherweise war die brasilianische Küste nicht weit von der Unfallstelle entfernt, so dass abgesehen vom Verlust des Seglers keine Menschenleben zu beklagen waren. Allerdings hatte Slocums Familie mit diesem Schiffsunfall ihre Lebensgrundlage verloren.

Die Crew fand an der Küste schnell neue Heuer auf Schiffen mit Kurs auf Montevideo. Der Captain und seine Familie dagegen blieben in der Gegend und sahen zu, vom Wrack zu bergen, was sich nur irgend brauchbar erweisen könnte.

Die Wahrscheinlichkeit, dass ein Schiff Richtung Nordamerika an diesem Teil der Küste vorbeikommen würde, war eher sehr gering. So beschloss Slocum mit seiner Familie, ein Segelboot zu bauen, um nachhause zu gelangen.

Das Küstengebiet, im Inland sehr unwegsam, war nur von diversen Indianerstämmen besiedelt, die sich als Fortbewegungs- und Transportmittel kunstvoll verzierter Kanus bedienten, mit denen sie äußerst geschickt umzugehen verstanden.

Diese Indianer gingen den Gestrandeten beim Bootsbau hilfreich zur Hand. Mit wenigen Werkzeugen, die noch vom Wrack der *Aquidneck* stammten, gelang es, in fünf mühevollen Monaten ein seetüchtiges Segelboot zu bauen.

Planken vom Wrack wurden mit frisch zugeschnittenen Brettern kombiniert, wobei Slocum und sein ältester Sohn nur ein Beil, eine Axt und ein Sägeblatt zur Verfügung hatten, mit denen sie diese neuen Bretter von zuvor gefällten Baumstämmen in harter Arbeit herstellten.

Metallgegenstände der *Aquidneck* wurden eingeschmolzen und daraus Nägel oder Haken für das neue Boot gegossen. Slocums Ehefrau nähte nach Anleitung ihres Mannes die einzelnen Segel.

Am 13. Mai 1888 schließlich konnte das Boot zu Wasser gelassen werden. Es bekam den Namen *Liberdade*, maß 10 Meter 70 in der Länge und war 2 Meter 30 breit. [23] Die Takelung ähnelte der von chinesischen Dschunken, wogegen der Schiffskörper traditioneller Bootsform folgte.

Mitte Juni, ausgestattet mit einigen Vorräten an Reiseproviant, stach die *Liberdade* von Paranagua aus in See. Schon bald erlebte die kleine Crew einen gewaltigen Sturm, der die Segel entzweiriss. Das Boot dagegen bestand die Bewährungsprobe vorzüglich.
Slocum hatte Glück, denn ein amerikanisches Postboot kreuzte seinen Kurs und nahm die *Liberdade* im Schlepptau mit nach Rio de Janeiro, wo die Sturmschäden repariert werden konnten.
Am 23. Juli brach Slocum mit seiner Familie zur zweiten Etappe ihrer Seereise auf. Sie waren schon einige Tage auf hoher See, als sie plötzliche Bekanntschaft mit einem Wal machten, der die kleine Crew fast zu Tode ängstigte. Das Tier spielte mit dem Segelboot, umkreiste es und buckelte unter dem Kiel, so dass Slocum jeden Augenblick fürchtete, das Boot würde in Stücke brechen. Zur unsäglichen Erleichterung der schreckensgeschüttelten Insassen aber hatte das große Säugetier bald genug von seinem Spiel und tauchte wieder ab.

Immer wieder legte Captain Slocum an Küstenorten an, überprüfte die Seetüchtigkeit der *Liberdade* und reparierte kleinere Schäden von vorangegangenen Etappen. Dabei musste der Bootskiel verstärkt werden, weil dieser vom Spiel des Wals Schaden genommen hatte.
Der Captain erfuhr, dass diese Gegend der brasilianischen Küste momentan ein Tummelbecken für Walkühe war, die mit ihren Jungtieren auf dieser Route schwammen. So musste man auch mit Angriffen rechnen, wenn Wale sich von umherkreuzenden Schiffen bedroht fühlten.
Bei den Zwischenstopps machten Slocum und seine Familie interessante Bekanntschaften mit Einheimischen oder Abenteurern, die es in diese abgelegenen Küstenstriche verschlagen hatte. Und immer wieder erregte Slocums Plan, mit der *Liberdade* bis nach Nordamerika zu segeln, großes Aufsehen, da das Boot kaum größer als ein Küstenfischkutter war. Die erstaunten Leute bezweifelten, dass sie hochseetauglich sei.

Wieder auf See traf die kleine Crew der *Liberdade* erneut auf das Postboot von Captain Baker, der ihnen vor gut zwei Monaten Abschleppdienste geleistet

Die Liberdade

hatte. Diesmal war keine Hilfe nötig, so ließ Baker den Seglern Kartoffeln und andere Proviantstücke für unterwegs zukommen, bevor er mit den besten Wünschen weitertuckerte.

Auf der Etappe zwischen Cabo St. Roque und Barbados kamen in regelmäßigen Abständen kleinere tropische Stürme auf – insbesondere, als sich die *Liberdade* auf Höhe des Amazonasdeltas befand.
Slocum berichtete, dass in dieser Zeit jedem ruhigen Tag drei sturmgepeitschte folgten, in denen Tag und Nacht mit größter Sorgfalt gesteuert und gesegelt werden musste. Die kleine Crew war dabei bis zum Rand der absoluten Erschöpfung gefordert, ohne Schlaf, Essen oder Ruhepause gegen meterhohe Sturmwellen anzukämpfen. Da fürchtete Slocum oftmals, in der heftig kochenden See unterzugehen, doch das Boot erwies sich als dermaßen flexibel gebaut, dass es immer wieder Oberwasser behielt.
Die restliche Etappe bis Barbados ging schließlich mit günstigen Winden und

auf ruhiger See dahin, so dass Slocum zufrieden in sein Journal notierte, in insgesamt 35 1/4 Tagen eine Route von 2.150 Nautischen Meilen zurückgelegt zu haben.[24]

Auf Barbados warteten die Segler ab, bis die Hurrican-Saison halbwegs vorüber war, bevor sie am 7. Oktober 1888 wieder in See stachen.
Vorbei an Santa Cruz und Porto Rico durchsegelten sie die Karibik bei guten Windverhältnissen und ruhiger See. Nach einem dreitägigen Zwischenstopp in Mayaguez, wo Proviant aufgestockt wurde, segelten sie an Haiti, Kuba und den Bahamas vorbei mit Kurs auf den Bundesstaat South Carolina. Am Abend des 28. Oktober 1888 schließlich hatte die *Liberdade* wohlbehalten Cape Roman erreicht; ihre Crew war in 53 1/4 Segeltagen insgesamt 5.510 Nautische Meilen [25] mit dem kleinen Segelschiff unterwegs gewesen.

Spätestens seit Barbados war die Überfahrt der *Liberdade* zu einer kleinen Sensation geworden, die sich unter den Schiffsbesatzungen im Hafen in Windeseile verbreitete. Auf amerikanischem Boden angekommen, kannte die Begeisterung der Leute keine Grenzen mehr – das Unternehmen wurde einhellig als '*die größte Sache seit Ende des Kriegs*' [26] bejubelt.
Es kursierten bald zahlreiche begeisterte Berichte zur *Liberdade* nebeneinander her und gelangten bis nach Washington, D.C.
Von dort wurde das Segelboot über Baltimore und Philadelphia nach New York, dann weiter über mehrere Städte nach Boston zur Ausstellung gebracht und kam schließlich wieder zurück nach Washington, D.C., wo es einen Ehrenplatz im Smithsonian Institute erhielt.

| Der Mann hinter Robinson Crusoe |

> *'Wir können an dieser Geschichte den Wahrheitsgehalt der Maxime begreifen, dass Not die Mutter der Erfindung ist, nachdem er Mittel und Wege fand, seine Bedürfnisse auf sehr natürliche Art zu befriedigen, wie auch sein Leben zu erhalten.'*
>
> Woodes Rogers über Alexander Selkirk [1]

Daniel Defoe schuf im frühen 18. Jahrhundert mit seinem Romanhelden Robinson Crusoe den Prototypen vom Schiffbrüchigen schlechthin.
Diese literarische Figur hat in Generationen von Menschen erfolgreich ein Bild vom Inselleben festgesetzt, in dem tropische Temperaturen, aufregende Abenteuer, schier unversiegbarer Erfindergeist und exotische Botanik als typische Beigabe vorkommen.
Defoe ist zwar selbst nie an vergleichbare Orte gereist, doch der belesene Romancier, Essayist und Journalist war zeitlebens sehr stark an maritimen Themen interessiert. Er hatte die bekannten Reisejournale seiner seefahrenden Zeitgenossen gelesen oder zumindest aus zweiter Hand von spektakulären Ereignissen erfahren, so dass er genug Sekundärmaterial zur Hand hatte, von dem er sich zu seinem Roman inspirieren lassen konnte.
Eine seiner Hauptquellen für die Figur des Robinson Crusoe war die Überlebensgeschichte des schottischen Matrosen Alexander Selkirk, die um 1712 in England weite Kreise zog.

Im Sommer 1703 stach der Schotte als Schiffssteuermann auf der *Cinque Ports* Galley unter Captain Charles Pickering von England aus in See.
Gemeinsam mit der *St. George* unter dem Hauptkommando von William Dampier waren beide Schiffe mit einem letter of marque darauf angesetzt, vor der südamerikanischen Westküste spanische Silber- und Goldflotten zu kapern.
   Alexander Selkirk stammte aus Nether Lago bei Fife, einem Küstenort in Schottland, wo er eigenen Angaben nach im Jahre 1680 als siebter Sohn seiner Eltern geboren worden war. Zwar sollte der Junge das Schusterhandwerk von seinem Vater erlernen, doch ungezügelte Abenteuerlust zog den eigensinnigen Fünfzehnjährigen zur See. Acht Jahre später befand er sich deutlich abgehärtet vom Seemannsleben, aber immerhin zum Schiffssteuermann aufgestiegen auf der *Cinque Ports* mit Kurs auf Südamerika.

Die Reise verlief zunächst ohne nennenswerte Vorfälle, bis Captain Pickering vor der Küste Brasiliens so schwer erkrankte, dass er sein Kommando an einen jüngeren Offizier übertragen musste. Der einundzwanzigjährige Lieutenant Thomas Stradling war ein typischer upper-class Offizier, der seine Untergebenen mit herablassender Arroganz herumkommandierte, was Selkirk nicht gut vertrug.
Als Pickering kurze Zeit darauf verstarb und Dampier den jungen Lieutenant offiziell zum Kapitän ernannte, kam es in der Folge immer wieder zu kleineren Reibereien zwischen den beiden Männern.

Bei Kap Hoorn kämpften die beiden Schiffe gegen schwere Stürme, wobei Dampier mit der *St. George* zurückfiel. Wie er wiederholt versuchte, das Kap zu umrunden, segelte die *Cinque Ports* bereits die chilenische Küste hinunter und steuerte auf die Inselgruppe der Juan Fernández zu.
Diese Inselgruppe liegt knapp 670 Kilometer westlich der chilenischen Küste im Pazifik und ist vulkanischen Ursprungs. Ihren Namen hat sie nach Don Juan Fernández, der am 22. November 1574 mit der *Nuestra Señora de los Remedios* von Peru nach Chile unterwegs war, vom Kurs abkam und dabei zufällig die Inselgruppe entdeckte.
Die größere Hauptinsel der Gruppe benannte der Spanier Más a Tierra (näher an Land), ihre kleine Nachbarinsel Santa Clara und die dritte Insel Más a Fuera (weiter draußen). [2]
Allgemein aber wurden die Inseln unter Seefahrern im Lauf der Zeit als Juan Fernández bekannt.
Spanische Kolonisten brachten bald nach Bekanntwerden dieser Entdeckung Schweine und Ziegen auf die Inseln. Sie kultivierten dort Rüben, Getreide und verschiedene Gewürze, in der Hoffnung, einen militärischen Stützpunkt aufzubauen, von wo aus die spanischen Seerouten besser gegen feindliche Übergriffe geschützt werden könnten.
Nachdem das Archipel aber zu weit vom Festland entfernt war, um eine dauerhafte Kolonie mit regem Handel zu ermöglichen, gaben die Spanier ihre Pläne bald wieder auf und kehrten aufs Festland zurück. Die eingeführten Pflanzen und Tiere dagegen lebten sich auf den Inseln gut ein und vermehrten sich ungehindert.
So wurden die Inseln zu einem willkommenen Rastpunkt für aller Länder Schiffe, an dem Holz, Trinkwasser und Lebensmittelvorräte aufgestockt werden konnten.

Lage der Juan-Fernández-Inseln

Genau das war dringend notwendig auf der *Cinque Ports*, wo die gesamte Mannschaft von den Strapazen der vorangegangenen Monate sehr geschwächt oder bereits krank niederlag – von neunzig Crewmitgliedern waren nur noch 42 am Leben.³

Allein Captain Stradling dachte gar nicht daran, bei den Fernández-Inseln anzulegen, weil er befürchtete, dass Dampier daran vorbeisegeln und man sich verpassen würde. Die aufgebrachte Crew aber verlangte nach frischen Vorräten, außerdem beschwerten sich etliche Männer über Stradlings arrogante Be-

handlung. Das Ganze gipfelte in einer Aufruhr, bei der die *Cinque Ports* kurzerhand bei den Inseln zum Ankern gebracht wurde und alle Seeleute in die Boote stiegen, mit denen sie sich an den Strand fortmachten, um sich frischen Proviant zu besorgen.
Captain Stradling musste allein auf dem Schiff zurückbleiben.

William Dampier kam zwar kurze Zeit darauf mit der *St. George* hinzu und konnte die meuternde Besatzung beschwichtigen, so dass nach einigen Wochen Ruhepause beide Schiffe wieder gemeinsam in See stachen, doch weitere Unstimmigkeiten in den folgenden Monaten – diesmal zwischen Stradling und Dampier – führten dazu, dass nun die *Cinque Ports* und die *St. George* getrennte Wege segelten.
Alexander Selkirk fuhr noch immer unter Captain Stradling und das Schiff näherte sich erneut den Fernández-Inseln. Mittlerweile war der Segler aber so leck und reparaturbedürftig geworden, dass die Schiffspumpen Tag und Nacht ununterbrochen von zwei Matrosen bedient werden mussten, damit das Segelschiff nicht unterging.
Schiffswürmer hatten die Planken derartig zerfressen, dass selbst die Schiffszimmerer und die Bottichmacher den Schaden kaum beheben konnten, indem sie neue Planken einsetzten. Das Schiff blieb gefährlich leck, doch Captain Stradling wollte wieder in See stechen.
Daraufhin kam es zu einer erbitterten Auseinandersetzung zwischen dem Kapitän und Selkirk, der darauf beharrte, dass das Schiff nicht seetüchtig sei. Der Schotte geriet derart in Rage, dass er drohte, keinen Meter weiter an Bord dieses Schiffs zu segeln, das die gesamte Mannschaft allerhöchstens auf den Grund des Ozeans befördern würde.
Die Fernández-Inseln lagen günstig in kürzester Nähe, so ließ Stradling den Schotten kurzerhand mitsamt Seekiste und Bettzeug auf die größere der Inseln, Más a Tierra, hinüberbringen, wo er ihm süffisant wünschte, er möge zur Hölle gehen.[4]
Selkirk hatte zwar Recht, was die Seetüchtigkeit der *Cinque Ports* betraf, die etwa einen Monat später vor Peru[5] sank, doch keiner der anderen Männer schloss sich ihm an, womit der Schotte nicht gerechnet hatte.
So musste er mit aufkeimender Verzweiflung vom Strand aus zusehen, wie das Schiff ohne ihn ablegte und am Horizont verschwand.
Es war nun September 1704.

Der Ausgesetzte blieb allein auf einer unbewohnten Insel zurück, mit der Ungewissheit, ob oder wann ein englisches Schiff dort ankern und ihn an Bord nehmen würde. Dazu kam die ständige Gefahr, dass spanische oder französische Schiffe anlegen und er als Gefangener enden könnte, nachdem England sich mit beiden Nationen im Krieg befand, was unter anderem auch bedeutete, dass englische Kaperschiffe Jagd auf spanische und französische Schiffe machten. Würde Selkirk aufgegriffen werden, wäre ihm harte Zwangsarbeit unter schrecklichsten Bedingungen in südamerikanischen Silber- oder Kupferminen sicher. Eine ebenso unangenehme Alternative wären ähnliche Bedingungen in Arbeitshäusern oder man würde ihn im Kerker verrotten lassen.
Seine Hauptaufgabe jedoch bestand darin, auf sich gestellt zu überleben, was in erster Linie freilich bedeutete, gesund zu bleiben.

Das reichhaltige Nahrungsangebot der gebirgigen Fernández-Inseln war ein Glücksfall – nicht zuletzt wegen der spanischen Kolonisten, aber vor allem durch die fruchtbare Vulkanerde, die eine vielfältige Vegetation ermöglichte. Außerdem herrschten ganzjährig angenehme Temperaturen, die selbst im Winter nur leichte Kälte brachten, so dass dauerhaft geerntet werden konnte. Tropische Früchte, wilder Hafer, Rüben, Kräuter und Kartoffeln waren vorhanden; es gab Süßwasserquellen, die kaskadenartig von den Bergen in grünbewachsene Talschluchten hinabstürzten. Ziegen und Schweine liefen in großer Anzahl herum; Seelöwen kamen ans Ufer um sich zu paaren und ihre Jungen aufzuziehen und im Wasser waren so viele Krabben, Hummer, Muscheln, dass man sich nur nach ihnen bücken musste, um sie herauszufischen. Außerdem gab es Meeresschildkröten und allerlei Fischarten, die im seichten Küstenbereich leicht zu fangen waren.
William Dampier hatte das reichhaltige Vorkommen an Meerestieren bei den Juan Fernández schon 1697 in seiner *New Voyage Round The World* beschrieben: '*Seelöwen gibt es hier in großen Mengen; und Fische [...] sind so zahlreich, dass zwei Männer im Zeitraum von einer Stunde mit Angelhaken und Leine so viele fangen können, dass dies für 100 Mann reicht.*' [6]

Doch Alexander Selkirk hatte zunächst überhaupt kein Auge für diese Dinge; er blieb regungslos am Strand sitzen und starrte fassungslos auf den leeren Horizont, mit der verzweifelten Hoffnung, dass die *Cinque Ports* beidrehen und man ihn doch wieder an Bord holen würde.
Am Ufer befand sich noch eine Notbaracke, ein Überbleibsel, das gestrandete Vorgänger notdürftig aus Ästen und altem Segeltuch errichtet hatten.

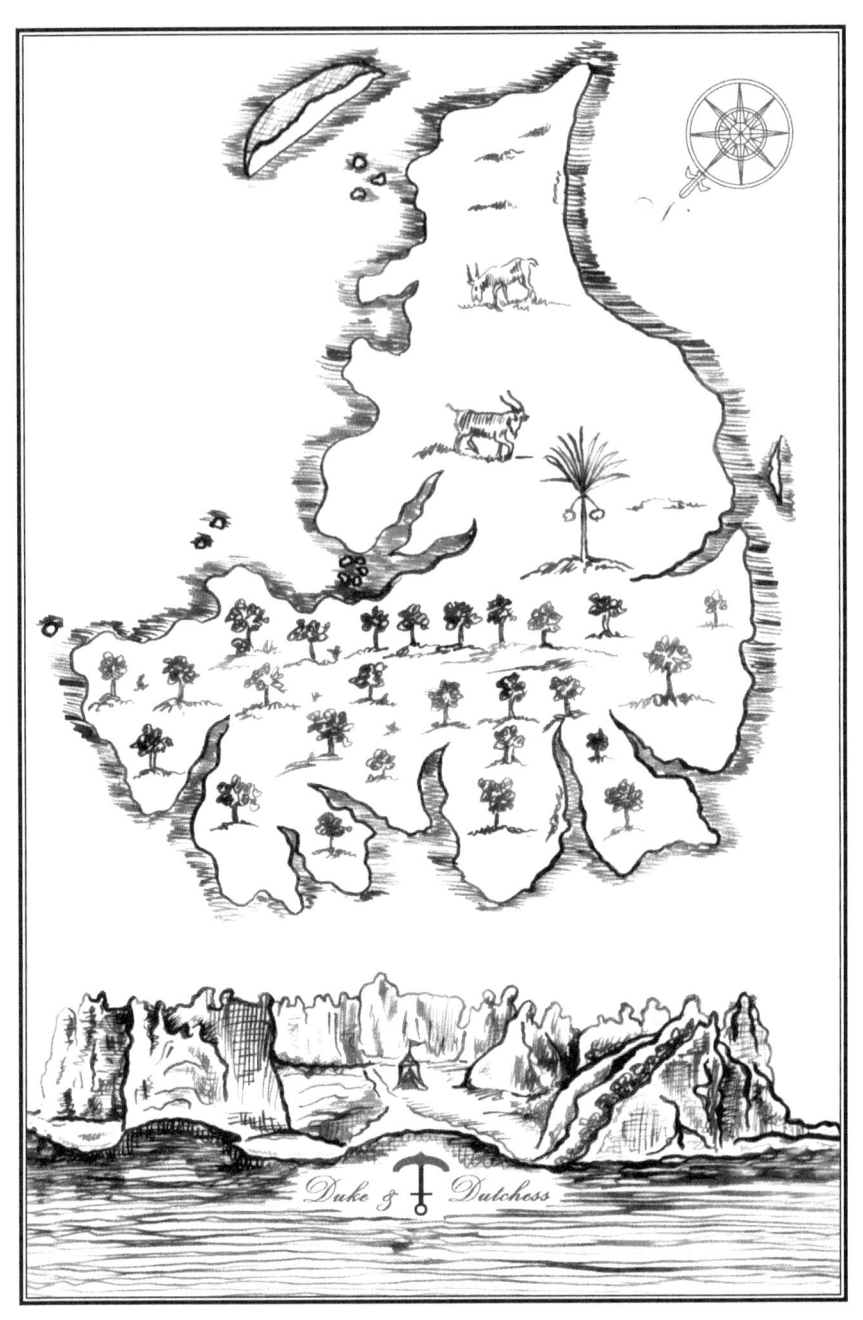

Karte der Insel Màs a Tierra nach Captain Edward Cooke

Als es schließlich dämmerte, brachte der Schotte seine wenigen Habseligkeiten dorthin: einige Kleidungsstücke, sein Bettzeug, eine Pistole, Schwarzpulver, Munition, ein Beil, ein Messer, einen Kochtopf, eine Bibel, ein Gebetbuch und seine Navigationsinstrumente mit Besteckbüchern. Außerdem hatte er zwei Pfund Tabak, einen Flachmann Rum, etwas Marmelade und Käse erhalten.[7]

Die ersten Tage verstrichen, indem der Ausgesetzte sich kaum vom Strand wegbewegte und angestrengt das Meer nach Segeln absuchte. Erst, wenn Hunger und Durst unerträglich wurden, begab Selkirk sich auf Nahrungssuche.
Doch auch dann blieb er so nah wie möglich in Ufernähe und fing höchstens Schildkröten oder sammelte Krabben auf, die an den Strand gekrochen waren. Diese wurden zu seiner Hauptnahrungsquelle und so lange roh verspeist, bis er davon heftig schmerzenden Brech-Durchfall bekam und entkräftet in seinem Unterschlupf liegenblieb. Er war so mutlos geworden, dass er hoffte, einfach zu sterben.
Der Schotte erholte sich jedoch und wie er wieder auf den Beinen war, raffte er sich dazu auf, Holz zu sammeln, Feuer zu machen und sein Essen im Kochtopf zu garen.
Langsam bekam er ein aufmerksames Auge für seine Umgebung, entdeckte wildwachsende Rüben, Kohl, Wasserkresse, Pfeffer und Minzblätter, die er erntete und zum Kochen verwendete.
Mit der Zeit fand er auch Wurzeln, Beeren und Vogeleier; er fing Seehunde, Seevögel und Ziegen, mit denen er seinen Speiseplan abwechselte.
Zur Hauptbeschäftigung, der er täglich wie besessen nachging, wurde ein Rundgang zum höchsten Aussichtspunkt der Insel, wo der Schotte angestrengt Ausschau nach Schiffen hielt. Dazu durchstreifte er die Insel mehrmals am Tag, fest entschlossen, sich kein Schiff entgehen zu lassen, das am Horizont auftauchen könnte. Hatte Selkirk seinen Rundblick um die Insel getan, stieg er wieder zum Strand hinab und sammelte auf dem Weg dorthin Holz, Eier, Grünzeug zum Kochen und füllte seinen Topf mit Trinkwasser.

  Wie die Monate verstrichen, richtete der Mann sich so gut es ihm möglich war, auf seiner Insel heimisch ein. Er gewöhnte sich an einen festen Tagesablauf, der sowohl die lebenserhaltenden Aufgaben wie auch Gebetszeiten festlegte. Selkirk las sich Bibelstellen und Gebete laut vor, um seine Sprache nicht zu verlernen; außerdem beruhigte der Klang seiner Stimme ihn etwas, fühlte er sich doch ziemlich einsam und hätte sehr viel darum gegeben, einen Kameraden zu haben.

An der Rinde eines Baumes markierte der Schotte die vergangenen Tage, Monate und schließlich Jahre. Er hielt sich diszipliniert an seinen Tagesrhythmus und absolvierte die Aussichtsstreifzüge, durch die er seine Insel inzwischen gut kannte. Die Seemannskleidung, mit der er auf der Insel abgesetzt wurde, war ihm inzwischen längst vom Körper gefallen, seine Schuhe schon lange unbrauchbar geworden.

Selkirk war braungebrannt und athletisch durchtrainiert; er lief nun barfuß und war in Ziegenfelle gekleidet, die er mit Lederbändern zusammengenäht hatte.

Am Strand sammelte der Mann angespülte Nägel und Drahtschlingen ein, aus denen er mit Steinen als Hammer und mit Feuer diverse Werkzeuge anfertigte. Ein rostiger Anker wurde zu einer Axt; aus Nägeln entstanden Messerklingen oder Haken, mit denen Fische aufgespießt werden konnten.

Mittlerweile hatte Selkirk sich ein Stück weiter im Inneren der Insel eine Unterkunft errichtet, die er am Boden mit Ziegenfellen auslegte. Selbst die Innenverkleidung bestand aus Ziegenfellen. Aus Strandgut hatte er sich einen Hammer geschmiedet, mit dem er Holznägel in die Baumstämme und grobschlächtigen Balken treiben konnte, die seine Behausung stützten.

Der Schotte legte sich sogar Vorratskammern an, für den Fall, dass er einmal nicht auf Nahrungssuche gehen konnte. Er hatte Holzschüsseln geschnitzt und Körbe geflochten, in denen er seine Nahrungsmittel lagern konnte; aus Ziegenhörnern fertigte er sich Besteck zum Essen.

Selkirks Behausung bestand aus zwei abgetrennten Baracken; eine davon war sein Schlafraum, eine andere ein Arbeitsraum mit steinumsäumtem Ofen, in dem ein Feuer brannte.

Für den Schlafraum hatte der Mann sich ein Bettgestell gebaut, dass er nicht auf dem Boden liegen musste. Allerdings gab es eine Rattenplage.

Die Nagetiere suchten nachts das Camp heim, wo sie an den Ziegenfellen und sogar an Alexander Selkirks Füßen herumnagten. Oftmals wachte der Schotte im Dunklen von den Zischlauten sich streitender Ratten auf, die so kühn waren, dass sie sich nicht einmal dann vertreiben ließen, wenn der entnervte Mann mit Steinen nach ihnen warf.

Glücklicherweise konnte dieses Problem schnell gelöst werden. Durch zahllose Schiffsbesuche waren auch Katzen auf die Insel gelangt, die dort einwilderten und sich ebenso wie die Ziegen vermehrt hatten.

Selkirk lockte einige Tiere mit Ziegenfleisch an, wobei er bald merkte, dass junge Katzen in kürzester Zeit zahm wurden. Nun hatte er ein Rudel schnurrender Hausgenossen um sich, das ihm Gesellschaft leistete und ihn obendrein von der Rattenplage befreite.

Zwar kam es noch immer ab und an zu schlaflosen Nächten, wenn seine Hauskatzen nun laute Revierkämpfe untereinander ausfochten, doch war dies allemal besser, als von Ratten angenagt zu werden.

Mit der Zeit beunruhigten den Schotten dunkle Vorstellungen, dass er sterben könnte und es niemanden gäbe, der ihn beerdigte. Nachdem seine Katzen ja daran gewöhnt waren, dass er sie zufütterte, hatte er Angst, dass die Tiere dann seine Leiche anfressen könnten. Diese dunklen Stimmungen kamen und gingen immer wieder. Selkirk versuchte, solche Gedanken zu verdrängen.

Wenn der Schotte loszog, um Ziegen zu fangen, musste er oft auf steilen Abhängen herumklettern, wohin sich die flüchtenden Tiere verstiegen. Daher beschloss er, sich Jungtiere einzufangen, die bei seiner Behausung gehalten werden sollten. Dazu lähmte er die Tiere, indem er ihnen die Beine brach und sie anschließend schiente. Damit sie handzahm wurden, brachte er ihnen Futter, bis sie ihre Scheu vor ihm verloren.

Die Ziegen bei seiner Behausung waren einerseits Milch-, Nahrungs- und Fell-Lieferant und andrerseits zusätzliche Tiergesellschaft neben den Hauskatzen.

Allerdings hatte Selkirk mit der Zeit seine Jagdtechnik mit solcher Raffinesse verfeinert, dass das Erjagen an sich zu einer Art spannendem Sport für ihn wurde, wo es nicht mehr darauf ankam, die Tiere am Ende zu erlegen, sondern das überlistete, gefangene Tier wieder freizulassen, nachdem der Schotte dessen Ohren mit dem Messer zur Kennzeichnung eingeschlitzt hatte.

Die täglichen Streifzüge durch die Insel und das Jagen hatten den Mann so flink und behände gemacht, dass er mit größter Leichtigkeit Ziegen, Seelöwen oder Vögel fangen und erlegen konnte.

Eben diese übermütige Jagdlust wurde ihm einmal zum gefährlichen Verhängnis. Wieder einmal war Selkirk zum Sport einer Ziege hinterhergesetzt, die in Panik bis zum höchsten Grat eines Abhangs emporschnellte, so dass der Schotte sie erst zu packen bekam, als beide bereits über die mit Buschwerk bewachsene Kuppe zur anderen Seite hinabstürzten.

Sie hatten den schmalen Grat nicht rechtzeitig sehen können, weil die Büsche die Sicht versperrten.

Captain Woodes Rogers beschrieb diesen Vorfall in seinem 1712 publizierten Reisebericht *A Cruising Voyage Round the World*: '[Selkirk] *fiel mit der Ziege von einer großen Höhe den besagten Abhang hinunter, und war so benommen und verletzt vom Sturz, dass er gerade noch mit dem Leben davonkam, und als er wieder zu sich gelangte, fand er die Ziege tot unter sich liegen.'* [8]

Weiter erfährt der Leser, dass der Schotte vermutlich drei Tage bewusstlos auf der toten Ziege gelegen hatte, bis er wieder zu sich kam und unter größten Schmerzen zu seiner Behausung zurückkroch, die er die nächsten zehn Tage nicht verlassen konnte.
Dieser Vorfall veranlasste den Mann, sein Leben noch besser gegen alle künftigen Notfälle einzurichten. Sobald er wieder auf den Beinen war, errichtete er eine Umzäunung, in der er seine Ziegen hielt. Selkirk lernte, aus ihrer Milch eine Art Weichkäse herzustellen, der eine gewisse Zeit gelagert werden konnte. In seiner Kochbaracke achtete der Schotte darauf, dass das Feuer ständig brannte.
Er erkundete seine Insel noch intensiver, suchte sich weitere Unterschlupfmöglichkeiten zum Ausweichen, falls feindliche Schiffe überraschend anlegen sollten und er schnell entweichen müsste.
Neben diesen Dingen fand er auch Muße, sich eine Holzflöte zu schnitzen, auf der er seinen Tieren Melodien vorspielte.

Sämtliche Vorsichtsmaßnahmen zahlten sich aus, als eines Tages tatsächlich zwei spanische Schiffe anlegten und Selkirk vor den bewaffneten Männern fliehen musste, die auf der Insel ausströmten, fest entschlossen, den verwilderten Mann, den sie von weitem erspäht hatten, zu fangen.
Seine Fitness und seine Ortskenntnis waren entscheidende Faktoren, den beutelustigen Spaniern im letzten Moment zu entkommen. Selkirk hatte sich tief im Inneren der Insel auf einem Baum einen Unterschlupf gebaut, von dem aus er das Treiben der Eindringlinge beobachten konnte. Ein Spanier urinierte sogar gegen den Baumstamm ohne zu bemerken, dass der Schotte genau über ihm in der Baumkrone saß.
Nach zwei Tagen gaben die Spanier schließlich doch auf und legten unverrichteter Dinge wieder ab.
Als Selkirk zu seiner Behausung zurückkehrte, fand er sie geplündert, zerstört und sämtliche Hausziegen getötet vor.
Nun hieß es, alles erneut aufzubauen. Wieder suchte er den Strand nach angespültem Metall ab, das er zu Werkzeugen verarbeiten konnte; er reparierte seine Behausung und errichtete ein neues Gehege für Ziegen. Der Schotte fing sich neue Ziegen ein und stockte geduldig wieder Essensvorräte auf; flocht Körbe

Alexander Selkirk tanzt mit seinen Katzen und Ziegen
(nach einem Holzschnitt in Leslie: Desperate Journeys, Abandoned Souls)

und fertigte Holzschalen. Er hackte Holz, kümmerte sich um sein Feuer im Ofen und arbeitete, bis alles wieder hergestellt war.
Unwiederbringlich verloren blieben allerdings seine Seekiste, die Bibel, die Navigationsinstrumente und seine Besteckbücher, an denen sich die spanischen Besucher hemmungslos ausgetobt hatten.

Inzwischen war es Herbst 1708 geworden. Zuhause in England stachen von Bristol aus zwei Schiffe mit Kaperbriefen von Prinz Georg von Dänemark in See. Die *Duke* unter dem Kommando von Captain Woodes Rogers und unter ihm stehend, Stephen Courtney mit der *Dutchess*, insgesamt 333 Mann stark, sollten französische und spanische Schiffe entlang der Westküste Süd- bis Mittelamerikas aufbringen.

William Dampier begleitete Captain Rogers als Pilot an Bord der *Duke*.

Ende Januar 1709 näherten sich die beiden Schiffe den Juan-Fernández-Inseln. Alexander Selkirk hatte die Segel schon von weitem am Horizont erspäht und eilte in höchster Aufregung zum Strand, um ein Feuer zu entfachen. Mit fliegenden Fingern arbeitete der Matrose daran, den Scheiterhaufen zusammenzutragen, in ständiger Panik, die beiden Schiffe könnten vorbeisegeln. Wie das Feuer schließlich hoch auflocherte, begann es bereits zu dämmern.

Captain Rogers erblickte das Leuchtfeuer am Strand, vermutete aber zunächst, dass bereits spanische oder französische Schiffe vor Anker lägen. Den Matrosen im Beiboot, das wenige Minuten zuvor von der *Duke* abgelegt hatte, um an Land überzusetzen, wurde sogleich signalisiert, augenblicklich beizudrehen und an Bord zurückzukommen.
Alexander Selkirk indessen, der vom Strand aus das Wendemanöver auf halber Strecke beobachten konnte, kämpfte gegen aufkeimende Verzweiflung an.
Er verstand nicht, wie ihm geschah, und rührte sich keinen Meter von der Stelle weg.
Rogers war vor das Dilemma gestellt, dass beide Crews in Kampfeshandlungen verwickelt würden, wenn hier feindliche Schiffe vor Anker lägen. Nun konnte er aber nicht einfach weitersegeln, weil dringend frische Lebensmittelvorräte und Trinkwasser vonnöten waren, außerdem hatten einige seiner Männer bereits in fortgeschrittenem Stadium Skorbut und rangen mit dem Tod.
Captain Rogers beschloss, bis zum Morgengrauen abzuwarten, um dann die Lage zu erkunden.

Bei Tagesanbruch hatte sich noch immer nichts getan; so stieg Selkirk zu seinem Aussichtspunkt hinauf, wo er entdeckte, dass ein Beiboot mit mehreren Insassen sich der Insel von der anderen Seite näherte.
Er lief erleichtert zu diesem Strandabschnitt hinunter, um die ankommenden Männer zu begrüßen.
Vier Jahre und vier Monate hatte der Ausgesetzte auf diesen Augenblick gewartet! Eine Zeit, die ihm manchmal wie eine nicht enden wollende Ewigkeit erschienen war. Endlich war Rettung in greifbare Nähe gerückt!

Die Matrosen der *Duke* erschraken nicht wenig beim Anblick des vollkommen verwilderten Inselbewohners, der heftig gestikulierend, behaart und in streng riechende Ziegenfelle gekleidet auf sie zustürzte.

Nach und nach erkannten sie an den halbverschluckten Silben, dass der Mann sie in Englisch ansprach und sie erfuhren, wie er auf der Insel zurückgelassen worden war und bis jetzt überlebt hatte. Selkirk zeigte ihnen ganz stolz seine Behausungen und setzte Ziegenfleisch aufs Feuer, um seine Retter zu bewirten. Die Matrosen nahmen den Schotten mit aufs Boot und ruderten zur *Duke* hinüber. Captain Rogers notierte in sein Journal: '*Unser Boot kam vom Ufer zurück und brachte [...] einen mit Ziegenfellen bekleideten Mann mit, der darin wilder aussah als die ersten Eigentümer derselben.*' [9]

Weiter bemerkte Rogers: '*Als er das erste Mal an Bord kam, hatte er aus Mangel an Gelegenheit das Sprechen halbverlernt, so dass wir ihn kaum verstehen konnten, denn er schien von den Worten nur die Hälfte auszusprechen.*' [10]

Die nächsten zwei Wochen unterstützte der Schotte die Crews der beiden Schiffe nach Leibeskräften darin, Proviant aufzustocken, Ziegen zu fangen oder Seelöwen zu erlegen, deren Fettschicht zu Öl für die Schiffslampen verarbeitet wurde.

Alexander Selkirk kümmerte sich daneben aufopfernd um die skorbutkranken Matrosen, die am Strand ein eigens errichtetes Lager bekamen, wohin er ihnen frisches Obst und Gemüse brachte. Er kochte ihnen nahrhafte Eintöpfe aus Ziegenfleisch, Rüben und Petersilie. Außerdem half er dabei, die Schiffe zu reinigen und wieder seetüchtig zu machen.

Nachmittags am 14. Februar 1709 legten die *Duke* und die *Dutchess* mit Alexander Selkirk als Zweiten Maat unter Captain Rogers ab. William Dampier kannte den Schotten noch von der vorherigen Kaperfahrt und hatte ihn dem Kapitän als fähigen Mann empfohlen.

Die Zeit auf der Insel hatte Selkirk an ein anderes Leben gewöhnt – so war er außerstande, gepökelten Proviant vom Schiff zu essen. Dies kam ihm ungenießbar versalzen vor, außerdem musste er sich erst wieder an Kleidung gewöhnen. Ein Paar Schuhe, das ihm jemand gab, konnte er nicht lange tragen, weil seine Füße darin so anschwollen, dass er es schlichtweg nicht mehr aushielt und lieber barfuß lief. Selbst in Hemd und Hose litt der Entwöhnte zunächst unter starken Beklemmungsgefühlen.

Nach einer ereignisreichen und turbulenten Kaperfahrt entlang der spanischen Kolonien Süd- und Mittelamerikas kehrte Alexander Selkirk schließlich an Bord der *Batchelor* am 3. Oktober 1711 nach London zurück.

Erlebnisberichte von Kaperfahrten waren, ähnlich wie Reisejournale über fremde Kontinente, ein sehr begehrter Lesestoff in der Öffentlichkeit.
Für den Autor bedeutete dies meist guten Verdienst – gerade dann immens wichtig, wenn jemand einen spektakulären Schiffbruch überlebt hatte, weil Matrosen nur dann Heuer erhielten, wenn ein Schiff auch wohlbehalten im Zielhafen angekommen war.
Kam ein Schiff unterwegs zu Schaden oder ging es gar unter, so durfte ein Überlebender froh sein, dass er mit seinem Leben davongekommen war.
Diese Praxis war übrigens bis ins zwanzigste Jahrhundert üblich – ein überlebender Heizer der *Titanic*-Katastrophe erhielt für seine knochenharte Arbeit auf dem Whitestar-Liner keinen Lohn ausbezahlt, weil die Fahrt nicht ordnungsgemäß beendet wurde.

Kaum zurück in London, überschlugen sich Captain Woodes Rogers und sein Kollege Edward Cooke, die beide ein Journal der vierjährigen Reise geführt hatten, den anderen mit rascherer Veröffentlichung ihres Werks zu übertrumpfen.
Edward Cooke publizierte seine *Voyage to the South Sea and Round the World* bereits im März 1712. In der Eile, der Erste zu sein, lieferte Cooke nur einen hastig zusammengestellten Bericht mit einem unbefriedigend knappen Hinweis auf das Schicksal Alexander Selkirks, das gerade deshalb die Neugier der Leser umso heftiger entzündete. Die Kritik, er habe seinen Lesern den besten Teil der Geschichte vorenthalten, musste Cooke sich gefallen lassen.
Woodes Rogers dagegen hatte fast von Beginn an erkannt, welches Potenzial die Geschichte des Schotten in sich barg. Er hatte den Matrosen bereits auf dem Schiff ausführlich zu allerlei Details ausgefragt.
Ende 1711 trafen sich beide Männer noch einmal in London, um wiederholt über die Ereignisse auf Más a Tierra zu sprechen. Mit weiteren Informationen versehen, ergänzte Rogers sein Journal und konnte Alexander Selkirks Leben auf der Insel ausführlicher beschreiben.
In Rogers' Fassung kommt ein religiöser Aspekt in die Geschichte neu hinzu, wonach der Schotte während seines Insellebens moralisch geläutert und zu einem besseren Christen geworden sei. Das Schicksal des Matrosen sollte als

ein Beispiel göttlicher Vorsehung verstanden werden, der letztlich jeder Mensch untersteht.

Kurz nach Cookes Reisebericht publizierte Woodes Rogers 1712 seine *Cruising Voyage Round the World*. Die Leser stürzten sich ungeduldig auf die Stelle, in der die Geschichte des ausgesetzten Schotten nachzulesen war. Diesmal war das Ganze ein großer Erfolg und Selkirks Überlebensbericht avancierte zur Sensation des Tages.

Im Jahre 1719 war das öffentliche Interesse an dem Schotten gerade am Abklingen, als Daniel Defoe den Stoff noch einmal aufgriff.

Der mittlerweile fast sechzigjährige Literat genoss einen angenehm ausschweifenden Lebensstil, der ihn allerdings in finanzielle Verlegenheit brachte. Defoe benötigte dringend Geld.

In nur wenigen Monaten vollendete er sein Manuskript, das als *Robinson Crusoe* zu einem der meistgelesenen Romane der Weltliteratur werden sollte.

Am 25. April 1719 erschienen, folgten rasch aufeinander Nachdrucke am 9. Mai, am 4. Juni und am 7. August desselben Jahres. Das Buch war ein echter Volltreffer. Der Roman wurde raubkopiert, als Serie oder in gekürzter Fassung herausgegeben und sogar zu einem Drama umgearbeitet.

Eine französische Übersetzung erschien 1720, um 1760 herum folgten niederländische, deutsche und russische Ausgaben. In Spanien kam der Roman 1756 auf den Index verbotener Bücher.

Das Werk eroberte die Welt über die Jahrhunderte hinweg unaufhaltsam und schuf in der Phantasie der Leser den Prototypen des Schiffbrüchigen auf einer unbewohnten Insel.

Das Allgemeinbild, das einem heute automatisch bei den Begriffen Schiffbruch und Inselleben vor Augen schwebt, ist in *Robinson Crusoe* begründet.

Ebenso war der Roman Anlass dafür, dass zahlreiche Jungen in Erwartung eines abenteuerreichen Matrosenlebens von zuhause davonliefen, um auf Schiffen anzuheuern. John Nicol, ein einfacher Matrose, berichtete gleich in den ersten Sätzen davon, als er seine Lebenserinnerungen im Alter von 67 Jahren niederschrieb. 1755 bei Edinburgh geboren, trieb es ihn schon früh an die Küste. Er erklärte: *'Ich hatte Robinson Crusoe viele Male gelesen und wollte unbedingt zur See gehen.'* [11]

Edward E. Leslie betont in *Desperate Journeys, Abandoned Souls*, dass gerade Selkirks Überlebensgeschichte entscheidend war für den Handlungsstrang von Defoes Roman. Bevor der Literat Woodes Rogers' Journal gelesen hatte, spielte er im Gedanken mit dem Konzept eines Pikaro-Romans, in dem aus Robinson ein abenteuerlustiger Vagabund werden sollte. [12]

Alexander Selkirk hatte von der Kaperfahrt unter Woodes Rogers zwar ein kleines Vermögen nachhause bringen können und sich Grundbesitz angeschafft, doch ihn hielt es nie lange an Land. Er heuerte immer wieder nach kurzen Aufenthalten zu neuen Fahrten auf Schiffen an.
Im Dienst der britischen Marine stach der Vierzigjährige Ende 1720 auf der *Weymouth* als Erster Maat von Plymouth aus in See.
Von Moskitostichen infiziert, erkrankten vor der Westküste Afrikas viele Besatzungsmitglieder an Tropenfieber, woran sie in der Folge wie die Fliegen wegstarben.
Am 13. Dezember 1721 notierte John Barnsley, der Erste Lieutenant ins Logbuch: '*Wind Nord zu Nordwest. Leichte Brise. Holten drei Engländer von einem holländischen Schiff herunter und um acht Uhr abends verstarben Alexander Selkirk und William King.*' [13]

Im Jahre 1966 unterzeichnete der chilenische Präsident Eduardo Frei Montalva eine Petition zur offiziellen Namensänderung, wonach Selkirks Insel Más a Tierra zu Isla Robinson Crusoe umbenannt wurde und die kleinere Nachbarinsel Más a Fuera, die der Schotte nie betreten hatte, den Namen Isla Alejandro Selkirk bekam. [14]

Überlebenslotterie

> 'Um ihn in all' seinen schrecklichen Facetten zu erfassen, sollte dieser Fall in einem Rettungsboot entschieden werden, hunderte von Meilen entfernt vom Ufer, überladen mit 42 halbnackten Schiffbrüchigen, die gerade so viele Vorräte an Proviant haben, als ausreichen, die Qualen an Hunger und Durst zu verlängern...'
>
> David Brown, Anwalt von Alexander Holmes [1]

Eine sehr heikle Angelegenheit in den Überlebensberichten Schiffbrüchiger ist das Opfern von Leidensgefährten, um die Gruppe am Leben zu erhalten. Diese Praxis hatte sich im 19. Jahrhundert bereits so eingebürgert, dass das Ganze als seetypisch betrachtet wurde und hinterher straffrei blieb, wenn ein solcher Vorfall nicht willkürlich sondern geregelt abgelaufen war. Das bedeutete, dass mit Einverständnis aller Beteiligten ein Opfer durch Lose ziehen bestimmt wurde.
Wenngleich jeder Beteiligte zwar eine faire Chance auf 'Gewinn' hatte, so barg diese Chance gleichermaßen das Risiko, derjenige zu sein, der am Ende das kürzere Hölzchen zog.

Schon Cicero zerbrach sich im Sommer des Jahres 44 v. Chr. in seinem *De officiis* den Kopf über eine Reihe Fragestellungen, die nicht mit einer einfachen Antwort gelöst werden konnten. Dabei wurden unterschiedliche Schiffbruchssituationen erörtert, in denen das Überleben einer Partei davon abhängt, das Leben einer anderen Partei zu opfern. Das Grunddilemma war immer wieder die Frage, wer zugunsten von wem sein Leben opfern müsse.
Eine Problemstellung etwa hat zwei Schiffbrüchige zum Thema und eine Schiffsplanke, die nur einen der beiden tragen kann. Wer soll nun zum Wohl des Anderen sein Leben opfern?
Cicero kommt zum Schluss, dass derjenige die Planke erhalten soll, dessen Leben als wertvoller zu erachten sei – ob nun vom gesellschaftlichen Stand betrachtet oder weil diese Person für die Gesellschaft von hohem Nutzen ist. Wenn aber beide Schiffbrüchige einen gleichwertigen gesellschaftlichen Stand innehaben, so empfiehlt Cicero, dass das Ganze durch Loseziehen oder ein Glücksspiel entschieden werden müsse.

Genau dazu kam es in extrem zugespitzten Notfällen in der Seefahrt.

Früheste Zeugnisse von Lotterie und Schiffbruch gibt es gegen Ende des 16. und Mitte des 17. Jahrhunderts.
Richard Clarkes Bericht [2] aus dem Jahre 1583 schildert eine Schiffbruchssituation, wo das Losverfahren darüber entscheiden sollte, die Hälfte der Bootsinsassen aus einem überfüllten Rettungsboot ins Meer zu werfen, um so die Überlebenschancen der Anderen zu vergrößern.
Clarke, dem als Schiffskommandeur dieser Vorschlag angetragen wurde, wies das Ganze entrüstet zurück.

Im *Observationem medicarum*, einer medizinischen Abhandlung von Nicholaus Tulpius, die 1641 erschien, erscheint das Losverfahren im Zusammenhang mit Tod und nachfolgendem Kannibalismus. [3]
Hier wird von sieben Engländern berichtet, die seit Wochen schiffbrüchig auf dem offenen Meer treiben und schließlich eine Lotterie abhalten.
Derjenige, der das Loseziehen vorgeschlagen hatte, verlor und wurde mit seinem Einverständnis getötet.

Als im siebzehnten Jahrhundert der Seeverkehr durch Handel, Kolonien und Passagiertransfer stetig zunahm, kam es immer häufiger zu Vorfällen von Überlebenslotterie unter Schiffbrüchigen, so dass diese Dinge im neunzehnten Jahrhundert als 'raue Sitten der See' durchgingen.
Es kursierten zahlreiche Berichte, Lieder und Balladen zu diesem Thema, die zum Teil sogar nach tatsächlichen Begebenheiten entstanden waren.
Damit wusste ein Großteil der Landbevölkerung Bescheid, welche Extremmaßnahmen auf hoher See vorkommen konnten.

William Bligh war diese Praxis natürlich bekannt, doch er vertraute darauf, dass man sich letztlich auch dagegen entscheiden könne. In seinem Journal, das er nach seiner spektakulären Bootsüberfahrt nach Timor veröffentlichte, bemerkte der Lieutenant : *'Es steht mir nicht zu, über die tragische Geschichte von Personen in unserer Situation zu urteilen, die schließlich dazu getrieben werden, einander aus schierem Hunger umzubringen – doch es sei mir gestattet, dies nicht als unausweichlichen Fakt anzuerkennen. Ich behaupte lediglich, dass es unter uns nicht zu solchen Vorfällen kommen würde.'* [4]
Das veranlasste Sir John Barrow zu einem scharfen Kommentar: *'Wenn Bligh damit meinte, dass Männer in extremen Fällen und von Hunger getrieben sich*

*nicht gegenseitig umbrächten, so irrt er hier gewaltig. Vorkommnisse dieser Art sind bereits oft geschehen und haben sich auch in großer Zahl nach dem Schiffbruch der Fregatten Medusa [...] und der Nautilus [...] ereignet.
Es mag wohl einen Unterschied geben zwischen Männern, die der Gefahr ins Auge blicken an Hunger zu sterben, wenn sie sich noch in kräftigem Gesundheitszustand befinden, und Männern wie jenen von der Bounty, die durch unausgesetzten Nahrungsmangel zu Skeletten abmagerten und daher sowohl dem Leben als auch dem Tod gegenüber in dumpfe Gleichgültigkeit verfallen waren.*⁵

Die überlieferten Beispiele von Überlebenslotterie nach einem Schiffbruch machen leider nur zu deutlich, dass Barrow im zweiten Teil seines Kommentars keineswegs Recht hat: gerade unausgesetzter Nahrungsmangel hat Schiffbrüchige in den meisten Fällen dazu getrieben, Lose ziehen zu lassen. Bis auf einige Ausnahmen sind sie selbst in dumpfem Stumpfsinn ihrem Leben oder Tod gegenüber nicht vollkommen gleichgültig geworden.
Insofern ist die fast übermenschlich disziplinierte Leistung Lieutnant Blighs nicht zu unterschätzen, seine Männer lebend nach Timor gebracht zu haben, auf einer strapaziösen Bootsfahrt, deren glücklicher Ausgang keinesfalls gewiss war.

Edward E. Leslie hat in *Desperate Journeys, Abandoned Souls* zahlreiche Schiffbruchgeschichten mit Lotterie recherchiert. Der Autor kommt zu dem Ergebnis, dass Lotterien meist dann abgehalten wurden, wenn es den Schiffbrüchigen nicht mehr gelang, eine innere Disziplin aufrechtzuerhalten.
Sei es, dass die persönliche Stärke des Einzelnen nicht ausreichte, sei es, dass keine starke Führungsperson im Boot saß, die solche Extremmaßnahmen verhinderte. Meist markierte der erste Übergriff eine Schwelle, nach deren Übertritt sich alles weitere nur noch auf niedrigste Überlebensinstinkte reduzierte.

Im Gegensatz zu den Versen oder Berichten, in denen eine Lotterie freilich immer fair ablief, sah es in Wirklichkeit allerdings schon anders aus, wenn dabei auf Kosten von schwächergestellten Personen geschummelt wurde.
Sklaven, Schiffsjungen, Ausländer, Passagiere und auch Matrosen hatten unter Umständen von vornherein schlechtere Karten, wenn ranghöhere Personen im selben Boot saßen.

Deutlich macht dies der Fall der *Mignonette*, die im Sommer 1884 Schiffbruch erlitt.[6]
Ihre Besatzungsmitglieder konnten sich in ein Dingi retten, in dem sie fast einen Monat auf dem offenen Meer trieben und von kargen Vorräten an Wasser und Nahrung zehrten. Bald hatte sich die Lage so zugespitzt, dass der letzte Ausweg derjenige schien, einen Bootsinsassen zum Wohl der anderen zu opfern. An diesem Zeitpunkt war der achtzehnjährige Richard Parker bereits so geschwächt, dass er abwechselnd in Zustände von Delirium und Bewusstlosigkeit fiel. So kam der Kapitän auf den Gedanken, den Jungen zu töten, ohne vorher Lose ziehen zu lassen.

Ein anderer umstrittener Vorfall betrifft die Schiffbrüchigen der *Euxine*: Das Vollschiff war im Juni 1874 vom englischen North Shields mit einer Kohleladung in See gestochen. Als der Äquator passiert war, kam schweres Wetter auf. In der Folge wurde das Schiff von starken Windböen so stark zur Seite gedrückt, dass die Kohleladung überschoss und die *Euxine* in gefährlicher Schräglage hielt.
Beim Umschichten der Kohle stellte sich zudem heraus, dass zwischenzeitlich tief im Laderaum ein Schwelbrand ausgebrochen war. Unter den gegebenen Umständen war nichts mehr zu machen, das Schiff musste am 8. August etwa 800 Seemeilen von der Insel St. Helena entfernt aufgegeben werden.
Auf drei Boote verteilt versuchte die Besatzung St. Helena anzusteuern. Dunkelheit und starker Wellengang trieben die Boote auseinander, so dass sich am anderen Morgen das kleinste mit acht Insassen allein auf dem Ozean befand. Als Proviant waren darin 100 Kilogramm Schiffszwieback, ein Schinken, ein Laib Käse, etwa 27 Kilogramm Fleisch, etwas Öl und zwei kleine Wasserfässer verstaut.[7]
Der Kompass schien ungenaue Ergebnisse zu liefern, so konnte der Kurs nach St. Helena nicht eindeutig bestimmt werden.
Nach neun Tagen im engen Boot kamen erste Unstimmigkeiten zwischen den Insassen auf. Unerträgliche Hitze, stark eingeschränkte Bewegungsfreiheit und die ungewisse Zukunft machte den Männern immer mehr zu schaffen.
Als die Insel weiterhin nicht in Sicht kam, mussten Trinkwasser und Lebensmittel rationiert werden – einen halben Zwieback und einen Schluck Wasser am Tag pro Mann.
Am 28. August, nach bereits 20 Tagen im Boot, kam starker Wind auf, der die Wellen krachend gegen das Boot trieb. Nassgespritzt, klamm und frierend kau-

erten sich die Männer zusammen. In der Nacht kenterte das Boot urplötzlich, dabei ertranken zwei Insassen. Mit einem Schlag waren außerdem alle Lebensmittel verloren, ebenso Segelausrüstung und Werkzeuge.
Die sechs Überlebenden drehten unter größten Mühen ihr umgeschlagenes Boot wieder um und schöpften das Wasser darin mit den Händen ab.
Weitere Tage vergingen, in denen Hunger und Durst immer quälender wurden. Salzkrusten hatten sich in den Haaren und Bärten der Männer gebildet, ihre Lippen waren aufgesprungen, die Schiffbrüchigen wurden immer apathischer. Einige hatten schon Meerwasser getrunken und litten furchtbare Qualen.
Als die Lage am 31. August noch schlechter geworden war, machte einer der Männer den Vorschlag, Lose zu ziehen. Es traf einen italienischen Matrosen, der unter den Messern seiner Kameraden sein Leben verlor.

Die Ironie des Schicksals brachte nur einige Stunden später die so lange ersehnte Rettung in Sicht: ein Schiff am Horizont.
Vom Ausguckposten der holländischen *Java Packet* wurden die nunmehr fünf Schiffbrüchigen entdeckt und kurz danach aus dem Wasser gezogen.
Nach der Rettung kamen bald Gerüchte auf, denen zufolge das Losverfahren im Rettungsboot nicht ganz fair abgelaufen sei.
Das Opfer, der italienische Matrose, sprach nur gebrochen Englisch, was die Aussagen der Überlebenden zweifelhaft erscheinen ließ, dass der Mann verstanden haben will, worauf er sich beim Loseziehen einließ. Wie hat man ihm das Ganze verständlich gemacht, wenn überhaupt?
Dann das Losverfahren selbst: alle Überlebenden bekräftigten, die Prozedur drei Mal wiederholt zu haben, und alle drei Male soll das Opfer dasselbe Los gezogen haben.
Alle Aussagen erwecken den Eindruck, als seien sie im Nachhinein zurechtgelegt worden, damit deutlich wird, mit welcher Umsicht man zu Werke gegangen sei. So erscheinen sie insgesamt zu bemüht, alles im rechten Licht darzustellen. [8]

Unfairness zum Nachteil von schiffbrüchigen Bootsinsassen konnte nicht nur durch Trickserei hinter dem Rücken der betroffenen Opfer erfolgen, es gab auch Fälle, in denen einige Personen von vornherein von der Lotterie ausgenommen wurden. Die Begründung hierfür kam unter dem Deckmäntelchen logischer Argumentation daher und zielte auf besondere Fähigkeiten dieser Gruppe.

Wenn Offiziere und Matrosen im Rettungsboot saßen und der ersten Gruppe das Losziehen erspart blieb, hieß es, dass Offiziere über notwendige Navigationskenntnisse verfügten, ohne die letztlich alle im Boot aufgeschmissen seien. Gab es eine Diskussion zwischen Matrosen und Passagieren oder Schiffsjungen, weil nur unter den letzten beiden Gruppen Lose gezogen werden sollten, so pochten die Seeleute darauf, dass nur sie sich mit den Segelmanövern auskannten und mit dem Boot fachmännisch umzugehen wüssten.

Solche Vorfälle mit mehr oder weniger ähnlichen Argumentationsketten hat es in Schiffbruchssituationen gegeben. Und das wirft ein zweifelhaftes Licht auf alle Fälle, in denen Schiffsjungen, Passagiere oder ausländische Matrosen bei der Lotterie 'den Kürzeren zogen.'

Allzuhäufig dürfte anstelle einer fairen Losung wohl doch eher Mord im Spiel gewesen sein.

Im Oktober 1765 geriet die *Peggy* [9] auf dem Weg nach New York in derartig stürmisches Wetter, dass ein Segel nach dem anderen wie Papier zerriss, bis nur noch ein einziges unversehrt übrig war. Dazu kamen bedenkliche Sturmschäden, die das Schiff an verschiedenen Stellen leckgeschlagen hatten.

Die Seeleute saßen auf einem unmanövrierbaren Wrack fest, das auf der rauen See allen Elementen ausgeliefert war. Man tat das Möglichste, sämtliche Leckagen so gut es ging zu flicken und das dennoch eindringende Wasser abzupumpen. Doch gegen die weiter schwindenden Essensvorräte konnte niemand etwas tun.

Auch strengste Rationierung half nicht lange weiter – im Dezember schließlich waren sämtliche Essensvorräte verbraucht. Es gab nur noch Reste von brackigem Süßwasser und die Fracht an Wein und Brandy.

In der Ferne zogen andere Schiffe vorbei, mit denen die Besatzung zwar Notsignale austauschen konnte, doch die heftigen Stürme machten es für diese Schiffe unmöglich, näher an die *Peggy* heranzukommen.

Wie die See wieder ruhiger wurde, erblickte Kapitän Harrison am Morgen des 25. Dezember ein weiteres Schiff, das auf das Notsignal hin sogar näherkam. Die Besatzung der *Peggy* hing hoffnungsvoll an der Reling, nun endlich gerettet zu werden.

Doch als der Kapitän des anderen Schiffes die ausgehungerten, hohläugigen und verwahrlosten Matrosen sah, fürchtete er um seinen Proviant und weigerte sich, die Leute auf sein Schiff zu nehmen. Verzweifelt mussten die Männer zusehen, wie das andere Schiff so schnell wie möglich davonsegelte und sie hilflos zurückließ.

An Bord der *Peggy* lebten zu diesem Zeitpunkt noch zwei Tauben und eine Katze. Nachdem die Tauben verspeist waren, wurden am nächsten Tag um die Anteile an der Katze Lose gezogen. Kapitän Harrison zog den Kopf.

Am 13. Januar trieb das Schiff noch immer steuerlos den Sturmwinden und Wellen ausgeliefert auf dem Ozean, während die Matrosen sich verzweifelt an den Alkohol hielten.

Sie hatten bereits die Knöpfe von ihren Jacken gegessen und jedes Stückchen Leder, das sie auf dem Schiff finden konnten; die Männer waren zum Umfallen erschöpft, müde und vollständig ausgezehrt.

Da kamen einige angetrunkene Matrosen auf den Kapitän zu und forderten, ein Menschenleben zu opfern, damit sie alle überleben könnten. Harrison wollte davon zwar nichts wissen, er konnte seine Seeleute jedoch nicht mehr davon abhalten, einen schwarzen Sklaven zu erschießen, der zur Fracht der Peggy gehörte.

Die Männer waren mittlerweile so wahnsinnig vor Hunger, dass ein Matrose nicht mehr abwartete, bis der Körper zerlegt und gekocht war, sondern sich wie ein Raubtier auf die Leber des Opfers stürzte und sie roh verschlang. Dieser Matrose starb in den nächsten Tagen an qualvollen Krämpfen.

Obwohl der Kapitän bereits selbst zum Umfallen geschwächt war, verzichtete er darauf, an diesem Mahl teilzuhaben. Er litt an starkem Fieber, hatte Rheuma und fortgeschrittene Skorbut machte ihm zu schaffen.

Der Gestank, den das gekochte Fleisch verbreitete, ließ ihn fast ohnmächtig werden vor Übelkeit.

Harrison hielt dies in seinem Journal fest: *'Die ständige Erwartung, dass ich sterben könnte, zusammen mit der üblen Verfassung, in der ich mich durch Erschöpfung und Krankheit befand, und nicht zu vergessen der schiere Ekel vor der Nahrung, die man mir anbot – all' dies nahm mir jegliches Verlangen nach Essen.'* [10]

Aus Angst, dass die Matrosen seinen geschwächten Zustand dazu ausnützen würden, ihn als nächstes zu verspeisen, schlief er kaum noch und hatte beständig seine entsicherte Pistole parat.

Nach einigen Tagen wurden erneut Lose gezogen, was der Kapitän auch diesmal nicht verhindern konnte. Wie einige Matrosen noch mit dem Opfer kämpften, das sich verzweifelt wehrte, erschien am Horizont ein Schiff.

Diesmal hatte die Besatzung Glück, der Kapitän der *Susanna* antwortete auf das Notsignal und nahm die nunmehr sieben Überlebenden an Bord, obwohl er selbst knapp an Proviant war. Nur langsam erholten sich die Seeleute von ihren Strapazen. Schließlich segelte das Schiff nach Dartmouth, wo die Überlebenden wieder an Land gehen konnten.

Manche Schiffbruchssituationen ersparten allen Überlebenden ein Loseziehen: wenn Gefährten im gemeinsamen Boot verstarben.

An Bord der *Cospatrick* war am 17. November 1874 aus ungeklärten Ursachen im Vorschiff ein Schwelbrand ausgebrochen.
Das Auswandererschiff befand sich mit insgesamt 476 Personen in den Gewässern um Cape Cod und brannte lichterloh.
Nur zwei Gruppen aus Passagieren und Besatzungsmitgliedern konnten sich vor der Flammenhölle in Beiboote retten, wovon eines unter dem Kommando des Zweiten Offiziers Macdonald mit insgesamt 34 Personen besetzt war.
Beide Boote blieben zunächst in Sichtweite voneinander, doch stürmisches Wetter in der Nacht des 22. November trieb sie endgültig auseinander.
Am nächsten Morgen fand Macdonald keine Spur mehr von dem anderen Boot.

Der Zweite Offizier führte ein knappes Logbuch über die acht Tage, die die Schiffbrüchigen ohne Trinkwasser, ohne Nahrungsmittelvorräte und in quälender Ungewissheit über ihr weiteres Schicksal auf der offenen See verbrachten:
'*Sonntag, 22. November*
Das Wetter wurde trübe und es ging schwere See. Wir litten sehr an Durst. Ein Mann fiel beim Steuern über Bord und ertrank. Einige Leute, die Seewasser getrunken hatten, starben in Raserei. Wir warfen ihre Leichen über Bord.

Montag, 23. November
Wir mussten fortwährend Wasser schöpfen, da sich die See ständig über dem Boot brach. Viele Leute starben und wir waren so hungrig und durstig, dass wir ihr Blut tranken. Zwei Mann aßen von den Lebern der Leichen. Wir verloren durch Unachtsamkeit unseren einzigen Riemen, da der Mann beim Steuern eingeschlafen war.

Dienstag, 24. November
Heftiger Wind. Sechs Tote.

Mittwoch, 25. November
Leichte Brise und grässlich heiß. Mehrere Leute starben und wir waren nur noch acht, davon drei völlig am Geiste gestört. Wir fühlten uns alle sehr schlecht.

Donnerstag, 26. November
Früh lief eine Bark im schnellen Lauf an uns vorüber. Wir riefen sie an, bekamen aber keine Antwort. Nun verloren wir alle Hoffnung. Schönes Wetter. Einer starb. Wir tranken das Blut des Toten.

Freitag, 27. November
Ringsherum Sturm und leichte Regenschauer. Wir bekamen leider keinen Tropfen ab. Zwei starben. Einen warfen wir über Bord, beim zweiten ging uns die Kraft aus. Wir waren noch fünf – drei Matrosen, ich und ein wahnsinnig gewordener Passagier, der sich schon dreimal ertränken wollte. Alle waren sehr krank, denn inzwischen hatte ein jeder Seewasser getrunken. Wir alle lagen meist in halb bewusstlosem Zustand auf dem Boden des Bootes. Ich erwachte davon, dass mich der Wahnsinnige in den Zeh biss – und ich sah ein Schiff...– '[11]

Als die Schiffbrüchigen schließlich gerettet wurden, waren nur noch drei von ihnen am Leben.
473 Menschen hatten das Flammeninferno, den Schiffbruch oder die Tage im Rettungsboot nicht überlebt.

Die Mary Celeste

Am Samstag den 14. Dezember 1872, erhielt ein Angestellter der *Atlantic Mutual Insurance Company* in New York überraschend folgendes Telegramm aus Gibraltar:

> *'Aufgefunden und hergebracht "Mary Celeste" verlassen seetüchtig Auflage der Admiralität alle benachrichtigen telegraphisches Angebot für Bergung'* [1]

Absender des Telegramms war David Reed Morehouse, Kapitän auf der britischen Brigantine *Dei Gratia*. Morehouse war am 4. Dezember 1872 auf dem Atlantik zwischen den Azoren und der portugiesischen Küste auf die herrenlos treibende *Mary Celeste* gestoßen.

Die Ereignisse auf dieser amerikanischen Brigantine, die zum spurlosen Verschwinden der gesamten Besatzung geführt haben, gehören zu den rätselhaftesten Geschehnissen in der Seefahrtsgeschichte. Bis zum heutigen Tag sind die Hintergründe dafür und das Schicksal der vermissten Personen nicht geklärt – es können nur Vermutungen dazu aufgestellt werden.

Am Morgen des 5. November 1872 war die *Mary Celeste* von New York aus in See gestochen. Sie hatte 1700 Fässer Alkohol geladen, die nach Genua verschifft werden sollten.
Das Schiff befand sich beim Ablegen in tadellosem Zustand und hatte eine ausgesucht tüchtige Besatzung von insgesamt acht Mann an Bord.
Kapitän war Benjamin Spooner Briggs, mit dem seine Ehefrau Sarah Elizabeth und seine zweijährige Tochter Sophia Mathilda reisten.
Der Erste Maat Albert G. Richardson, war schon vorher unter Captain Briggs gesegelt – der Captain war hocherfreut, dass er den Mann für diese Fahrt gewinnen konnte.
Andrew Gilling segelte als Zweiter Maat, Edward William Head kam als Steward und Schiffskoch an Bord. Die kleine Besatzung wurde von vier deutschen Matrosen vervollständigt, den Brüdern Volkert und Boz Lorenzen aus Utersum auf Föhr, Arian Martens von der Nachbarinsel Amrum und Gottlieb Goodschaad.

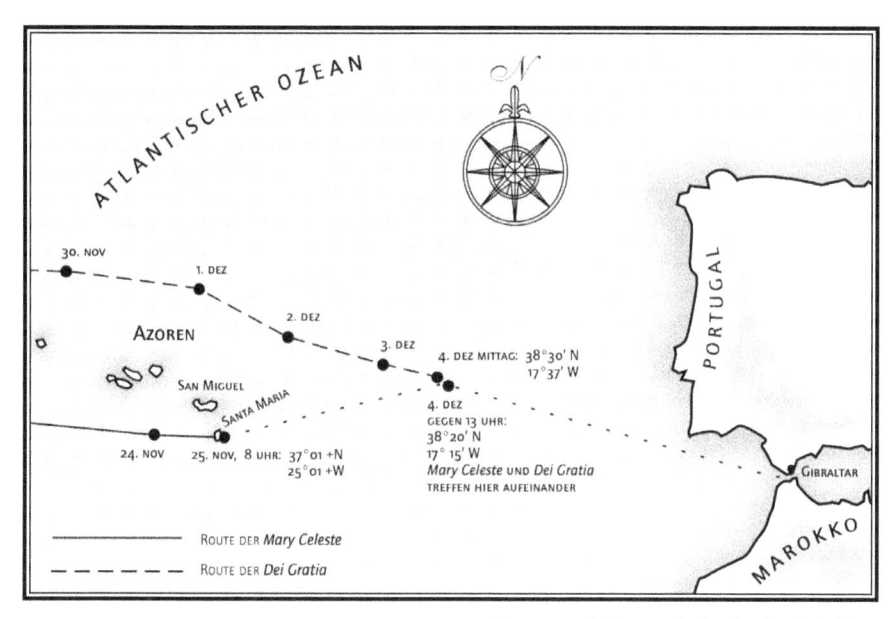

Routen und Treffpunkt der beiden Schiffe

Die nächsten Nachrichten über Schiff und Besatzung, die sich nach und nach verbreiteten, waren zutiefst beunruhigend und warfen unzählige Fragen auf, die unbeantwortet blieben.

Familienangehörige der Crew in Nordamerika und Deutschland erfuhren, dass sämtliche Personen spurlos von Bord der *Mary Celeste* verschwunden waren, als der Segler auf hoher See gefunden wurde.

Die britische *Dei Gratia*, auf dem Weg nach Gibraltar befindlich, traf am Nachmittag des 4. Dezember 1872 auf die amerikanische Brigantine. Die Schiffe befanden sich mehrere hundert Seemeilen von der portugiesischen Küste entfernt, auf Höhe der Azoren.

Captain Morehouses Aufmerksamkeit erregten die Segel des anderen Schiffs, von denen einige sichtlich fehlten und andere wenige gesetzt, die meisten jedoch gerefft waren. Er nahm an, dass die Crew des Seglers sich in einer Notlage befand. Zwar konnte Morehouse kein Notsignal ausmachen, doch er wollte die Angelegenheit sicherheitshalber näher begutachten.

Als die *Dei Gratia* näher an die *Mary Celeste* herangesegelt war, gab der Captain Grüße an das andere Schiff – doch es kam keine Antwort.

Nun misstrauisch geworden befahl der Kapitän daraufhin, dass seine Seeleute Deveau, Wright und Johnson mit dem Boot hinüberrudern und dort nach dem Rechten sehen sollten.

Während Johnson im Boot wartete, kletterten die anderen beiden Seeleute an Bord. Sie fanden keine Menschenseele vor. Es gab auch keine Beiboote mehr an Deck – späteren Ermittlungen zufolge hatte sich auf der *Mary Celeste* nachweislich ein Rettungsboot befunden.

Als die beiden Männer das Deck weiter begutachteten, bemerkten sie, dass zwei Ladeluken offenstanden und das Kompasshaus aus dem Sockel gerissen war, der Kompass darin zerstört.

Zwei Segel hatte der Wind von den Rahen gerissen – das Fock- und das Obermarssegel. Vor-Untermarssegel, Klüver und Vorstengestagsegel waren gesetzt, alle anderen Segel befanden sich gerefft an den Rahen.

Bei der Takelage war nur das stehende Gut in ordentlichem Zustand; das laufende Gut fehlte. Auch dieses war offenbar vom Wind fortgetragen worden.

Aus der Kabine des Kapitäns fehlten Chronometer, Sextant, Navigationstabellen und diverse Schiffspapiere. Das Logbuch dagegen lag in der Kabine des Ersten Maats auf dem Tisch, das Log selbst aber fehlte.

In den Kabinen standen keine Speisen oder Getränke auf den Tischen, ebensowenig in der Kombüse. Die Vorratskammer des Schiffs war jedoch mit Lebensmitteln und Trinkwasser gut bestückt.

Nach einer halbstündigen Inspektion verließen die Seeleute die *Mary Celeste* und kehrten wieder an Bord der *Dei Gratia* zurück, wo sie Kapitän Morehouse Bericht erstatteten.

Der Erste Maat Oliver Deveau schlug vor, mit zwei Mann an Bord der herrenlosen Brigantine zurückzukehren und sie nach Gibraltar zu bringen.

Morehouse lehnte zuerst ab, da er mit sieben Mann auf seinem Schiff ohnehin knapp besetzt war; außerdem trug er zuallererst die Verantwortung für das eigene Schiff und die Crew; doch die Aussicht auf Bergelohn für den herrenlosen Segler war letztlich auch nicht auszuschlagen.

Beiden Schiffen standen noch um die 600 Seemeilen über den offenen Ozean bevor.

Morehouse schickte seinen Maat mit zwei Matrosen zur *Mary Celeste* hinüber; er selbst segelte mit der verbliebenen Besatzung auf der *Dei Gratia* nach Gibraltar.

Die Mary Celeste, wie sie Captain Morehouse auffand

Ausgestattet mit Barometer, Kompass, Uhr, seinen eigenen Navigationsinstrumenten und einigen Nahrungsmitteln gingen Oliver Deveau und die beiden Matrosen an Bord der *Mary Celeste*, die sie in drei Tagen zuerst soweit auf Vordermann brachten, dass sie segelfertig war.
Am frühen Morgen des 13. Dezember 1872 erreichte die kleine Crew den Hafen von Gibraltar, wo die *Dei Gratia* bereits vor Anker lag.
Noch am selben Tag wurde die *Mary Celeste* vom Marshal des Vice Admiralty Court in Gewahrsam genommen.
Für die Besatzung der *Dei Gratia* begann am 18. Dezember die Anhörung vor dem Vice Admiralty Court, um Fundhergang und ihre Rechte auf Bergelohn für die amerikanische Brigantine zu klären.

Augustus Anderson, einer der beiden Matrosen, die zusammen mit Oliver Deveau das Schiff nach Gibraltar gesegelt hatten, sagte den Zustand der *Mary Celeste* betreffend aus, sie sei *'fähig, um die ganze Welt zu segeln.'* [2]

Auf mögliche Brände befragt, gab Oliver Deveau zu Protokoll: '*Es gab keine Anzeichen von Feuerschaden, noch irgendwelche Brandstellen oder Rauch auf dem gesamten Schiff.*' ³

Zur Kabine des Kapitäns machte Deveau folgende Angaben: '*In der Kabine schien alles, als ob sie in größter Eile verlassen worden wäre, wenngleich sich alles an seinem Platz befand. Ich bemerkte im Bett des Kapitäns den Abdruck eines Kindes, das dort gelegen hatte.*' ⁴

Weiter berichtete der Maat: '*Ich sah Kinderkleidung, auch Kinderspielzeug. Das Bett sah aus, wie es nach dem Schlafen verlassen wurde – ungemacht. Ich bemerkte Frauenkleidung – ein altes Kleid, das in der Nähe vom Bett hing; ebenso Gummi-überschuhe.[...]*' ⁵

Die Seekisten und Habseligkeiten der Matrosen betreffend, gab Deveau an: '*Sämtliche Kleidung der Männer wurde zurückgelassen: ihr Ölzeug, ihre Stiefel und sogar ihre Tabakpfeifen, so, als ob sie in größter Eile oder Hast vom Schiff gegangen seien. Ich meine, dass sie hastig von Bord gingen, weil ein Seemann gewöhnlich solche Dinge mitnehmen würde – vor allem seine Pfeife – wenn er es nicht sehr eilig hätte.*' ⁶

Fragen, die auf mögliche Gewaltakte an Bord des amerikanischen Seglers zielten, konnte Oliver Deveau überzeugt beantworten: '*Es hatte meiner Ansicht nach keinen Anschein, dass dort irgendein Gewaltakt stattgefunden hätte – dort war nichts, was Anlass zu einer solchen Vermutung gegeben hätte oder danach aussah [...]*.' ⁷

Nach Anhörung der Besatzungsmitglieder der *Dei Gratia* wurde die *Mary Celeste* am 23. Dezember gründlich begutachtet.

Eigens dazu bestellte Taucher sahen sich Rumpf und Kiel des Schiffs von außen an; andere Staatsbeamte durchkämmten die Brigantine von innen.

Die Männer konnten nichts Auffälliges finden. Auch eine zweite, intensivere Begutachtung am 7. Januar 1873, die vom britischen Advocate General der Queen, Frederick Solly Flood, angeordnet worden war, brachte keine aufschlussreichen Ergebnisse, die in der gesamten Angelegenheit weitergeholfen hätten.

Der amerikanische Konsul Horatio J. Sprague berichtete am 20. Januar in die Vereinigten Staaten:

'*[...] in der Zwischenzeit gab es keine Neuigkeiten, die die vermisste Besatzung der Mary Celeste betreffen, und angesichts des offenbar seetüchtigen Zustands dieses Schiffs ist es schwer zu sagen, warum sie verlassen wurde; insbesondere, nachdem ihr Kapitän, der sehr bekannt war, in Seemannskönnen und Korrektheit höchsten An-*

sprüchen genügt; außerdem hatte dieser seine Ehefrau und sein kleines Kind dabei und war selbst Teilhaber der Mary Celeste [...] die Angelegenheit ist in Rätsel gehüllt.' [8]

Es gab keine Hinweise, und in der Folge kamen auch keine weiteren Anhaltspunkte hinzu, die Licht ins Dunkel der Ereignisse gebracht hätten. Dafür überschlugen sich wildeste Spekulationen, die sich in Windeseile in der Öffentlichkeit verbreiteten. Zwischenzeitlich tauchten auch Gerüchte um Flecken an Bord der *Mary Celeste* auf, die allen voran Frederick Solly Flood für Blutflecken hielt. Eine chemische Untersuchung dieser Flecken ergab jedoch negative Resultate.

Konsul Sprague berichtete schließlich am 25. Februar 1873 nach Amerika, dass die *Mary Celeste* nun freigegeben sei, nach Genua weitersegeln könne, um dort ihre Ladung Alkohol zu löschen. Anschließend werde die Brigantine mit neuer Fracht nach New York zurückkehren.
Vom 13. Dezember 1872 bis 10. März 1873 hatte das Schiff in Gibraltar zu Untersuchungszwecken vor Anker gelegen, die keine befriedigenden Ergebnisse liefern konnten. Die Geschichte blieb rätselhaft.
Umso wildere Spekulationen zum Hergang der Ereignisse versetzten gerade die Familienangehörigen der vermissten Personen in größte Beunruhigung.
Entsetzt mussten diese lesen, wie ihre verschollenen Familienangehörigen in diversen Pressemeldungen zu Charakteren übelster Sorte mit unsäglichen Absichten verunglimpft wurden: von blutiger Meuterei, von heimtückisch abgekarteten Mord- und Totschlagkomplotten bis hin zu versuchtem Versicherungsbetrug reichten die Varianten.
Zeitgenössische Zeitungsberichte zum Fall beschrieben die Besatzung der *Mary Celeste* als einen: '*so übel aussehende[n] Haufen, der jemals ein Deck geschrubbt hat.*'
Woanders wurde aus den Männern: '*eine Gesellschaft von Halsabschneidern, auf die in jeder zivilisierten Nation ein Galgen wartet.*' [9]
Selbst den Männern der *Dei Gratia* wurde unterstellt, die Leute der *Mary Celeste* auf dem Gewissen zu haben.

Der britische Advocate General der Queen, Frederick Solly Flood, dürfte nicht unwesentlich daran beteiligt gewesen sein, dass es überhaupt erst zu solchen Meldungen kam.
Dieser übereifrige Mann erwies sich als ganz besonders hartnäckig, was die Meuterei-Theorie auf der *Mary Celeste* betraf. Flood wollte sich keinesfalls davon abbringen lassen, dass es an Bord des verlassenen Seglers zu blutigen Ge-

waltakten gekommen sei, bei denen Besatzungsmitglieder den Kapitän, seine Familie und den Ersten Maat beiseitegeschafft hätten.
In einem Schreiben vom 22. und 23. Januar 1873 an das London Board of Trade mutmaßte der Staatsbeamte:
'Meine eigene Theorie oder Annahme ist, dass die Besatzung sich an den Alkohol gehalten hat und im Rausch den Kapitän ermordete, dessen Name Briggs war, ebenso seine Frau, Tochter und den Ersten Maat; dann haben sie den Schiffsbug beschädigt, so dass es den Anschein habe, als sei er gegen ein Riff geprallt oder hätte einen Zusammenstoß gehabt, damit der Kapitän eines anderen Schiffs, der die Männer aufnähme, schon von weitem sehen könne, dass es die Mühe nicht wert sei, sie [die Mary Celeste] zu bergen. Das taten sie dann auch irgendwann zwischen dem 25. November und 5. Dezember, und entwischten an Bord irgendeines Schiffs in Richtung eines nord- oder südamerikanischen Hafens oder in die Karibik.' [10]

Der Brite war sich offenbar nicht bewusst, welchen Schaden er mit seinen Mutmaßungen öffentlich anrichtete. Teile davon sickerten allmählich nach außen durch und erschienen unter anderem prompt als Auslandsmeldungen in deutschen Zeitungen, die die ohnehin schon zutiefst beunruhigten Angehörigen der nordfriesischen Seeleute auf Amrum und Föhr noch weiter verstörten. Wohl auf Drängen dieser Angehörigen verfasste der Föhrer Pastor Nickelsen ein Schreiben an den amerikanischen Konsul in Gibraltar, in dem er um Nachrichten zu den Seeleuten Arian Martens, Volkert und Boz Lorenzen bat, sowie um bis dato bekannte Fakten zum Fall der *Mary Celeste*:

'An den amerikanischen Konsul, Gibraltar

Utersum, Insel Föhr, Preußen
24. März 1873

Sehr geehrter Herr,
verzeihen Sie bitte, dass ich Ihnen diese wenigen Zeilen schreibe, die zwei Matrosen (Brüder) von der amerikanischen Brigantine Mary Celeste betreffen. Ihre Mutter und ihre Ehefrauen würden gerne erfahren, in welchem Zustand das Schiff aufgefunden worden ist, ob die Rettungsboote gefehlt haben oder nicht und ob das Logbuch an Bord gefunden wurde oder nicht, so dass herausgefunden werden kann, an welchem Tage sie das Schiff verlassen haben. Außerdem würden sie gerne erfahren, ob an Bord irgendwelche Spuren gewaltsamer Auseinandersetzungen gefunden wurden.

Mir sind drei der Matrosen persönlich bekannt und ich weiß, dass sie friedliebende und erstklassige Seeleute sind. Ich bitte Sie, uns den Gefallen einer Antwort zu erweisen und uns Ihre Meinung wissen zu lassen, aus welchem Grunde sie die besagte Brigantine verließen.
Ich verbleibe hochachtungsvoll,
T. A. Nickelsen

direkt von Utersum, auf Föhr, Preußen, über Hamburg' [11]

Als Flood von dem Schreiben des Pastors erfuhr, versuchte dieser, den amerikanischen Konsul Horatio J. Sprague zu einer Handlung zu drängen, auf die der Brite in einem späteren Schriftstück vom Februar 1885 erneut ausführlich einging:
'*[...] am 4. April 1873 erwiesen Sie mir die Ehre, mir das Schreiben eines Herrn aus Utersum auf der Insel Föhr vom 24. [...] vorzulegen, in dem Fragen zum Zustand und der Gesamterscheinung des Schiffs [...] gestellt wurden.*
Dieses Schreiben beeindruckte mich sehr – ich möchte fast sagen, überzeugte mich davon, dass es von oder im Auftrag von einigen Männern der Besatzung diktiert worden war, die das Schiff mit dem Bewusstsein verlassen haben, eines großen Verbrechens schuldig zu sein und nun unbedingt erkunden wollen, ob sie vor der Entdeckung sicher sind. Dessen sicher, dass wenn sie in völliger Ungewissheit gehalten würden [...] [dies] möglicherweise das Geheimnis lüften würde, das das Schicksal aller beinhaltet, die auf dem Schiff segelten sowie den Grund, aus dem sie es verließen, hatte ich Sie doch unverzüglich dazu aufgefordert, die betreffenden Parteien darüber in Kenntnis zu setzen, dass Sie nicht dazu befugt seien, irgendwelche Einzelheiten zum Zustand oder zur Gesamterscheinung des Schiffes zu geben, und dass alle Anfragen diesbezüglich an mich gerichtet werden sollten. [...]' [12]

Konsul Sprague dürfte gelinde gesagt schockiert gewesen sein, wie ihm der britische Kollege derart anmaßend ins Ressort zu fahren versuchte, noch dazu in einer Sache, die eine amerikanische Angelegenheit war; und zum anderen, wie der britische Staatsbeamte zutiefst beunruhigte Familienangehörige absichtlich in quälender Unkenntnis lassen wollte, weil er einen ungeheuerlichen Verdacht hegte.
Selbstverständlich beantwortete der amerikanische Konsul den Brief des Pastors:

'*U. S. Konsulat*
Gibraltar, 4. April 1873

Sehr geehrter Herr,
dieser Tage habe ich Ihr Schreiben vom vergangenen 24. erhalten, mit der Bitte um Nachrichten, die die vermisste Besatzung der amerikanischen Brigantine Mary Celeste betreffen.
Ich bedaure sehr, schreiben zu müssen, dass wir bis zum jetzigen Zeitpunkt ohne weitere Nachricht von ihnen verbleiben. Allgemein herrscht die Vermutung, dass sie mit dem Rettungsboot des Schiffs untergegangen sein müssen, nachdem auf der Brigantine kein Boot auffindbar war, als sie auf hoher See angetroffen wurde. Dieses fehlte, ebenso der Chronometer und die Schiffspapiere – das Logbuch befindet sich in meinem Besitz, wo es bis auf weitere Anweisungen meiner Regierung verbleibt; ebenso die Kleidungsstücke, die an Bord gefunden wurden, welche jedoch von sehr geringem Wert sind.
Der letzte Eintrag im Logbuch wurde am 24. November vorgenommen, einige Meilen von Santa Maria (Azoren) entfernt. Der allgemeinen Auffassung nach hat es an Bord keine Gewaltakte gegeben, denn es wurden keinerlei Anhaltspunkte dafür gefunden. [...] Nachdem die Kleidungsstücke der vermissten Besatzung der Mary Celeste auf Anweisung der Amerikanischen Regierung hier aufbewahrt bleiben, möchte ich Sie bitten, dass Sie sich selbst an den Secretary of State in Washington wenden, sollten die Familienangehörigen der vermissten Besatzung wünschen, diese [Gegenstände] zu erhalten. Wenn ich nicht irre, waren die Namen der vier Seeleute, die auf der Mary Celeste in New York angeheuert hatten: Volkert Lorenzen, Boz Lorenzen, Arian Hardens und Gottlieb Goodschaad.
Sollte ich jemals Neuigkeiten zur vermissten Besatzung oder andere Nachrichten erfahren, die diese mysteriöse Angelegenheit betreffen, werde ich Ihnen ganz sicher Bescheid geben.
Ich verbleibe aufrichtigst,
H[oratio] J. S[prague], Am.[erican] C.[onsul]

W. T. A. Nickelsen, Utersum auf Föhr, Preußen.' [13]

Wie groß der Schaden allerdings war, den die Gerüchte um die deutschen Matrosen öffentlich angerichtet haben, wird aus einer Vielzahl von Briefen an die deutschen und dänischen Konsularbeamten in Gibraltar deutlich, die zwischen Amrum, Föhr und Gibraltar gewechselt wurden.

Horatio J. Sprague blieb darüber mit seinen europäischen Kollegen in ständigem Kontakt.

Am 4. März 1885 hatte sich das Ganze noch immer nicht gelegt, und Konsul Sprague schrieb neben anderen Punkten nach Washington:
'[...] *Ich möchte nun nicht weiter auf die ziemlich schwerwiegenden und unverdienten Anwürfe eingehen, die Herr Flood als geeignet erachtete, einigen Männern der vermissten Crew der Mary Celeste zu unterstellen, deren Schicksal bis zum jetzigen Zeitpunkt in dunkelstes Geheimnis gehüllt ist. Diese haltlosen Unterstellungen sind verbreitet worden trotz wohlwollender Zeugnisse, die den rechtschaffenen Charakter der vermissten Männer – vermutlich Dänen und Deutsche – betreffen, und deren Angehörige und Freunde (davon befinden sich einige in Staatsposten) mehrmals mit dem deutschen und dänischen Konsularbeamten korrespondiert haben und nach jeglichen Nachrichten ersuchten, die diese vermissten Seeleute betreffen. Gleichzeitig halfen sie mit allen Hinweisen, die sie zu einigen der vermissten Männer erbringen konnten [...]*'[14]

In der Folge entstanden immer zahlreichere Theorien, was auf der *Mary Celeste* und mit der Besatzung geschehen sein könnte – gelöst wurde der Fall jedoch nicht.
Einzig zwei Anhaltspunkte gelten als sicher: Aus den Einträgen im Logbuch der amerikanischen Brigantine, die mittags am 24. November unvermittelt abbrechen, kam man zu dem Schluss, dass das Schiff spätestens am darauffolgenden Tag zwischen acht Uhr früh und Mittag verlassen wurde.
Zuvor muss es an Bord des Schiffes ein Ereignis gegeben haben, das Kapitän und Besatzung gleichermaßen so sehr alarmierte, dass sie in größter Hast von Bord gingen.

Der amerikanische Autor Charles Edey Fay nahm umfassend Einblick in sämtliche Dokumente zum Fall der *Mary Celeste*, außerdem befasste er sich mit den zahlreichen Theorien und Berichten, die im Lauf der Jahrzehnte zum Thema erschienen sind.
In *The Story of the Mary Celeste*, 1942 publiziert, wägt Fay die Wahrscheinlichkeit der gängigsten Theorien kurz ab und weist gegebenenfalls auf Unstimmigkeiten oder krasse Fehler hin.
Der Favorit des Autors ist ein Artikel von Dr. Oliver W. Cobb, der im Februar 1940 in *Yachting* erschienen war.
Demnach könnte sich folgendes abgespielt haben:

Im Laderaum der *Mary Celeste* befanden sich 1700 Fässer Alkohol, die bei kühlen Temperaturen in New York geladen worden waren.

Als die Brigantine sich den Azoren näherte, wo milderes Klima herrscht, könnte dies möglicherweise zu knallenden Geräuschen im Laderaum geführt haben, weil Alkohol aus den Fässern lief und sich in dem ungelüfteten, verschlossenen Laderaum Gase bildeten. Eventuell waren es auch Miniexplosionen harmloserer Natur, die sich jedoch so bedrohlich anhörten, dass die Besatzung glaubte, auf dem Schiff in unmittelbarer Gefahr zu sein.

Aus diesem Grund könnten vor Verlassen des Schiffs beide Ladeluken geöffnet stehengelassen worden sein, damit sämtliche Gase entweichen und der Laderaum inzwischen gelüftet würde – während Kapitän, Ehefrau, Kind und Besatzung in sicherer Entfernung im Schlepptau hinter der *Mary Celeste* im Rettungsboot abwarten wollten, bis die Gefahr vorüber sei.

Den Wetteraufzeichnungen des Servico Meteorologico dos Açores [15] zufolge gab es vormittags am 25. November nur leichte Winde.

Später am Tag jedoch schlug das Wetter in starke Sturmböen um, was dazu geführt haben könnte, dass die *Mary Celeste* – auf der ja drei Segel am Fockmast, und zwei Segel zwischen Bugspriet und Fockmast gesetzt waren, als sie eiligst verlassen wurde – Wind bekam und mit einer solch' plötzlichen Wucht nach vorne schoss, dass dabei das Schleppseil am Schiff abriss.

Die Bootsinsassen mussten mit Schrecken zusehen, wie ihnen die Brigantine auf hoher See davonsegelte und selbst unter kräftigstem Rudern für ihr kleines Boot unerreichbar blieb.

Sturmwinde, starke Regenschauer und hoher Seegang, die solche Sturmböen gewöhnlich begleiten, dürften das furchtbare Schicksal der Leute besiegelt haben.

Anmerkungen | Matrosen

1: Defoe/Schonhorn, S. 703

2: Lloyd, S. 11

3: Wossidlo, S. 30

4: *ebenda*, S. 32

5: Rediker, S. 293

6: Pérez-Mallaína, S. 27 *ff*

7: Rediker, S. 13

8: Lloyd, S. 106

9: *ebenda*, S. 102

10: Ned Ward, in: *The London Spy: The Vanities and Vices of the Town Exposed to View*; hg. von Arthur L. Hayward

11: Rediker, S. 33

12: Lloyd, S. 40

13: *ebenda*, S. 141

14: *ebenda*, S. 189

15: Rediker, S. 33

16: Lloyd, S. 205

17: *ebenda*, S. 159

18: *ebenda*, S. 267

19: *ebenda*, S. 87 und S. 239 *ff*

20: Rediker, S. 33

21: Alexander, S. 120

22: Lloyd, S. 294

23: Wossidlo, S. 116

24: Pérez-Mallaína, S. 74

25: Henry Hilbrandt hieß sicherlich Heinrich Hilbrandt. Er kam beim Schiffbruch der *Pandora* ums Leben, weil ihn niemand von seinen Eisenfesseln im Gefangenenverschlag losmachte, als das Schiff unterging. Der Mann ertrank angekettet an der Schiffswand.
Hier zeigt sich neben der offensichtlichen Unmenschlichkeit, mit der noch nicht rechtskräftig verurteilte Gefangene auf der *Pandora* behandelt wurden, das Problem, deutsche Seeleute auf Besatzungslisten von Schiffen fremder Nationen auszumachen, weil die Namen der Männer gewöhnlich den jeweiligen Landessprachen angepasst wurden

26: Bligh/Christian, S. 162 *ff*

27: Rediker, S. 212

28: *ebenda*, S. 213

29: *ebenda*, S. 215

30: *ebenda*, S. 217

31: *ebenda*, S. 216 *ff*

32: *ebenda*, S. 165 *ff*

33: *ebenda*, S. 219

34: Pérez-Mallaína, S. 196

35: Rediker, S. 236

36: *ebenda*, S. 236 *ff*

37: *ebenda*, S. 237 *ff*

38: *ebenda*, S. 238

39: *ebenda*, S. 101 *ff*

40: *ebenda*, S. 254

41: *ebenda*, S. 270

42: Lloyd, S. 241

43: Lloyd, S. 243

44: Lloyd, S. 87

45: *ebenda*, S. 239 *ff*

46: *ebenda*, S. 240

47: *ebenda*, S. 122

48: *ebenda*, S. 44

49: *ebenda*, S. 45

50: *ebenda*, S. 45; als Schiffsjunge kam ein Junge durchschnittlich mit zwölf Jahren an Bord. Nach zwei Jahren auf dem Schiff stieg man zum Jungmann auf, und ein Jahr darauf zum Leichtmatrosen. Wieder ein Jahr später wurde aus dem Leichtmatrosen Vollmatrose

51: *ebenda*, S. 47

52: Pérez-Mallaína, S. 219

53: *ebenda*, S. 221

54: Alexander, S. 9

55: Pérez-Mallaína, S. 55

56: *ebenda*, S. 57

57: Rediker, S. 79

58: Wossidlo, S. 62

59: *ebenda*, S. 22 *ff*

60: *ebenda*, S. 62

| Aspekte aus dem Schiffsalltag |

1: Pérez-Mallaína, S. 131

2: Dash, S. 82

3: Rediker, S. 160

4: Alexander, S. 69

5: Rediker, S. 160

6: Dash, S. 97

7: Pérez-Mallaína, S. 133 und 132

8: Dash, S. 97 *ff*

9: Rediker, S. 126

10: *ebenda*, S. 127

11: *ebenda*, S. 143

12: *ebenda*, S. 223

13: Jens Jacob Eschels, *Lebensbeschreibung eines alten Seemanns*, in: Hinze, S. 8; Wyk liegt auf der nordfriesischen Insel Föhr, von der Eschels stammte

14: Wossidlo, S. 102

15: Dash, S. 91 *ff*

16: Wossidlo, S. 106

17: Hinze, S. 36 *ff*, *Der Hamburger Viermaster*

18: Alexander, S. 3

19: Severin, S. 37 *ff*

20: Lloyd, S. 258 *ff*

21: Eschels in: Hinze, S. 50

22: Pérez-Mallaína, S. 136

23: Wossidlo, S. 56

24: Hinze, S. 16

25: Wossidlo, S. 55; die Luvseite ist beim Schiff die dem Wetter zugewandte Seite, von der also auch der Wind kommt

26: Wossidlo, S. 219

27: Baltharpe und Covel in: Rediker, S. 190

28: Wossidlo, S. 122

29: Pérez-Mallaína, S. 58

30: Rediker, S.158

31: Wossidlo, S. 82

32: Hinze, S. 56

33: Wossidlo, S. 118

34: *ebenda*, S. 119

35: *ebenda*, S. 112

36: *ebenda*, S. 112

37: *ebenda*, S. 112

38: Pérez-Mallaína, S. 90

39: *ebenda*, S. 90

40: *ebenda*, S. 110

41: Wossidlo, S. 184

42: Rediker, S. 144

43: Lloyd, S. 107

44: Dash, S. 119

45: Lloyd, S. 265

46: Pérez-Mallaína, S. 186

47: Dash, S. 118

48: Wossidlo, S. 273

49: *ebenda*, S. 139

50: Rediker, S. 194

51: *ebenda*, S. 194

52: Rediker, S. 195

53: *ebenda*, S. 197

54: Hinze, S. 88

55: Rediker, S. 197

| Seemannslieder und -bräuche |

1: Vertex, S. 199

2: Hinze, S. 109

3: *ebenda*, S. 13

4: Brozio/Mittelstedt, S. 43

5: *ebenda*, S. 11

6: Dana in: Brozio/Mittelstedt, S. 44

7: Brozio/Mittelstedt, S. 58

8: Vertex, S. 245; die erste von insgesamt acht Strophen einer *chanson à hisser* (Pull-Shanty)

9: Hinze, S. 36; die erste von insgesamt sechs Strophen eines Spill-Shanty. Die Vorlage dazu ist das englischsprachige Sacramento-Lied

10: Brozio/Mittelstedt, S. 49

11: *ebenda*, S. 56

12: Brozio/Mittelstedt, S. 56

13: *ebenda*, S. 56; das ist die erste Strophe vom bekannten Shanty *De Runner von Hamburg*

14: Hinze, S. 65; alternativ stand bei dieser achtstrophigen Version anstelle von 'oh, Kööm un Beer for mi!' auch 'oh, roll the cotton down' als Chorzeile zur Verfügung

15: Vertex, S. 209

16: Wossidlo, S. 151

17: Brozio/Mittelstedt, S. 49

18: *ebenda*, S. 14

19: *ebenda*, S. 54

20: *ebenda*, S. 54 *ff*; die erste von insgesamt vier Strophen

21: *ebenda*, S. 103; die plattdeutsche Fassung zu diesem Shanty hat acht Strophen und heißt neben *Rolling Home* auch *Magelhan*

22: Wossidlo, S. 123

23: Brozio/Mittelstedt, S. 20

24: *ebenda*, S. 19

25: Wossidlo, S. 146

26: Wossidlo, S. 146 *ff*

27: Brozio/Mittelstedt, S. 19

| Glaube, Aberglaube und Seemannsgarn |

1: Rediker, S. 153

2: *ebenda*, S. 165; das ist eine scherzhafte Anspielung auf die traditionell im europäischen Bildungswesen überlieferten 'sieben freien Künste' (im Sinne von 'Lehren') oder auch *septem artes liberales*, die man als klassische Studienfächer an den Universitäten seit dem Mittelalter studierte.
Diese septem artes sind aufgeteilt in das *Trivium* (den Dreiweg), bestehend aus den drei formal-sprachlichen Fächern Grammatik, Rhetorik, Dialektik (Logik) und das *Quadrivium* (den Vierweg), mit den vier mathematischen Wissenschaften Arithmetik, Musik, Geometrie und Astronomie

3: Vertex, S. 132

4: Pérez-Mallaína, S. 239

5: *ebenda*, S. 240

6: *ebenda*, S. 129

7: Drake-Brockman, S. 101

8: Vergé-Franceschi, S. 106

9: Rediker, S. 167

10: Pérez-Mallaína, S. 242

11: Vertex, S. 210 *ff*

12: Wossidlo, S. 156

13: *ebenda*, S. 219

14: *ebenda*, S. 231

15: *ebenda*, S. 233

16: *ebenda*, S. 247 *ff*

17: *ebenda*, S. 250

18: *ebenda*, S. 248 *ff*

19: *ebenda*, S. 252

20: *ebenda*, S. 252

| Navigation und Wetterregeln |

Wer sich einen kurzen Überblick an Navigationsmethoden und -instrumenten verschaffen möchte, dem sei der Ausstellungskatalog *Sterne schießen* von Monika und Ingo Meyer-Haßfurther wärmstens empfohlen.
Die Autoren bieten einen gut verständlichen Einblick in das Thema mit zahlreichen Abbildungen der einzelnen Instrumente.

1: Pérez-Mallaína, S. 231; die Entfernungsangaben des Zitats waren in *leagues* (100 leagues und 45 leagues) angegeben, wobei 1 league 4,8 km entspricht

2: Pérez-Mallaína, S. 234

3: Wossidlo, S. 42

4: Dash, S. 129

5: Meyer-Haßfurther, S. 30

6: Wossidlo, S. 268

7: *ebenda*, S. 41 *ff*

8: Meyer-Haßfurther, S. 27

9: Clausen, S. 38

10: *ebenda*, S. 83

11: Cordingly, S. 89 *ff*

12: Vertex, S. 231

13: *ebenda*, S. 231

14: *ebenda*, S. 234

15: *ebenda*, S. 234

16: *ebenda*, S. 233

17: *ebenda*, S. 233

18: *ebenda*, S. 232

19: *ebenda*, S. 232

20: Vertex, S. 228

21: *ebenda*, S. 232

22: *ebenda*, S. 233

23: *ebenda*, S. 232

24: *ebenda*, S. 232

25: *ebenda*, S. 229

26: Wossidlo, S. 149

27: *ebenda*, S. 150

28: *ebenda*, S. 235

29: *ebenda*, S. 274

30: Wossidlo, S. 155

31: *ebenda*, S. 236

32: *ebenda*, S. 154

| Meuterei |

1: Rediker, S. 211

2: Der Ursprung des Worts 'Streik' geht in der Tat auf Londoner Seeleute zurück, die 1768 kollektiv beschlossen, die Segel der Schiffe einzuholen, diese damit segelunfähig machten und so den Handel blockierten. Es war kein Transport auf dem Wasserweg über den Londoner Hafen mehr möglich. Noch bevor dieser Begriff im landläufigen Sinne dazu eingesetzt wurde, bewusste Arbeitsniederlegungen zu bezeichnen, um bestimmte Forderungen zu erzwingen, war 'streiken' im nautischen Kontext etabliert: 'Die Segel einholen', bzw. 'streichen' entspricht dem englischen 'to strike the sails'
(vgl. hierzu die Ausführungen von Marcus Rediker, in: *Between the Devil and the deep blue Sea*, S. 205)

3: Alexander, S. 33

4: Rediker, siehe Tabelle S. 308 *ff* in: *Between the Devil and the deep blue Sea*

5: ebenda, S. 234, aus: *Voyages and Travels of Captain Nathaniel Uring*

6: ebenda, S. 229

7: ebenda, S. 229 *ff*

8: Alexander, S. 111

9: Lloyd, S. 240

10: ebenda, S. 50

11: Dash, S. 112

12: ebenda, S. 113

13: ebenda, S. 113

14: Barrow, S. 175

15: Alexander, S. 379 *ff*

16: Barrow, S. 311

17: Dana, in: William Bligh & Edward Christian, *The Bounty Mutiny*, S. XXI *ff*

| Die *Batavia* |

Historische Quellen zur Batavia sind die Journale von Hauptkaufmann Pelsaert mit allen Begleitschreiben an die Herren XVII der VOC, die sich heute im Allgemeen Rijksarchief in Den Haag befinden. Außerdem schildert Gijsbert Bastiaensz seinen Verwandten in Holland in einem Brief vom Dezember 1629 die Ereignisse. Dieser Brief wurde in Kopie der Ausgabe der *'Ongeluckige Voyagie van't Schip Batavia'* beigefügt, die 1648 von Joost Hartgers in Amsterdam herausgegeben wurde.
Vorangegangen war eine frühere Ausgabe von Jan Jansz, die 1647 das Geschehen erstmals einer breiteren Öffentlichkeit zugänglich machte. Weitere Editionen folgten, bis die Geschichte 1665 in einer Sammelausgabe mit anderen Reiseberichten zum letzten Mal veröffentlicht wurde.

1: Drake-Brockman, S. 42 *ff*; Schreiben von Antonio van Diemen an Pieter de Carpentier in Amsterdam, datiert vom 30. November zum 10. Dezember 1629; aus den Dokumenten der *Vereinigden Oost-indischen Compagnie* (VOC). Antonio van Diemen war als leitender Kaufmann im Dienst der VOC in Batavia tätig; später wurde er dort General-Gouverneur von 1636 bis 1645.
Van Diemens Entfernungsangabe von 24 bis 30 Meilen ist in Holländischen Meilen angegeben. Die Houtmans Abrolhos sind 50 Nautische Meilen vom australischen Festland entfernt (siehe Punkt 7)

2: Lucretia Jansz van der Mijlen

3: Als Schutz vor Piraten aber auch gegen Meutereiversuche waren die Handelsschiffe im Konvoi unterwegs. Mit der *Batavia* stachen sechs weitere Schiffe in See: die *Dordrecht*, die *Galias*, die *Assendelft*, die *Sardam*, die *Cleenen Davidt* und ein Kriegsschiff, die *Buren*. Außer *Galias* und *Cleenen Davidt*, die zur Kormorandel-Küste Indiens unterwegs waren, hatten alle anderen Schiffe Batavia als Zielhafen

4: Drake-Brockman, S. 64

5: *ebenda*, S. 161; Aussage Jeronimus Cornelisz am 19. September 1629 auf der Insel '*Batavias Friedhof*'; aus den Journalen von Francisco Pelsaert

6: Die Houtmans Abrolhos sind 1619 von Frederik de Houtman erstmals gesichtet worden, als er auf der *Dordrecht* unterwegs war. Er benannte diese Korallenatolle 'Abrolhos', wohl mit dem Hintergedanken, dort vorsichtig zu navigieren. Damals war vor der Küste Brasiliens noch eine weitere kleine Inselgruppe unter dem Namen 'Abrolhos' bekannt. Dieser Name ist eine Kontraktion des Portugiesischen '*abri vossos olhos*', das spanische Seeleute als 'Augen auf!' verstanden und daher als Warnruf für gefährliche Gegenden verwendeten. So wurde dieser Begriff in der Seefahrt allgemein als Warnkennung für gefährliche Gewässer übernommen

7: *50 Meilen*: alle Entfernungen sind in Nautischen Meilen angegeben; eine Nautische Meile entspricht 1, 852 Kilometer. Die Abrolhos sind etwa 93 Kilometer von der australischen Westküste entfernt; Batavia um die 2.223 Kilometer

8: Drake-Brockman, S. 175; aus dem Journal von Francisco Pelsaert, 28. September 1629

9: *ebenda*, S. 145; Zeugenaussage von Reyndert Hendricxsz, den die Meuterer als Fischer beschäftigt hatten; aus dem Journal von Francisco Pelsaert, 18. September 1629

10: *ebenda*, S. 176; aus dem Journal von Francisco Pelsaert, 28. September 1629

11: *ebenda*, S. 147; aus dem Journal von Francisco Pelsaert, 19. September 1629

12: *ebenda*, S. 68; aus dem Journal von Francisco Pelsaert, 2. Oktober 1629; Zeugenaussage von Wiebbe Hayes, Claes Jansz Hooft, Allert Jansz und Jan Kastensen, die mitgehört hatten, wie Lucretia Jansz diese Angelegenheit Jeronimus Cornelisz vorwarf und dieser das Ganze bestätigte

13: Drake-Brockman, S. 225; aus dem Journal von Francisco Pelsaert vom 24. September 1629, Aussage Wouter Loos

14: *ebenda*, S. 147 *ff*; aus dem Journal von Francisco Pelsaert. Jeronimus Cornelisz ließ seine Männer mehrere Treueeide unterschreiben, von denen Pelsaert den Wortlaut mit Unterschriftenliste in sein Journal kopierte (siehe Anhang / Dokumente)

15: *ebenda*, S. 265; Brief von Gijsbert Bastiaensz an seine Verwandten in Holland

16: *ebenda*, S. 146; aus dem Journal von Francisco Pelsaert, 19. September 1629

17: Drake-Brockman, S. 152

18: *ebenda*, S. 151; aus dem Journal von Francisco Pelsaert

19: Die Todesurteile der Haupttäter, aus den Schriftstücken von Francisco Pelsaert (siehe Anhang / Dokumente)

20: Dash, S. 266

21: Pelsaert war zwar als Oberbefehlshaber des Schiffs dafür verantwortlich, doch seine Schuld an den ganzen Vorfällen müsste fairerweise darauf begrenzt werden, dass er beim Skipper zu lange zögerlich gewesen war.
Ein Hauptkaufmann, bzw. Flottenkommandeur der VOC musste keine nautischen Kenntnisse haben und war auch nicht für die Steuerung des Schiffs zuständig. Dafür waren die ihm unterstellten Seeleute verantwortlich. So konnte Pelsaert nicht umhin, als sich darauf zu verlassen, dass der Kapitän seine Weisungen auch ausführt. Der Hauptkaufmann musste sich darum kümmern, dass er die von der VOC verbrieften Anweisungen einhielt, insbesondere, was Reiseziel und Reisedauer angingen und entsprechende Anweisungen an Kapitän, Boots- und Steuermann geben.
Hinzu kommt, dass Pelsaert ein kranker Mann war, dem heftige Malariaschübe zu schaffen machten

22: Drake-Brockman, S. 71; Gemeente-Archief van Leyden: 4. September 1637, Jacop Cornelisz Cuyck und Lucretia Jans werden Taufpaten von den Zwillingen Willem und Dirck, Söhne von Pieter Willemsz Cuyck und Willempje Dircx. Am 3. Dezember 1641 werden beide erneut Taufpaten der Zwillinge Willem und Neeltje, von den selben Eltern

23: Für ausführlichere Hinweise hierzu sei auf Mike Dash: *Batavia's Graveyard* verwiesen, Seite 303 *ff*

| Die *Bounty* |

1: Alexander, S. 154 *ff*
   Otaheite ist der Name der Eingeborenen für Tahiti

2: *ebenda*, S. 84, aus William Bligh's Logbuch

3: *ebenda*, S. 85, aus William Bligh's Logbuch

4: Caroline Alexander macht in ihrem Buch: *The Bounty – The True Story of the Mutiny on the Bounty* auf S. 293 sehr gut deutlich, in welchem Verhältnis die Bestrafungen, die Lieutenant Bligh auf der *Bounty* angeordnet hatte, zu den Bestrafungen anderer Kapitäne stehen:
Während einer 17 Monate dauernden Reise in den Südpazifik beliefen sich die verabreichten Strafen auf der *Bounty* unter Lieutenant Bligh auf insgesamt 229 Peitschenhiebe. Captain Curtis von der *Brunswick* dagegen ordnete in einer Dauer von nur dreieinhalb Wochen, in der das Schiff im Hafen von Portsmouth vor Anker lag, 278 Peitschenhiebe an Strafe an

5: Bligh/Christian, S. 11, aus William Bligh: *A Narrative of the Mutiny, on Board His Majesty's Ship BOUNTY*

6: Alexander, S. 113, aus William Bligh's Logbuch

7: *ebenda*, S. 115, aus William Bligh's Logbuch

8: *ebenda*, S. 120 *ff*, aus William Bligh's Logbuch

9: *ebenda*, S. 120

10: *ebenda*, S. 123

11: *ebenda*, S. 127; interessant ist diesbezüglich Caroline Alexander's Bemerkung, dass Fletcher Christian offenbar Pflichterfüllung als etwas auffasste, das er *mit Vergnügen* zu erledigen dachte. Pflicht und Vergnügen sind jedoch zweierlei Begriffe, denn seine Pflicht zu erfüllen verlangt auch, dies zu tun, wenn es noch so unangenehm ist. Möglicherweise liegen hier die Querelen zwischen William Bligh und Fletcher Christian – denn für den Lieutenant spielte es keine Rolle, ob ihm seine Pflichterfüllung Vergnügen bereitete; was getan werden musste, musste einfach getan werden, ungeachtet dessen, ob es Freude bereitete oder nicht. Pflichterfüllung hatte nicht unbedingt etwas mit Vergnügen zu tun

12: *ebenda*, S. 132; Bericht von Schiffsmeister John Fryer

13: *ebenda*, S. 135, Aussage von Schiffsmeister John Fryer

14: Bligh/Christian, S. 72; Brief von William Bligh aus Coupang auf Timor, vom 18. August 1789 an die Admiralität; in den Gerichtsakten zu den Verhandlungen der Meuterer, die nach England zurückgebracht und vor das Marine-Gericht gestellt wurden

15: ebenda, S. 29 ff; aus William Bligh: *A Narrative of the Mutiny, on Board His Majesty's Ship BOUNTY*

16: Alexander, S. 152

17: ebenda, S. 167, Brief an Richard Betham, den Schwiegervater von William Bligh

18: Barrow, S. 187

19: Alexander, S. 321
Der gesamte Wortlaut des Schreibens in Bligh/Christian, S. 170; aus William Bligh: *An Answer to Certain Assertions Contained in the Appendix to a Pamphlet*

' Great-Russel-Street, 5. Nov. 1792
SIR,
es tut mir Leid, Ihnen mitzuteilen, dass ich darüber informiert wurde, Sie seien geneigt, zu hart über Ihren wahrlich unglücklichen Bruder zu urteilen; und über ihn in einer Weise zu denken, die, meines Eindrucks, welchen ich von seiner hochanständigen Art und seines Charakters habe (sowohl öffentlich als auch privat), er nicht im Entferntesten verdient: deshalb halte ich es für meine Pflicht, Ihnen die Täuschung zu nehmen und die Flamme brüderlicher Liebe (oder nunmehr des Mitleids) zu ihm wieder anzufachen, welche, wie ich befürchte, die verleumderischen Berichte und üblen Verdächtigungen wohl fast zum Erlöschen gebracht hat.
Verzeihen Sie mir meine Freizügigkeit, Sir: – Wenn es Ihnen nicht unangenehm ist, wäre es mir ein Vergnügen, Ihnen zu Diensten zu stehen; und mich dafür einzusetzen, zu beweisen, dass Ihr Bruder nicht dieser üble Missetäter ist, bar jeglicher Dankbarkeit, welches die Öffentlichkeit die Unfreundlichkeit hatte, ihm zuzutrauen; sondern, im Gegenteil, dass er eine hochanständige Person ist; ruiniert einzig dadurch, dass er das Pech hatte, (wenn dies so bezeichnet werden kann), ein junger Mann von geradliniger Ehre zu sein, ausgestattet mit jeglicher Tugend; und beliebt bei jedem (ausgenommen bei einem, dessen schlimmer Bericht eigentlich das größte Lob ist), der das Vergnügen seiner Bekanntschaft hatte.
Ich verbleibe, Sir, mit Wertschätzung, Ihr ergebenster, bescheidener Diener, P. Heywood '

Knapp zwei Monate vorher, als Heywood noch Gefahr lief, wegen Meuterei gehängt zu werden, sagte er im Prozess vor dem Marine-Gericht aus: '*...Captain Bligh gibt in seiner Narrative an, dass er einige ihm wohlgesinnte Männer an Bord der Bounty zurückließ, und nicht das geringste bisschen meines Verhaltens hätte ihn dazu veranlassen können, zu glauben, ich gehörte nicht zu jener Gruppe dazu. Schon von seiner Aufmerksamkeit mir gegenüber und seiner überaus freundlichen Art, mich zu behandeln, müsste ich geradezu ein abscheuliches Monster gewesen sein, ihn derartig zu hintergehen. Allein der bloße Gedanke reicht aus, eine Person zu beunruhigen, bei der wie ich hoffe, Menschlichkeit und Dankbarkeit schon immer als grundlegende Charakterzüge festgestellt werden konnten...*'
(in: Barrow, S. 228)

20: *An Answer to Certain Assertions Contained in the Appendix to a Pamphlet*, vom 3. Dezember 1794

21: Smith enthüllte später seinen echten Namen, John Adams. Er hatte sich auf der *Bounty* aus Gründen, die ungeklärt blieben, unter dem Decknamen Alexander Smith anheuern lassen. Caroline Alexander vermutet, dass er möglicherweise vorher von einem anderen Schiff desertiert war und daher unerkannt bleiben wollte

| Piraten |

1: Defoe/Schonhorn, S. 587

2: Stanley, S. 151

3: *ebenda*, S. 30, 'The Golden Age of Piracy' wird oft eher auf die Jahre 1690 bis 1730 eingegrenzt, was besagt, dass hier die Zeit der *Buccaneers* nicht dazugezählt wurde. Buccaneers waren Anfang des 17. Jh. zunächst die autark lebenden, französischen und englischen Bewohner der Insel Tortuga vor der Küste von Hispaniola, heute Haiti und Dominikanische Republik. Sie lebten vom Fischen und Jagen und räucherten das erbeutete Tierfleisch, wovon der Name *buccaneers* sich ableitet.
Mit kleinen Booten und Kanus begannen sie ab 1620 vorbeisegelnde spanische Schiffe zu überfallen und auszurauben. Gegen 1650 waren sie anzahlsmäßig so übermächtig geworden, dass sie für die Spanier eine ernste Plage darstellten. Sowohl von Tortuga als auch später von Port Royal auf Jamaica terrorisierten sie über ein halbes Jahrhundert lang die spanischen Kolonien und ihren Schiffsverkehr

4: Cordingly, S. 15; der Autor führt weiter aus, dass von den Piraten, die zwischen 1715 und 1725 in der Karibik plünderten, 35% Engländer, 25% aus den amerikanischen Kolonien, 20% von den Westindischen Kolonien (zumeist Jamaica, Barbados und die Bahamas), 10% aus Schottland, 8% aus Wales stammten und der Rest sich aus Schweden, Holländern, Franzosen und Portugiesen zusammensetzte. 98% dieser Piraten waren also von der Herkunft her englischstämmig

5: Stanley, S. 145

6: Defoe/Schonhorn, S. 703

7: *ebenda*, S. 703

8: Stanley, S. 141

9: *ebenda*, S. 142

10: Stanley, S. 142

11: Defoe/Schonhorn, S. 703

12: In Captain Johnson's *General History of the Robberies and Murders of the most notorious Pyrates* findet man unter Captain England (S. 82) eine Auflistung an gekaperten Schiffen, woraus auch deutlich wird, wie viele Matrosen zu den Piraten jeweils überliefen:
' Im Frühling 1719 kehrten die Seeräuber nach Afrika zurück, und [...] kaperten die folgenden Schiffe.
Die *Eagle* [...] am 25. März [...] mit 17 Mann an Bord, wovon 7 Piraten wurden.
Die *Charlotte* [...] am 26. Mai [...] mit 18 Mann an Bord, wovon 13 Piraten wurden.
Die *Sarah* [...] am 27. Mai [...] mit 18 Mann an Bord, wovon 3 Piraten wurden.
Die *Benthworth* [...] am 27. Mai [...] mit 30 Mann an Bord, wovon 12 Piraten wurden.
Die *Buck* [...] am 27. Mai [...] mit 2 Mann an Bord, wovon beide Piraten wurden.
Die *Carteret* [...] am 28. Mai [...] mit 18 Mann an Bord, wovon 5 Piraten wurden.
Die *Mercury* [...] am 29. Mai [...] mit 18 Mann an Bord, wovon 5 Piraten wurden.
Die *Coward* [...] am 17. Juni [...] mit 13 Mann an Bord, wovon 4 Piraten wurden.
Die *Elizabeth and Katherine* [...] am 27. Juni [...] mit 14 Mann an Bord, wovon 4 Piraten wurden.'
Leider fehlt der Hinweis darauf, ob die Matrosen freiwillig oder gezwungenermaßen zu den Piraten überliefen, doch anhand der Zahlen lässt sich vermuten, dass wohl bei der *Charlotte* die größte Wahrscheinlichkeit gegeben war, über zwei Drittel der Besatzung aus freien Stücken an die Piraten zu verlieren, wogegen die beiden Männer auf der *Buck* wahrscheinlich eher aus Angst um ihr Leben den Kreis ihrer Kaperer vergrößerten

13: Cordingly, S. 122

14: *ebenda*, S. 123

15: Captain Johnson's *General History of the Robberies and Murders of the most notorious Pyrates* ist ein Kompendium der bekanntesten Piraten dieser Zeit. Daniel Defoe wurde die Autorenschaft 1932 von dem amerikanischen Literaturwissenschaftler John Robert Moore zugeschrieben. Doch 1988 widerlegten Furbank und Owens von der New York University Moores Theorie und so bleibt Captain Charles Johnson der Verfasser, von dem abgesehen von seinem Namen keine weiteren Details zu seinem Leben bekannt sind

16: Johnson, S. 63

17: Cordingly, S. 108

18: Cordingly, S. 109; im Februar oder März 1717 wurde die *Whydah* von Samuel Bellamy und Paul Williams gekapert und zu einem 28 Kanonen schweren Piratenschiff umfunktioniert. Auf dem Weg nach Rhode Island kamen die Piraten in dicken Nebel, wodurch sie in der Nacht des 17. Mai auf einer Sandbank drei Meilen vor Cape Cod, Massachusetts, aufliefen. Die starke Strömung brachte das Schiff zum Kentern, wobei von 146 Piraten alle bis auf zwei ertranken. 1984 wurde das Wrack gefunden und mit ihm zahlreiche Artefakte an Münzen, Waffen und anderen Gegenständen, die Aufschluss über das Leben an Bord eines Piratenschiffs geben

19: *ebenda*, S. 145

20: Stanley, S.165

21: Konstam, S. 132

22: Rediker, S. 262, Aussage von Pirat Francis Kennedy

23: Cordingly, S. 115

24: *ebenda*, S. 130

25: Johnson, S. 81

26: Cordingly, S. 131

27: *ebenda*, S. 136

28: Leslie, S. 67

29: Konstam, S. 184

30: Cordingly, S. 11

31: Alexander Exquemelins *The Buccaneers of America* erschien 1678 zuerst in niederländischer Sprache unter dem Titel: *De Americaensche Zee-Rovers*. 1681 kam eine spanische Ausgabe heraus, der weitere Übersetzungen in andere Sprachen folgten.
Die englische Ausgabe wurde erstmals 1684 in London publiziert, die solchen Erfolg bei den Lesern hatte, dass schon nach drei Monaten eine zweite Auflage folgte.
Der Inhalt umfasst Leben und Raubzüge der Buccaneers, die ab Mitte des 17. Jahrhunderts auf Tortuga und Jamaica ihre Basis hatten und von dort aus die spanischen Kolonien und Schiffe terrorisierten.
Captain Charles Johnson's *A General History of the Robberies and Murders of the most notorious Pyrates* wurde erstmals im Mai 1724 in London veröffentlicht.
Wenige Monate später folgte eine zweite Auflage, 1725 wurde die dritte Auflage verkauft und 1726 kam die vierte, erweiterte Auflage in den Buchhandel. Hier werden die kurzen Karrieren der bekanntesten Piraten geschildert, die zwischen 1690 und 1720 operierten.
Charles Ellms' *The Pirates Own Book* erschien 1837 in Boston, Massachusetts, und erreichte in den folgenden 25 Jahren mindestens weitere acht Auflagen: 1837 die zweite und weitere 1839, 1841, 1842, 1855, 1856 und 1859. Der Autor beschreibt neben den bekanntesten Piratenpersönlichkeiten, die bereits in Johnson's *General History* auftauchen, vor allem diejenigen, die jüngst in amerikanischen Gewässern aktiv waren, bis hin zu den Korsaren des Mittelmeers an der Küste Nordafrikas

32: Dow/Edmonds, S. 351

33: *ebenda*, S. 339

34: Cordingly, S. 202

35: *ebenda*, S. 202

36: Defoe/Schonhorn, S. 40 *ff*

37: Johnson, S. 109 *ff*

38: Cordingly, S. 224; der Autor schreibt weiter, dass es Vorfälle gab, wo Hingerichtete den Galgen überlebt hatten. William Duell etwa wurde 1740 gehängt und zur Sektion freigegeben. Dort entdeckten die Mediziner, dass er noch atmete. Zwei Stunden später hatte er sich soweit erholt, dass er ins Gefängnis zurückgeschickt werden musste. Das Gericht entschied, dass einmal hängen genug sei; stattdessen sollte Duell seine Strafe in den Strafkolonien verbüßen

39: *ebenda*, S. 245 *ff*; nachfolgend sind alle Piraten aufgelistet, die den Hinrichtungsprotokollen gemäß zwischen 1700 und 1730 nach dem Hängen in Eisengestellen zur Abschreckung aufgehängt wurden:
1701 Captain Kidd an der Tilbury Point in England,
1720 Captain Rackham auf Deadman's Cay in Jamaica,
1721 Captain Vane auf Gun Cay in Jamaica,
1723 Captain Finn auf Rat Island vor Antigua
1724 John Rose Archer auf Bird Island bei Boston,
1725 Captain Gow und Williams; der eine bei Greenwich, der andere bei Deptford in England,
1726 William Fly auf Nick's Mate Island bei Boston.
1727 John Prie gegenüber der Stadt Woolwich in England

Sir John Barrow beschreibt in seiner *The Eventful History of the Mutiny and Piratical Seizure of H.M.S. Bounty* auf S. 175 *ff* eine umfassend grausame Methode, mit der die Portugiesen versuchten, Piraterie zu unterdrücken:
Wann immer ihnen ein Piratenschiff in die Hände fiel, hängten sie zunächst jedes Mitglied der Besatzung an den Rahen. Dann wurde das gesamte Schiff regelrecht ausgeräumt und alles, was irgendwie brauchbar war mitgenommen – Segel, Takelage, Steuerruder, Navigationsinstrumente. Das manövrierunfähige Piratenschiff überließen sie der Willkür von Wind und Wellen ausgeliefert, mit den verwesenden Leichen, die von den abgetakelten Rahen baumelten – jedem, der irgendwann den Weg des gruseligen Geisterschiffs kreuzte, zur eindringlichen Warnung

40: Cordingly, S. 203

41: ebenda, S. 227

42: Stanley, S. 57

Anne Bonny und Mary Read

1: Stanley, S. 37

2: *ebenda*, S. 142

3: Defoe/Schonhorn, S. 156

4: Konstam, S. 104

5: Stanley, S. 180

6: *ebenda*, S. 149

7: *ebenda*, S. 180

8: Bei David Cordingly lässt sich nachlesen, dass das Kirchenbuch für den Distrikt St. Catherine auf Jamaica einen Eintrag zu Mary Reads Beerdigung am 28. April 1721 enthält (*Under the black Flag*, S. 65.)

9: Ellms, S. III

10: Stanley, S. 155

11: *ebenda*, S. 155

Jolly Roger und Piraten-Codex

1: Cordingly, S. 117

2: *ebenda*, S. 116

3: *ebenda*, S. 118

4: *ebenda*, S. 118

5: Konstam, S. 100

6: Cordingly, S. 96

7: *ebenda*, S. 97

8: Johnson, S. 180 *ff*; die Zusätze in den Klammern stammen von Captain Charles Johnson zur näheren Erklärung.
Unter Captain John Phillips, in der Ausgabe von *Defoe*, S. 342 *ff*, befinden sich weitere Artikel, die den Codex an Bord der *Revenge* bildeten, dem die Mitglieder in Ermangelung einer Bibel auf einer Axt den Treueeid schwören mussten:

1. Jeder muss das oberste Kommando befolgen; der Kapitän erhält eineinhalb Anteile von jeder Beute; der Schiffsmeister, Zimmermann, Bootsmann und Kanonier erhalten je eineinviertel Anteile.
2. Wer davonzulaufen plant oder vor der Gemeinschaft etwas zu verbergen versucht, wird ausgesetzt, mit einer Flasche Schießpulver, einer Flasche Wasser, einer kleinen Pistole und Munition.
3. Wer die Gemeinschaft bestiehlt, ungeachtet dessen was es ist, oder bis zu einem Wert von einem Peso spielt, soll ausgesetzt oder erschossen werden.
4. Sollten wir auf einen Aussätzigen treffen (das heißt, Pirat), soll derjenige, der dessen Artikel ohne Zustimmung unserer Gemeinschaft unterzeichnet, in der Weise bestraft werden, wie Kapitän und Crew dies für angemessen erachten.
5. Wer einen anderen niederschlägt, während diese Artikel in Kraft sind, soll das Gesetz Moses (das heißt, 40 Schläge weniger einen) auf den nackten Rücken erhalten.
6. Wer unter Deck seine Feuerwaffen benutzt, oder ohne Deckel auf seiner Pfeife Tabak raucht, oder eine brennende Kerze ohne Laterne herumträgt, soll die gleiche Bestrafung erhalten wie im vorherigen Artikel.
7. Wer seine Waffen nicht gepflegt und einsatzbereit hält, oder seine Aufgaben vernachlässigt, wird von seinem Anteil ausgeschlossen und so bestraft, wie Kapitän und Crew dies für angemessen erachten.
8. Wer im Einsatz ein Gelenk verliert, soll 400 Pesos erhalten, bei einem Körperglied 800.
9. Trifft die Crew irgendwo auf eine Frau, soll derjenige, der sie gegen ihren Willen anfasst, auf der Stelle getötet werden.

| Piraten in europäischen Gewässern |

1: Bis im Jahr 1699 ein neues Gesetz zur Piraterie erlassen wurde, konnte nach englischem Recht ein Pirat nur in England verurteilt und hingerichtet werden. Wurden in den Kolonien Piraten gefasst, so mussten sie erst nach England geschifft, dort verhört, verurteilt und gehängt werden, was viel Zeit und Geld kostete und insgesamt eine aufwändige Prozedur war. So kam es, dass zunächst viele gefasste Piraten wieder auf freien Fuß gelangten und weiter ihrer Seeräuberei nachgehen konnten, weil die Kolonial-Behörden sich den ganzen Aufwand sparen wollten. Doch mit dem Gesetz von 1699 wurde die Gerichtsbarkeit für Piratenprozesse auch den Kolonien übertragen, was der lockeren Handhabung abrupt ein Ende setzte.

2: Gosse, S. 70; der Autor führt auf Seite 54 aus, dass zwischen 1569 und 1616, als die Korsarenflotte insgesamt nur aus einigen Hundert Schiffen bestand, allein 466 britische Schiffe erbeutet wurden, deren Besatzungen auf den Sklavenmärkten landeten

3: *ebenda*, S. 72

4: *ebenda*, S. 86

5: *ebenda*, S. 81; der Vollständigkeit halber muss betont werden, dass an diesen Sklavengeschäften Piraten aus europäischen Nationen beteiligt waren, die mit Rückendeckung der muslimischen Herrscher ohne Skrupel auch ihre eigenen Landsleute von gekaperten Schiffen auf die Sklavenmärkte nach Algiers, Tunis und Tripolis verschleppten.
Gerieten andererseits allerdings Korsaren und in Kriegszeiten Briten oder Franzosen in spanische Hände, so blühte ihnen das gleiche Schicksal das europäische Sklaven auf muslimischen Galeeren erdulden mussten, wenn sie nicht sogar zur Zwangsarbeit in südamerikanische Silber- und Kupferminen verschifft wurden

6: Quedens: *Die alten Grabsteine auf dem Amrumer Friedhof*, S. 40

7: *Harck Olufs, Sohn von Oluf Jensen*: die Namensgebung bei den Nordfriesen erfolgte lange Zeit nach dem patronymischen Prinzip. Hierbei leitete sich der Nachname des Kindes vom Vornamen des Vaters ab; so hießen also die Kinder von Oluf Jensen mit Nachnamen Olufs. Beim Nachnamen des Vaters, also Jensen, lässt sich wieder der Vorname von dessen Vater bestimmen: Jens

8: Quedens: *Amrumer Abenteuer*, S. 21

9: *ebenda*, S. 11

| Gestrandet |

1: Leslie, S. 115

2: Wossidlo, S. 140

3: Mallaína, S. 177

4: Wossidlo, S. 139

5: Mallaína, S. 71 *ff*

6: *ebenda*, S. 72

7: Däbritz, S. 8 *ff*

8: Mallaína, S. 180

9: Severin, S. 299 *ff*

10: Mallaína, S. 180 *ff*

11: Däbritz, S. 83 *ff*

12: *ebenda*, S. 75 *ff*

13: *ebenda*, S. 102 *ff*

14: Severin, S. 304 *ff*

15: Leslie, S. 36 *ff*

16: *ebenda*, S. 111 *ff*

17: *ebenda*, S. 121

18: Snow, S. 14 *ff*

19: *ebenda*, S. 20

20: *ebenda*, S. 24

21: *ebenda*, S. 70

22: *ebenda*, S. 104

23: Slocum, S. 56

24: *ebenda*, S. 105; 2.150 Nautische Meilen entsprechen 3.981,8 Kilometer

25: *ebenda*, S. 105; 5.510 Nautische Meilen entsprechen 10.204,52 Kilometer

26: *ebenda*, S. 114

Der Mann hinter Robinson Crusoe

1: Rogers, S. 74

2: Souhami, S. 36

3: Souhami, S. 61

4: *ebenda*, S. 78

5: *ebenda*, S. 94 *ff*; der Schiffbruch ereignete sich in einem Sturm nahe Malpelo, einer steinigen Insel vor Peru. Stradling und 31 Männer konnten sich mit zwei Flößen auf die Insel retten, die restlichen Seeleute ertranken

6: Dampier, S. 54

7: Souhami, S. 85

8: Rogers, S. 72; zeitgenössische Berichte über Alexander Selkirks Inselleben sind zu finden in: Woodes Rogers, *A Cruising Voyage Round the World* (1712); Edward Cooke, *A Voyage to the South Sea and Round the World* (1712) und in einem Artikel von Richard Steele im *Englishman*, 1.-3. Dezember 1713

9: *ebenda*, S.73

10: *ebenda*, S. 73

11: Snow, S. 105

12: Leslie, S. 542 *ff*

13: Souhami, S. 199

14: Severin, S. 27

| Überlebenslotterie |

1: Leslie, S. 173
2: *ebenda*, S. 179 ff
3: *ebenda*, S. 202
4: Barrow, S. 115
5: Barrow, S. 116
6: Leslie, S. 200 ff
7: Däbritz, S. 90
8: Leslie, S. 204 ff
9: *ebenda*, S. 206 ff
10: *ebenda*, S. 212
11: Däbritz, S. 16 ff

| Die *Mary Celeste* |

1: Fay, S. 32
2: *ebenda*, S. 43
3: *ebenda*, S. 74
4: *ebenda*, S. 64
5: *ebenda*, S. 72
6: *ebenda*, S. 74
7: *ebenda*, S. 94
8: *ebenda*, S. 77

9: Fay, S.24

10: ebenda, S.124 ff

11: ebenda, S. 30; der Wortlaut dieses Schreibens ist die deutsche Übersetzung der englischen Übersetzung aus den Unterlagen des amerikanischen Konsulats, Gibraltar, wie sie in Fays Buch erscheint

12: ebenda, S. 148 ff

13: ebenda, S. 98 ff

14: ebenda, S. 145

15: Fay, S. 251, Schreiben von J. Agostinho, Leiter des Servico Meteorologico dos Açores an Charles Edey Fay, vom 27. Mai 1940:
'[...] *Den Aufzeichnungen in Angra do Heroismo und Ponta Delgada, den einzigen beiden Wetterstationen, die 1872 existierten, kann entnommen werden, dass sich bei den Azoren am 24. und 25. November 1872 stürmische Wetterverhältnisse durchsetzten. Eine Kältefront passierte Angra do Heroismo am 25. zwischen drei Uhr nachmittags und neun Uhr abends, der Wind drehte von SW zu NW.* [..]'

| Abschließender Hinweis zu den Übersetzungen |

Sämtliche Übersetzungen dialekt- oder fremdsprachiger Zitate und Dokumente im vorliegenden Buch sind von der Autorin erstellt worden.

| Dokumente |

I. Ein Treueeid vom 20. August 1629, den Jeronimus Cornelisz von seinen Anhängern unterschreiben ließ. Dieser Eid wurde von Francisco Pelsaert in Wortlaut und mit Unterschriftenliste in sein Journal kopiert:

'Wir Unterzeichnende, die wir auf dieser Insel anwesend sind, Mitglieder des Inselrats sowie Soldaten, Matrosen sowie unser Prediger – keiner ausgenommen, akzeptieren unser Oberhaupt als Generaloberhaupt, Jeronimo Cornelij, dem wir einstimmig und jeder einzeln schwören, so wahr uns Gott helfe, treu ergeben zu sein und alles zu tun, was er uns aufträgt; sollte Gegenteiliges geschehen, sollen wir dem Teufel anheim fallen. Deshalb haben wir uns gemeinsam dazu verpflichtet, die nun ungültigen Verträge zu zerstören und alle vorangegangenen Eide aufzuheben – öffentliche und eigene, und Eide, die vor diesem abgegeben wurden, unter welchen geheime Bündnisse, Zelt-Schaften und andere fallen. Auch sollen die Schiffsleute unter uns nicht länger Matrosen genannt werden, sondern denselben Status erhalten wie Soldaten in einer Kompanie. Gezeichnet auf der Insel Batavias Friedhof, am 20. August Anno 1629' *

II. Die Todesurteile der Haupttäter, aus den Schriftstücken von Francisco Pelsaert:

'Jeronimus Cornelisz aus Haarlem, Apotheker, [etwa 30 Jahre alt] *und Unterkaufmann auf dem Schiff Batavia, wird am Montag, den ersten Oktober* [die Hinrichtungen sind wegen schlechtem Wetter auf den 2. Oktober verschoben worden]*, nachdem er danach verlangte, getauft zu werden, auf Seals Island gebracht, an einen Ort, der dafür vorbereitete wurde, Recht auszuüben. Dort werden ihm zuerst beide Hände abgehackt und danach soll er durch den Tod am Galgen bestraft werden. Außerdem werden sein Geld, Gold, Silber, seine monatlichen Lohnzahlungen beschlagnahmt und alle Ansprüche, die er hier in Indien gegen die VOC, unsere Obersten Herren, haben mag.*

Jan Hendricxsz von Bremen, Soldat, etwa 24 Jahre alt, der gemäß seines Geständnisses und nach vollständiger Ermittlung etwa 17 bis 18 Personen ermordet bzw. dabei geholfen hat; genauso wie er die Absicht hatte, das Schiff zu übermannen, das zur Rettung kam – soll auch zur oben genannten Seals Island gebracht werden. Dort soll so Recht ausgeübt werden, indem zuerst seine rechte Hand abgehackt wird, danach wird er am Galgen mit dem Tod durch Strang bestraft. Sein Besitz, seine monatlichen Löhne und alle Ansprüche gegenüber der Oberen Herren werden einbehalten.
Ebenso

Lenart Michielsz van Os, Kadett, etwa 21 Jahre alt, der gemäß seines freiwilligen Geständnisses 12 Personen ermordet hat bzw. dabei behilflich war, und der verheiratete Frauen vergewaltigt hat und so Anneken Bosschieters, die Ehefrau von Jan Carstensz von Tonningen als seine Konkubine missbraucht hat. Dafür soll er zur Seals Island gebracht werden, wo zuerst seine rechte Hand abgehackt wird und danach soll er am Galgen mit dem Tod durch Strang bestraft werden. Sein Besitz, seine monatlichen Löhne und alle Ansprüche gegenüber der Obersten Herren werden einbehalten.
Ebenso

Mattys Beijr von Munsterbergh, Soldat, etwa 21 Jahre alt, der gemäß seines vollen freiwilligen Geständnisses 9 Personen ermordet hat bzw. dabei behilflich war, hat außerdem die verheiratete Zussie Fredericx als seine Konkubine gehalten. Dafür soll auch er auf Seals Island gebracht werden, wo zuerst seine rechte Hand abgehackt wird, danach soll er am Galgen mit dem Tod durch Strang bestraft werden. Sein Besitz, seine monatlichen Löhne und alle Ansprüche gegenüber der Obersten Herren werden einbehalten.
Ebenso

Allert Janssen von Assendelft, Kanonier, etwa 24 Jahre alt, der gemäß seiner vollkommen freiwilligen Aussage gestand, von Jeronimus Cornelisz dazu überredet worden zu sein, dabei zu helfen, das Schiff Batavia zu übermannen, wozu er sein Einverständnis gab. Außerdem hat er dem Schiffsjungen Andries de Bruyn aus Haarlem die Kehle durchgeschnitten; hat dabei geholfen, Jan Pinten, Engländer, zu ermorden, und hatte eines Nachts die Absicht, zusammen mit den anderen Aris Jansz von Hoorn, Schiffsarzt, zu töten, was jedoch wegen seines stumpfen Schwerts misslang; obgleich er ihm an der Schulter einen Hieb versetzte, ging die Schneide nicht hindurch und der oben genannte Aris floh in der Dunkelheit ins Wasser; außerdem verübte er viele mutwillige Straftaten auf dem gestrandeten Schiff. Dafür soll auch er auf Seals Island gebracht werden, damit dort zuerst seine rechte Hand abgehackt wird, danach soll er am Galgen mit dem Tod durch Strang bestraft werden. Sein Besitz, seine monatlichen Löhne und alle Ansprüche gegenüber der Obersten Herren werden einbehalten.
Ebenso

Jan Pelgrom de Beys von Bemel, etwa 18 Jahre alt, war Kabinendiener auf dem Schiff Batavia, der sich gemäß seines eigenen freiwilligen Geständnisses in gottloser Art und Weise betragen hat, was Worte und Taten angehen, die mehr einer Bestie zustünden als einem Menschen. Er hat auch auf Seals Island getötet, und zwar den Kabinenjungen Smoert und Janneken Gist, die Ehefrau von Jan Hendricxsz aus Den Haag, Kanonier, und war dabei behilflich, Andries Jonas umzubringen. Und am 16. August verlangte er unbedingt, dass er die Erlaubnis dazu erhalte, Cornelis Aldersz aus Ylpendam, Böttcher, den Kopf abzuschlagen, doch dies wurde Mattys Beijr gestattet, worüber er [de Beys] in Tränen ausbrach. Er verging sich auch an Zussien und Tryntgie Fredericxsz, beides Schwestern, und Anneken Bosschieters, alle verheiratete Frauen. Dafür soll auch er auf Seals Island gebracht werden, um ihn dort am Galgen mit dem Tod durch Strang zu bestrafen. Sein Besitz, seine monatlichen Löhne und alle Ansprüche gegenüber der Obersten Herren werden einbehalten.
Ebenso

Andries Jonas von Luyck, Soldat, etwa 40 Jahre alt, der gemäß seines freiwilligen Geständnisses einen Speer durch den Hals von Pauwels van Harderwych getrieben hat, als dieser im Wasser erstochen wurde; und der auf Seals Island Mayken Soers, die schwanger war, den Hals durchschnitt und ebenso, zusammen mit Jan van Bemmel dabei half, Janneken Gist zu töten. Außerdem hat er alle Unternehmungen bereitwillig mitgemacht. Dafür soll auch er auf Seals Island gebracht werden, um dort am Galgen mit dem Tod durch Strang bestraft zu werden. Sein Besitz, seine monatlichen Löhne und alle Ansprüche gegenüber der Obersten Herren werden einbehalten.

Ebenso
Rutger Fredericx von Groeningen, Schlosser, etwa 23 Jahre alt, der gemäß seines freien Geständnisses die Hände und Füße von Jacop Groenewaldt, Erster Trompeter, gefesselt hat, als dieser ertränkt werden sollte und [dazu] von Zevanck und de Vriese aufs Meer hinaus gebracht wurde. Ebenso, als Pieter Jansz, Provost, mit 14 anderen ins Meer geworfen wurde, und Pauls Barentsz mit Bessel Jansz, beide aus Harderwyck, Niclaas Winckelhaack, Claas Harmansz von Magdeburg schwimmend flüchten konnten und sich auf die Insel [Batavias Friedhof] retteten, wurde von Jeronimus angeordnet, dass sie erschlagen werden sollten; und er, Rutger, gab Pauwels Barentz zwei Hiebe mit seinem Schwert, und ging hinüber zu Claas Harmansz, den er alleine tötete. Außerdem, als Andries de Vries, Assistent, getötet werden sollte, wurden der oben genannte Rutger, Jan Hendricx und Lenert Michielsz von Jeronimus in sein Zelt gerufen, wo jedem ein Schwert in die Hand gedrückt wurde, um de Vries damit zu erschlagen, wofür er sich willentlich und ohne Protest bereiterklärte. Als de Vries erkannte, was ihm bevorstand, flüchtete er ins Wasser und Lenert Michielsz verfolgte ihn ins Wasser und tötete ihn mit zwei Schwerthieben, so dass er [Rutger] keinen Anteil an diesem Mord hatte. Zweitens, Jeronimus bestätigt, dass der erwähnte Rutger sich bereitwillig dazu hergab, allerlei Aufträge auszuführen, zusammen mit Mattys Beijr und anderen, und kann sich deshalb nicht aus der Affäre ziehen. Daher soll auch er auf Seals Island gebracht werden und dort am Galgen mit dem Tod durch Strang bestraft werden. Sein Besitz, seine monatlichen Lohnzahlungen und alle eventuellen Ansprüche an die Obersten Herren werden einbehalten.' *

* [beide Dokumente aus: Drake-Brockmann, *Voyage to Disaster*]

| Bibliographie & Abbildungsnachweis |

Alexander, Caroline: *The Bounty: The true Story of the Mutiny on the Bounty*,
   Penguin Books, New York 2004

Anderson, R. C.: *The rigging of ships in the days of the spritsail topmast, 1600 – 1720*,
   Dover Publications Inc., New York 1994

Barrow, Sir John: *Mutiny! The Real History of the H.M.S. Bounty*,
   Cooper Square Press Edition, New York 2003.
   Diese Ausgabe ist der ungekürzte Nachdruck der Erstauflage die 1831 in
   London unter dem Titel *The Eventful History of the Mutiny and Piratical Seizure
   of H.M.S. Bounty: Its Causes and Consequences* erschien

Bligh, William & Christian, Edward: *The BOUNTY Mutiny*,
   Penguin Classics, New York 2001

Brozio, Udo und Mittelstedt, Manfred: *Rolling Home – Seemannsbräuche, Shanties und die
   Faszination der Großsegler*, Convent, Hamburg 2002

Clausen, August: *Streiflichter durch die Geschichte und Chronik nordfriesischer Seefahrer*,
   August Clausen, Rendsburg 1969

Cordingly, David: *Under the black Flag: The Romance and the Reality of life among the
   Pirates*, Harvest, New York 1997

Däbritz, Rainer: *Stumm blieb der Ozean: Ungewöhnliche Schiffsunfälle aus der Zeit der
   Segelschifffahrt*, edition rostock maritim/INGO KOCH VERLAG, Rostock 2002

Dampier, William: *A New Voyage Round the World: The Journal of an English Buccaneer*,
   hummingbird press, London 1999

Dash, Mike: *Batavia's Graveyard: The true Story of the mad Heretic who led History's bloodiest
   Mutiny*, Phoenix, London 2002

Defoe, Daniel: *A genereal History of the Pyrates*, edited by Manuel Schonhorn,
   Dover Publications Inc., New York 1999

Dow, George Francis und Edmonds, John Henry: *The Pirates of the New England Coast
   1630 – 1730*, Dover Publications Inc., New York 1996

Drake-Brockman, Henrietta: *Voyage to Disaster: The Life of Francisco Pelsaert*,
   Angus & Robertson Ltd., Sydney 1964

Ellms, Charles: *The Pirates own Book: Authentic Narratives of the most celebrated Sea Robbers*,
Dover Publications Inc., New York 1993

Exquemelin, Alexander Olivier: *The Buccaneers of America*,
Dover Publications Inc., New York 2000

Fay, Charles Edey: *The Story of the "Mary Celeste"*,
Dover Publications Inc., New York 1988

Gosse, Philip: *The History of Piracy*; Longmans, Green and Co., London 1932

Hinze, Werner: *Seemanns Braut is' die See – Lieder, Gedichte und Vertellen zwischen Seefahrt und Kiez*, Tonsplitter. Archiv für Musik und Sozialgeschichte, Hamburg 2004

Konstam, Angus: *The History of Pirates*,
The Lyons Press, Guilford/Connecticut 2002

Kusk Jensen, Jens: *Handbuch der praktischen Seemannschaft auf traditionellen Segelschiffen*,
RM Buch und Medien Vertrieb/Palstek, Hamburg 1999

Johnson, Captain Charles: *A general History of the Robberies and Murders of the most notorious Pirates*, Conway Maritime Press, London 2002

Leslie, Edward E.: *Desperate Journeys, Abandoned Souls: True Stories of Castaways and other Survivors*, Houghton Mifflin Company, New York 1988

Lloyd, Christopher: *The British Seaman 1200–1860: A social Survey*,
Collins, London 1968

Meyer-Haßfurther, Monika und Ingo: *Sterne schießen – Nautische Instrumente 1680 - 1910*,
Katalog zur Sonder-Ausstellung 1998/99 des Sielhafenmuseums in Carolinensiel und des Schifffahrtsmuseums in Brake

Mondfeld, Wolfram zu: *Historische Schiffsmodelle: Das Handbuch für Modellbauer*,
Sonderausgabe beim Orbis Verlag, München 2003

Pérez-Mallaína, Pablo E.: *Spain's Men of the Sea: Daily Life on the Indies Fleets in the Sixteenth Century*, John Hopkins University Press, Baltimore 1998

Quedens, Georg: *Amrumer Abenteuer*, Hansen & Hansen, Münsterdorf

Quedens, Georg: *Die alten Grabsteine auf dem Amrumer Friedhof*,
Jens Quedens Verlag, Insel Amrum 1994

Rediker, Marcus: *Between the Devil and the deep blue Sea: Merchant Seamen, Pirates, and the anglo-american maritime World, 1700 -1750*, Cambridge University Press USA 2003

Severin, Tim: *Seeking Robinson Crusoe*, Pan Books, London 2003

Slocum, Captain Joshua: *Voyage of the Liberdade*, Dover Publications Inc., New York 1998

Snow, Captain Elliot: *Adventures at Sea in the great Age of Sail: Five firsthand Narratives*, Dover Publications Inc., New York 1986

Souhami, Diana: *Selkirk's Island*, Phoenix, London 2001

Stanley, Jo: *Bold in her Breeches: Women Pirates across the Ages*, Pandora/Harper Collins, London 1995

Trogneux, G.: *Histoire des Navires: Des origines au XIXe siècle*, Editions l'ANCRE DE MARINE, St. Malo 2001

Vergé-Franceschi, Michel: *Toulon, Port Royal 1481-1789*, Tallandier, Paris 2002

Vertex, Jean: *La marine et son cœur – aspects, poèmes et chansons des matelots de la mer et des ports*, Editions PAUL DUPONT, Paris 1948

Wossidlo, Richard: *Reise, Quartier, in Gottesnaam: Niederdeutsches Seemannsleben in der Zeit der Segelschiffahrt*, Westholsteinische Verlagsanstalt Boyens & Co., Heide 1981

| Abbildungsnachweis |

Sämtliche Welt- und Anschauungskarten, außerdem die Kapitellogos, die Piratenflaggen und die als Schmuck verwendete Kompassrosette wurden von der Autorin in den Programmen FreeHand und Adobe Photoshop erstellt.
Ebenso stammen alle Photographien, die im Buch eingefügt wurden und alle mit Feder und Tinte gefertigten Illustrationen aus der Hand der Autorin. Letztere entstanden nach Vorlagen aus verwendeter Sekundärliteratur.

Fockmast — **Großmast** — **Besanmast**

1 | Focksegel
2 | Vor-Marssegel
3 | Vor-Bramsegel

4 | Großsegel
5 | Groß-Marssegel
6 | Groß-Bramsegel

7 | Besansegel
8 | Besanstengestagsegel

9 | Blinde
10 | Oberblinde
11 | Großstengestagsegel
12 | Großmittelstagsegel

Bugspriet

Bug

Vorschiff

Achterdeck — *Heck*

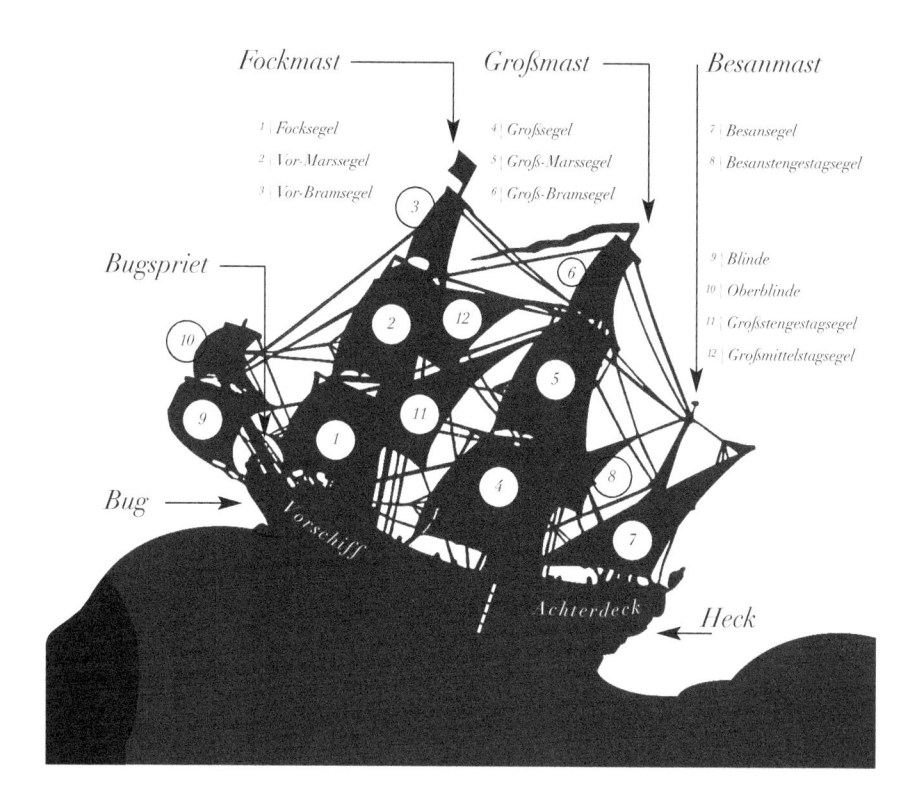

Glossar

Achterdeck	—	Hinterer Teil des Schiffes, der gewöhnlich Kapitän und Offizieren vorbehalten war, mit deren jeweiligen Kabinen
Ankerspill	—	auch Bratspill; Seilwinde an Bord des Schiffs zum Heraufziehen des Ankers
Besanmast	—	auch Kreuzmast; hinterster Mast eines Schiffes
Besteckbuch	—	Handbuch, mit dem Seeleute auf See die Position des Schiffes berechnen konnten

Buccaneers	–	Piraten von der Karibik-Insel Tortuga (vgl. Punkt 2 der Anmerkungen in Kapitel III: Piraten)
chanson à hisser	–	ein französischer *Pull-Shanty*, etwa zum Setzen der Segel
chanson à virer	–	ein französischer *Spill-Shanty*, für Arbeiten an der Spill
chansons du gaillard d'avant	–	Lieder der französischen Matrosen vom Vorschiff
Fallreep	–	die Öffnung, durch die man an und von Bord eines Segelschiffs geht
Fockmast	–	vorderster Mast eines Segelschiffs
Fockrah	–	erste Rah von unten am Fockmast
Fockstag	–	unterste Spannleine vom Bug zum Fockmast
Gallion	–	Ausbau am vorderen Teil des Schiffs bis zum Bug
Großmast	–	mittlerer Mast eines Segelschiffs
Jack Tar	–	'Teerjacke': Matrosen; dieser Ausdruck geht darauf zurück, dass Matrosen früher ihre Jacken und Hosen mit Pech imprägnierten, um sie winddicht und Wasser abweisend zu machen
Janmaat	–	Bezeichnung für Matrose im Seefahrermilieu; genauso wie *Jack Tar* im Englischen
Jolly Roger	–	(Totenkopf-) Flagge der Piraten
Korsar	–	Pirat des Mittelmeers

Bark

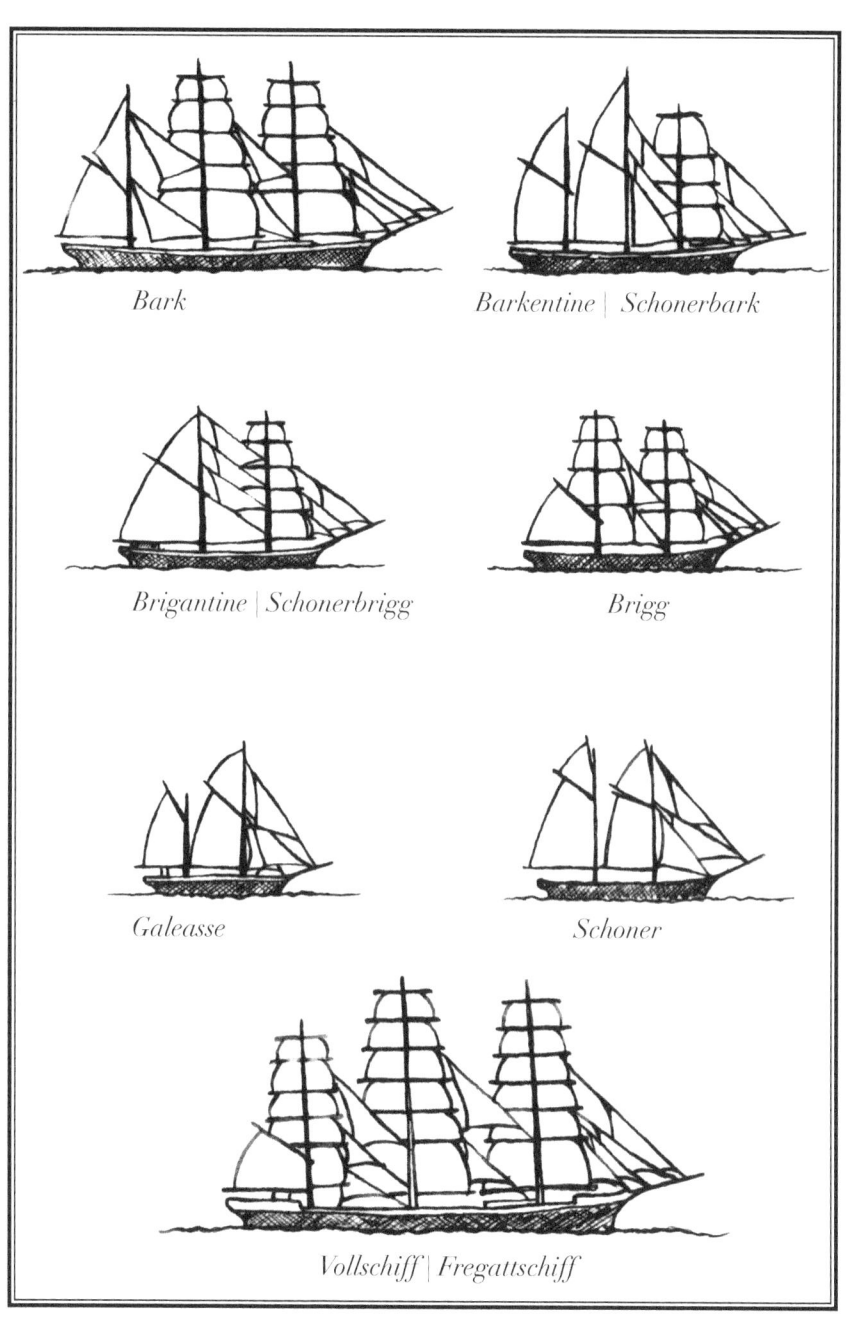

Barkentine | Schonerbark

Brigantine | Schonerbrigg

Brigg

Galeasse

Schoner

Vollschiff | Fregattschiff

Schiffstypen bei Großsegelschiffen

Letter of marque	–	amtlicher Kaperbrief, der in Kriegszeiten mit Billigung des Königshauses gestattete, Schiffe feindlicher Nationen straffrei zu kapern
Marlspieker	–	zugespitzter Bolzen zum Lösen von Knoten oder zum Durchstechen von Tauen, um Querleinen zu befestigen
Nock	–	Endstück der Rah – des Querbaums am Masten, an dem die Segel befestigt sind
Pardunen	–	seitliche Stützleinen an den Masten
peso	–	spanische Goldmünze mit dem Wert von acht reales, daher auch *pieces of eight* genannt
Privateer	–	Kaperer, der mit einem offiziellen Kaperbrief ausgestattet Schiffe feindlicher Nationen aufbrachte
Rah	–	oder Rahe; Querbaum am Masten, an dem die Segel befestigt sind
Rösten	–	auf alten Segelschiffen gab es außen an der Schiffswand Querbretter, weil die Wanten über die Reling nach außen reichten und dort festgemacht waren
ruse de guerre	–	Kriegslist
Schlafbaas	–	auch *crimps* oder *spirits* im Englischen; zwielichtige Typen in Hafengegenden, die meist minderwertige Waren an Matrosen zu Wucherpreisen weiterverkauften. Oft hatten sie Absteigen, in denen Matrosen übernachteten. Sie arbeiteten mit Schiffskapitänen zusammen, denen sie Matrosen vermittelten für deren erste ein bis drei Monatsheuern

Schot	–	Segelleine
Spill	–	Seilwinde auf Schiffen
Stag	–	Spannleinen, die die Masten nach vorn befestigen
Steven	–	Verlängerung des Kiels vorne und hinten nach oben (Vordersteven, Achtersteven)
Superkargo	–	Vertreter der Fracht-Interessenten. Diese gehörten meist auch zu den Schiffseigentümern, die den Superkargo damit beauftragten, den Proviant für die Schiffe einzukaufen
Vorschiff	–	der vordere Teil des Schiffes bis zum Großmasten, in dem sich die Matrosen aufhielten und wo sie ihre Hängematten und Seekisten hatten
VOC	–	*Verenigde Oost-indische Compagnie*, holländische Ost-Indien-Handelsvereinigung
Wanten	–	Seilnetze an den Masten, an denen Matrosen zu den Rahen hochklettern